MIRIJAM TRUNK

Dinge, die ich am Anfang meiner Karriere gerne gewusst hätte

Warum im Berufsleben nicht alle
die gleichen Chancen haben –
und wie wir uns trotzdem durchsetzen

Sollte diese Publikation Links auf Webseiten Dritter enthalten,
so übernehmen wir für deren Inhalte keine Haftung,
da wir uns diese nicht zu eigen machen, sondern lediglich
auf deren Stand zum Zeitpunkt der Erstveröffentlichung verweisen.

Cradle to Cradle Certified® ist eine eingetragene Marke
des Cradle to Cradle Products Innovation Institute.

Penguin Random House Verlagsgruppe FSC® N001967

1. Auflage
Copyright © 2023 Penguin Verlag
in der Penguin Random House Verlagsgruppe GmbH,
Neumarkter Straße 28, 81673 München
Redaktion: Annegret Bauer
Umschlaggestaltung: Favoritbuero, München
Umschlagfoto: © Laura Hoffmann, Junala Photography
Satz, Druck und Bindung: GGP Media GmbH, Pößneck
Printed in Germany
ISBN 978-3-328-60278-1
www.penguin-verlag.de

Inhalt

Worum es hier eigentlich geht 9
Wer ich bin 19
Wer in diesem Buch zu Wort kommt 27
Ein paar Worte vorab 29

Wir müssen reden: Sprache schafft Realität

Die Macht der Sprache 33
Begriffe neu definieren 42
Ungerechtigkeit ansprechen 60
Sprache als Waffe 75
Eine gemeinsame Sprache finden 78
Raum mit Sprache einnehmen 82
Über Erfolge sprechen 89
Gendergerechte Sprache 93
Was darf man denn noch? 98
Debatten als Beschleuniger 103

Tradition und Vorurteil

Woher kommst du? 113
Sind Sie die Assistentin? 121
Vorbilder wirken 126
Die sieben Fallen der Tradition 130
  EINS: Laute Mädchen nerven 130
  ZWEI: Everybody's Darling Is Everybody's Fool 136
  DREI: Das Impostor Syndrom 141
  VIER: Die Denkspirale 145
  FÜNF: Falsche Anpassung 148

SECHS: Don't Act Like A Man   150
SIEBEN: Die inneren Minenfelder   152
Finde deinen Drive   157
Die Mutter-Krux   164
Zurück in die Schule   174

Alleine geht's nicht

Kolleg:innen ungleich Freund:innen   186
Tennisplatz-Privilegien und Hinterzimmer-Netzwerke   189
Eine Welt von Männern für Männer   193
Boys Clubs   199
Frauennetzwerke   204
Networking mit Plan   209
Networking Codes und Authentizität   212
Mentor:innen und Allies finden   222

Machen macht mächtig

Die Arbeitsbienenfalle   234
Status   239
Kommunikation   248
Frauenzonen   253
Chancen ergreifen   257
Raus aus der Komfortzone   262
Richtig fordern   266
Verdammt harte Arbeit   273
Representation Matters   276
Social Media und Personal Branding   286

Liebe *weiße* Männer   291
Ein paar Gedanken zum Schluss   293

Biografien der Interviewpartnerinnen   295
Danksagungen   303
Leseempfehlungen   307
Anmerkungen   310

Worum es hier eigentlich geht

Wahrscheinlichkeitsrechnungen gehören zu den Dingen aus dem Matheunterricht, die mir bis heute wirklich etwas bringen. Wenn ich in einer Urne fünf rote und fünf blaue Kugeln habe, habe ich beim ersten Zug mit genau fünfzigprozentiger Wahrscheinlichkeit eine rote Kugel in der Hand. Wenn ich sie nicht zurücklege, ist es beim zweiten Zug wahrscheinlicher, dass ich eine blaue ziehe und so weiter. Stellen wir uns die blauen Kugeln als *weiße* Männer und die roten als alle anderen Menschen vor. Wer sich anschaut, wie in Deutschland der Weg vom Schulabschluss hin zu Positionen relevanter Mitbestimmung verläuft – zum Beispiel in Vorständen oder Parlamenten – merkt schnell, dass die Regeln der Stochastik hier nicht mehr greifen. Soziale und ethnische Herkunft führen dazu, dass sich während und nach der Schulzeit die ersten Wege trennen: Während 79 % der Kinder aus Akademikerfamilien studieren, sind es bei Nichtakademikerfamilien gerade mal 27 %.[1] Was die Verteilung der Geschlechter angeht, sind die Urnen zumindest bis nach der Uni noch zu gleichen Teilen mit roten und blauen Kugeln gefüllt, doch mit jedem Schritt auf der Karriereleiter werden die roten weniger. Und irgendwann sind die Urnen nur noch blau gefüllt, mit vereinzelten roten Kugeln.

Die *AllBright Stiftung* setzt sich für mehr Frauen und mehr Diversität in den Führungsetagen ein und veröffentlicht jedes Jahr verschiedene Studien zum Stand der Führungsverteilung in Deutschland. Laut der letzten Erhebung der Stiftung aus dem Herbst 2022 gibt es in den 160 börsennotierten deutschen Unternehmen neun weibliche Vorstandsvorsitzende. Das ist eine Quote von knapp 6 %.[2] In den Vorständen insgesamt waren es im *All-Bright*-März-Bericht 2022 14,3 % Frauen, was immerhin ein Wachstum zum Vorjahr bedeutet, aber nur um ein knappes Prozent.[3] Die Besetzung der Aufsichtsräte, also der Kontrollgremien großer Firmen, entspricht der gesetzlich vorgeschriebenen Frauenquote von etwas über 30%, bei der sie Jahr für Jahr stagniert und sich teilweise sogar rückläufig entwickelt. 5% der deutschen Aufsichtsratsvorsitzenden waren im Jahr 2022 weiblich, 95% männlich.[4] Bei den Familienunternehmen wie *Fressnapf, Brose* oder *Kühne+Nagel* sieht es noch schlechter aus: Die hundert größten deutschen Familienunternehmen hatten 2022 eine Frauenquote von 8,3% in Geschäftsführung oder Vorstand.[5] Während sich Aufsichtsräte und Vorstände der börsennotierten Unternehmen, auch durch den Druck von Quotengesetzen und gesellschaftlichem Wandel, langsam in die richtige Richtung bewegen, hat sich der Anteil von Frauen in den Geschäftsführungen von Familienunternehmen im vollständigen Familienbesitz seit 2020 sogar rückläufig entwickelt.[6]

Ich nutze die Zahlen für Vorstände, Aufsichtsräte und Geschäftsführungen großer Unternehmen, weil sie für Positionen relevanter Mitbestimmung in Deutschland stehen. Genauso könnte man auf die Parlamente blicken: In sieben deutschen Landesparlamenten sind, Stand November 2022, Frauen mit weniger als einem Drittel repräsentiert. In allen ist es weniger als die Hälfte.[7] Im Bundestag sind es 35%.[8]

Wie passen die Regeln der Stochastik zu diesem Ergebnis? Wenn wir an unsere Urne mit den roten und blauen Kugeln denken: Wie läuft die Ziehung ab und welche besonderen Ereignisse gibt es, die die Wahrscheinlichkeiten derart verändern oder manipulieren?

Ich denke nun schon einige Jahre über diese Frage nach – auch, weil ich eine von wenigen roten Kugeln bin, die es geschafft haben, immer in die nächste Urne zu kommen und irgendwann eine der wenigen unter blauen Kugeln zu sein. Die Antworten, die ich in Gesprächen und Texten auf die Frage bekommen habe, sind vielfältig.

Die wohl beliebteste ist der Verweis auf die Biologie. Frauen kriegen halt die Kinder, und damit schwimmen sie von allein aus dem Pool der Menschen, die für die Positionen von Mitbestimmung infrage kämen. Es sei eben der natürliche Lauf der Dinge, dass die Frau, getrieben vom Mutterinstinkt, mit dem Moment der Befruchtung einer Eizelle gar keine Lust mehr habe, in die Urne für den nächsten Karriereschritt zu gelangen. Die Hormone, der Mutterinstinkt, der Bedarf zu versorgen und ein Nest zu bauen seien wie eine starke Droge, deren Wirkung erst nach vielen Jahren wieder nachlasse. Und dann sei es zu spät, die mangelnde Erfahrung und möglicherweise auch Lücken, was technologische Standards und Marktentwicklungen angeht, für eine berufliche Spitzenposition aufzuholen. Und ja, wir haben in Deutschland ein Betreuungsproblem. Der Staat tut nicht das, was er könnte – und solange das Problem nicht gelöst ist, wird die Farbe Blau weiter die Urnen dominieren.

So simpel die Antwort auf meine Frage klingt, so wenig konnte ich sie akzeptieren. Zum einen gibt es zahlreiche Studien, die die hormonelle Steuerung, wie sie hier gerne angeführt wird, widerlegen. Es ist weder biologisch noch evolutionär belegt, dass Frauen in der Mutterrolle alles andere um sich herum vergessen. In frühen Kulturen war es sogar so, dass der Stamm als Gruppe die Kinder aufzog und die Mütter sehr schnell nach der Geburt wieder ihrer gewohnten Tätigkeit nachgingen.[9] Außerdem erklärt die Theorie der Hormonsteuerung als Karrierekiller nicht, warum so wenige Schwarze[*] Männer in relevanten Positionen der Mitbestimmung sind, oder Menschen mit Behinderung, oder queere Menschen.

Ich suchte also weiter nach einer Antwort auf meine Frage, wann und warum die roten Kugeln in den Urnen verlorengehen. Eine andere gerne angeführte Theorie ist, dass Männer eben ein-

---

[*] Ich schreibe »Schwarz« als Beschreibung einer Hautfarbe groß und »*weiß*« kursiv. Hier orientiere ich mich an der Literatur rassismuskritischer Autorinnen. *Weiß*sein oder Schwarzsein entspricht keiner reellen Farbe, sondern ist Teil einer politischen und sozialen Konstruktion.

fach mehr verdienen als Frauen und, sobald die Familienplanung beginnt, die Rollen dadurch klar in die des Versorgers und die der Nestbauerin und eventuell Unterstützerin des Versorgers aufgeteilt werden. Diese Erklärung beschränkt sich offensichtlich auf heteronormative Beziehungen und scheint für sich genommen Sinn zu ergeben: Wenn einer so viel mehr Geld verdient als die andere, ist die Frage, wer zu Hause bleibt, zum Beispiel um sich um die Kinder zu kümmern, eine rein wirtschaftliche Entscheidung.

Meine These ist, dass bereits in den ersten fünf Berufsjahren die Karrierepfade zwischen den Geschlechtern auseinandergehen. Ich denke, dass Familie und Care-Arbeit nur verstärken, was sich viel früher strukturell festlegt. Die offensichtliche, messbare und objektiv nachvollziehbare Tatsache, dass die Diskrepanz ja nicht nur zwischen Mann und Frau besteht – also zwischen *trägt kein Kind aus* und *trägt ein Kind aus* –, sondern dass zum Beispiel Hautfarbe, sexuelle Orientierung, Herkunft, Geschlechtsidentität oder Behinderung ebenfalls dazu zu führen scheinen, dass Menschen es nicht in die nächste Urne schaffen, verstärkt diesen Gedanken.

Je mehr ich mich mit dem Thema beschäftigt habe, desto öfter kam das Wort *strukturell* auf. Strukturell ist das Gegenteil von individuell: Es bedeutet also, dass der Grund für bestimmte Umstände außerhalb des Einflussbereichs der Entscheidungen einzelner Menschen zu suchen ist. Strukturen liegen all unserem Tun und jeder Interaktion zugrunde, sie bestimmen den Rahmen, in dem wir uns entwickeln, in dem wir interagieren, in dem wir entscheiden. Strukturell bedeutet, dass unser Verhalten nicht immer auf bewussten Entscheidungen beruht. Strukturen geben Denkmuster, Rollenbilder, Annahmen über die Welt vor.

Wenn das Problem also strukturell ist, heißt das, dass es keinen *evil board room* gibt, von dem aus ein paar mächtige *weiße* Männer die Welt steuern und sich über all die blauen Kugeln in den Positionen relevanter Mitbestimmung freuen. Es bedeutet, dass alles noch viel komplexer ist, als ich dachte. Denn *weiße* Männer als augenscheinliche Profiteure des strukturellen Problems sind dann nicht etwa die Täter, sondern ebenso Betroffene, wenn auch die mit den höchsten Gehältern und meisten Möglichkeiten.

Ich habe mich also auf die Suche begeben nach den strukturellen Hürden, die die Regeln der Stochastik so gänzlich aushebeln.

Es gibt keine Chancengleichheit

Ich verspreche, es wird konstruktiver, aber mit einer schlechten Nachricht müssen wir uns abfinden: Es gibt keine Chancengleichheit in Deutschland. Genau genommen gibt es eine ganze Reihe von Dingen, die für eine Frau deutlich wahrscheinlicher sind, als in irgendeine Position von relevanter Mitbestimmung zu kommen. In der Altersarmut zu enden, zum Beispiel, was ein Drittel aller Frauen betrifft.[10] Oder in finanzielle Abhängigkeit von ihrem Mann zu geraten, was die Hälfte aller verheirateten Frauen betrifft.[11] Oder natürlich Opfer von Gewalt zu werden, was jeder dritten Frau mindestens einmal im Leben passiert.[12] Je nachdem, ob eine Frau *weiß* ist oder eine andere Hautfarbe hat, wen sie liebt und in welchem Körper sie geboren wurde, fallen die Wahrscheinlichkeiten nochmal drastischer aus: Unter gehörlosen Frauen, beispielsweise, geben drei von vier Befragten an, im Laufe ihres Lebens Opfer von Gewalt geworden zu sein, über die Hälfte davon von sexualisierter Gewalt.[13]

Die Ansichten und Argumente, die mir in diesem Zusammenhang begegnen, wiederholen sich. Stellen wir uns eine Geburtstagsparty vor: Harald, 62 Jahre, Campingwagenbesitzer und frisch in Altersteilzeit, schlendert in meine Richtung: »Du beschäftigst dich doch mit Feminismus und so Zeug.« Ohne eine Antwort abzuwarten, erzählt er mir die Geschichte seiner Frau Barbara, die damals, als die Kinder kamen, ja daheimbleiben »wollte«. Sie habe das regelrecht verlangt, bis die Kinder 14 waren. Selbst wenn er Elternzeit hätte machen wollen, und darüber hätte er ja damals schon nachgedacht, das wäre nicht gegangen, weil einer musste ja schließlich sehen, wo die Kohle herkam. Chancengleichheit bedeutet nicht, dass jede Frau Karriere machen *muss*, Chancengleichheit bedeutet, dass nichts als die persönliche Präferenz, die eigenen Talente, Anstrengungen und auch Träume bestimmen, welcher Weg offensteht und welcher nicht. Chancengleichheit bedeutet aber auch, dass Männer nicht den Karriereweg, nicht in die Rolle des Versorgers gehen *müssen*, wenn sie das nicht wollen.

Nicht alle sind so nett wie Harald. Manche gehen auch direkt in die Defensive, wenn sie hören, dass jemand überhaupt gendergerechte Sprache benutzt, kommen entweder strammen Schritts oder betont lässig auf einen zu. Beate hat das Gespräch mit Harald belauscht. »Ich muss jetzt schon einmal sagen, für mich brauchst du dich da nicht einsetzen. Ich muss nicht in einen Vorstand oder in ein Ministeramt«, sagt sie.

Chancengleichheit ist keine Bewertung. Sie suggeriert nicht, dass der eine Lebensentwurf mehr wert ist als der andere. Auch wer sich entscheidet, nicht 60 Stunden die Woche in irgendeiner Vorstands-Gang abhängen zu wollen, kann als Vollzeitmutter oder Krankenschwester wichtige Arbeit leisten. Chancengleichheit bedeutet nämlich schlicht: gleiche Chancen. Jede:r hat die Möglichkeit, eine Position der Mitbestimmung zu besetzen. Nicht jede:r muss. Chancengleichheit bedeutet, dass jede:r den Weg einschlagen darf, der ihm oder ihr die größte Erfüllung bringt.

»Man traut sich ja gar nichts mehr zu sagen, heutzutage«, prostet mir Markus zu. Er bringt damit die Diskussion von der faktischen auf die emotionale Schiene und sich selbst in die Opferrolle. »Ich kann ja nicht mal mehr einer Frau einen Kaffee bringen, ohne einen *MeToo*-Skandal zu riskieren! Ihr macht so viel kaputt.«

Diese Vermischung verschiedener Ebenen lässt die Diskussion um Chancengleichheit und Diskriminierung immer wieder in die falsche Richtung kippen. Die Anklage lenkt den Fokus völlig weg von dem, worum es geht, und macht jegliche konstruktive Auseinandersetzung unmöglich. Dazu kommt, dass nun mal alles nicht so einfach ist, wie Markus das gerne hätte: Ja, strukturelle Ungleichheit und sexuelle Übergriffe haben ihre Wurzeln in direkter Nachbarschaft zueinander, sie bilden eine Symbiose. Besonders schön ist in diesem Beispiel der Versuch der emotionalen Ausgrenzung derjenigen Person, die sich für Wandel einsetzt: Schau, wir alle finden das kacke. Du willst Chancen ermöglichen, aber nimmst dabei allen etwas weg.

Wenn wir Chancengleichheit ernst meinen, bedeutet das: Der Start ins Berufsleben ist ein Raum mit vielen Türen, und theoretisch muss für jede:n jede Tür offenstehen. Für Harald, für Beate und irgendwie auch für Markus.

Dieses Buch ist ein Einstiegswerk. Es gibt eine ganze Reihe von Büchern zum Thema Frauen in Führung, einige davon von Frauen in Führung, andere im wissenschaftlichen Kontext geschrieben. Manche betrachten Kommunikationssysteme, andere Verhaltensmuster, wieder andere Denkmuster. Auch wenn die intersektionale Betrachtung von Chancengleichheit noch ziemlich am Anfang steht, gibt es einige Bücher, die es möglich machen, die Probleme zu verstehen: Vor allem im Bereich der Rassismuskritik sind in den vergangenen Jahren viele einfach zugängliche Ansätze zur Aufklärung erschienen. (Auf den letzten Seiten findet ihr eine Liste meiner besonderen Buchempfehlungen.) Ich denke, es kann nicht genug Bücher geben, in denen Menschen versuchen zu ergründen, warum wir nicht so richtig weiterkommen mit der Chancengleichheit. Denn im aktuellen Tempo wird es noch 132 Jahre[14] dauern, bis Frauen die gleichen Gehälter, Chancen und Rechte wie Männer haben werden. Das betrifft also nicht nur mich und uns, sondern auch unsere potenziellen Kinder und Enkelkinder. Ziemlich deprimierend.

Deswegen dieses Buch: um praktische Erfahrungen und Tipps zur Überwindung struktureller Hürden zu versammeln und den Weg in Positionen relevanter Mitbestimmung dadurch zu erleichtern. Wichtig ist dabei, dass der Aufstieg in eine Position relevanter

Mitbestimmung für viele Gruppen nicht die größte Baustelle innerhalb ihrer Diskriminierungserfahrungen ist – für manche wäre schon die gesellschaftliche Akzeptanz, so sein zu dürfen, wie sie sind, ein Schritt. Dennoch glaube ich, strukturelle Probleme können sich nur lösen, wenn Zugang zu Macht fairer zwischen den Geschlechtern verteilt wird. Deshalb will ich in diesem Buch einen speziellen Fokus darauf legen, die strukturellen Gründe der Chancenungleichheit zu benennen und die intersektionale Betrachtung des Themas zu unterstützen – so gut ich das kann.

Die Gründe der Chancenungleichheit hängen alle miteinander zusammen. Sie lesen sich wie eine gut gefüllte Karte Bullshit-Bingo: Rassismus, Sexismus, Ableismus, Homophobie und Trans*-Feindlichkeit, um die Liste nur mal zu beginnen. Und leider ist diese Karte nicht eindimensional, sondern entfaltet sich in eine richtige Bullshit-Matrix: Den Klimawandel, beispielsweise, haben wir einem Mix aus Kolonialismus, Kapitalismus und Industrialisierung zu verdanken. Der globale Süden, jahrhundertelang Zentrum von Ausbeutung und Unterdrückung von Schwarzen durch *weiße* Menschen, erlebt den Kollaps der Ökosysteme zuerst und am stärksten. Die Debatte um Klimagerechtigkeit wird auch heute noch aus einer auf die Nordhalbkugel fokussierten Perspektive heraus geführt. Eine weitere Dimension der Bullshit-Matrix sind Patriarchat und Kapitalismus, ein Zusammenhang, den meine Kollegin Alexandra Zykunov in ihrem Buch »Wir sind doch alle längst gleichberechtigt! 25 Bullshitsätze und wie wir sie endlich zerlegen« sehr schön und eindringlich darlegt.[15] Der Kapitalismus baut darauf auf, dass Frauen sich unbezahlt um Kinder und Haushalt kümmern. Wären sie gleichberechtigt, würden sie Lohn für die Care-Arbeit verlangen oder sogar im gleichen Maße arbeiten und Geld verdienen wollen wie Männer, anstatt später mit der Hälfte der Rente und damit zum großen Teil in Altersarmut dazustehen, wäre das kapitalistische System, in dem das Patriarchat tief verankert ist, ehrlich gechallenged.

Das Thema ist also viel größer als nur die Frage, ob wir genauso viele Frauen wie Männer in den Führungsetagen, Vorständen und Parlamenten haben. Strukturelle Chancenungleichheit ist tief verwoben mit den großen Themen unserer Zeit. Und es ist auch kein optionales *Müssen wir uns mal anschauen*-Thema mehr: Schaffen wir es nicht, die Gleichberechtigung von Mann und Frau am Arbeitsplatz und damit auch im Privaten zu gewährleisten, werden immer mehr Menschen in Armut leben und unser Wirtschafts- und Rentensystem wird kollabieren. Schaffen wir es nicht, unsere Rollenbilder und Vorstellungen davon, wer *zu uns* gehört, zu verändern, werden wir nicht nur die Klimakrise nicht bewältigen, sondern auch mit immer größeren Wellen an Flüchtenden rechnen müssen, die durch unsere rein *weiße*, rein männlich geprägte Denke in ihren Herkunftsländern nicht mehr überleben können.

Ich konzentriere mich trotz dieser Komplexität vorrangig auf das Thema strukturelle Chancenungleichheit für Frauen, aus dem einfachen Grund, dass das der Bereich ist, zu dem ich persönlich am meisten beitragen kann. Ich kann mich intensiv mit strukturellem Rassismus, Homophobie, Trans*Feindlichkeit, Herkunftsdiskriminierung und Inklusion beschäftigen, ich kann in meinen Interviews für dieses Buch Stimmen zu Wort kommen lassen, die dazu sprechen können. Aber es steht mir nicht zu, als *weiße* Hetero-Frau aus der gehobenen deutschen Mittelschicht, die gut gebildet ist und sich mit dem Geschlecht identifiziert, das ihr bei der Geburt zugeordnet wurde, ein Buch über alle Aspekte dieses Themas zu schreiben.

Ich rufe also eindringlich dazu auf, dass all jene, die betroffen sind, sich dazu äußern: in Büchern und Texten, in Vorträgen und den sozialen Medien und nicht zuletzt auf Geburtstagspartys. Ich wünsche mir, dass sie die Stärke fühlen, Aufklärungsarbeit zu leisten, denn wie die unglaublich kluge Autorin Alice Hasters noch später in diesem Buch sagen wird, ist Bildung der Weg zu dauerhaftem Wandel für ALLE. Und für dieses Buch hoffe ich, die richtigen Stimmen ausgewählt zu haben, um immer wieder klarzumachen, dass es neben meiner *weißen*, cisgender und von sozialen Privilegien geprägten Perspektive viele weitere gibt und strukturelle Chancenungleichheit noch sehr viel komplexer ist, als ich sie hier beschreiben kann.

Wer ich bin

Ich bin zu dem Zeitpunkt, an dem ich dieses Buch schreibe, 31 Jahre alt und hatte schon verschiedene Rollen inne. Ich war Sängerin, Journalistin, Radioreporterin, Vorstandsreferentin, Geschäftsführerin einer Tochterfirma in einem Medienkonzern und C-Level-Executive, was so viel bedeutet wie eine Abteilung zu leiten und direkt an den Vorstand zu berichten. Ich war oft die Jüngste und oft die einzige Frau im Raum und ich habe verhältnismäßig lange gebraucht, um Letzteres wirklich als Problem zu begreifen.

Um meine Geschichte und den Ausgangspunkt, von dem aus ich in Richtung strukturelle Hürden gestartet bin, zusammenzufassen, ist an erster Stelle ein Begriff zentral: Privileg.

Ich bin im Vorort einer bayerischen Kleinstadt aufgewachsen, die unglaublich stolz auf ihre verschiedenen Biersorten ist und zeitweise mal ein gutes Basketballteam hatte. Die ersten 18 Jahre meines Lebens durfte ich in einem Haus leben, das so groß war, dass es ein eigenes Zimmer für die Weihnachtsdekoration gab und einen riesengroßen Garten. Die meiste Zeit meines jungen Lebens war ich davon überzeugt, eine realistische Chance zu haben, später entweder Prince William zu heiraten oder Popstar zu werden. Wenn wir in der Grundschule nach den Ferien berichten sollten, wie wir die freie Zeit verbracht hatten, hatte ich immer eine gute Geschichte parat, weil wir fünf- oder sechsmal im Jahr in den Urlaub fuhren, meistens in den Robinson Club.

Als ich ins Gymnasium kam und Klassenarbeiten anstanden, machte mir meine Mutter vor jeder Prüfung einen strukturierten Lernplan und fragte mich jeden Abend meine Vokabeln ab. Wenn ich ein Wort nicht wusste, gab sie mir das Buch zurück, damit ich noch mal in mein Zimmer gehen und alles wiederholen konnte.

Fast meine ganze Schulzeit lang war ich Klassenbeste, außer in Physik, was ich dankenswerterweise irgendwann abwählen konnte. Ich hatte eine Klavier- und eine Gesangslehrerin. Nur für die Letztere musste ich selbst kellnern gehen, weil der familiäre Glaube an mein musikalisches Talent nicht sehr ausgeprägt war.

Nach dem Abitur war die Frage nicht, ob ich studieren wolle, sondern wo. Ich studierte Psychologie in München und Politik in Washington und gab das Singen irgendwann auf, um unbezahlte Praktika beim öffentlich-rechtlichen Fernsehen zu machen oder nebenbei fürs Studentenradio zu arbeiten. Wobei *arbeiten* das falsche Bild hervorruft, denn auch dafür gab es kein Geld. Schließlich jobbte ich noch tageweise als Telefonistin in der Technischen Information des Bayerischen Rundfunks, was mir einen der heiß begehrten Mitarbeiterausweise verschaffte und mich irgendwann von der Telefonistin zur Praktikantin im Radio und schließlich zur freien Radioreporterin aufsteigen ließ.

An der Journalistenschule waren meine Mitschüler:innen bis auf eine Ausnahme *weiß* und ich bemerkte das gar nicht. Die Dozenten, die unsere politischen Kommentare teils cholerisch zerrissen oder nostalgisch von den goldenen Jahren des Journalismus schwärmten, waren zum allergrößten Teil männlich (weswegen ich mir das :innen hier spare).

Mir fiel das weder auf, noch störte es mich wirklich. War halt so. Meine Freundin Mäggi, damals schon Feministin, genderte, was ich total übertrieben fand und immer wieder aus ihren Texten strich, weil ich der Meinung war, es störe den Sprachfluss. Überhaupt verband ich Feminismus hauptsächlich mit Alice Schwarzer und Anstrengung und beteuerte immer wieder, dass das für mich alles kein Thema sei. Schließlich waren wir an der Schule zu fiftyfifty Männer und Frauen. Wo war das Problem?

In meinem ersten Job beim öffentlich-rechtlichen Radio machte ich die Erfahrung, dass die Gruppe der weiblichen Reporterinnen ein ziemlicher *closed shop* für mich war. Sie waren alle in fest-freier Mitarbeit beschäftigt, was bedeutet, dass man keine Festanstellung bekommt, aber relativ zuverlässig für eine gewisse Anzahl bezahlter Schichten pro Monat eingeteilt wird. Das heißt: Sie waren eine eingeschworene Gang und obwohl wir uns sehr ähnlich waren – alle aus irgendwelchen bayerischen Kleinstädten und hoch motiviert –, machten sie sehr früh klar, dass in ihrer Gruppe kein Platz für mich war. Weil ich aber unbedingt dazugehören wollte und auch überzeugt war, dass mein künftiges berufliches und in Teilen auch privates Seelenheil davon abhing, Mitglied der coolen bayerischen Radioreporterinnen zu sein, nahm ich jedes Stöckchen, das sie mir hinwarfen, an. Ich kam zum Glühweintrinken vor der Weihnachtsfeier, zu dem ich eher so halb eingeladen war – um dann alleine in der Kälte vorm Funkhaus zu stehen, weil die Gang ein Taxi mit genau vier Plätzen bestellt hatte und ich die Nummer fünf war. Als ein weiterer neuer Kollege – männlich – kam und sofort auf alle Partys eingeladen wurde, entwickelte ich meine eigene Theorie: Dass Feminismus nicht nur überholt sei, sondern dass Frauen auch irgendwie selbst schuld seien, weil sie sich nicht gegenseitig unterstützten.

Dass wir alle aus einem strukturellen Set-up heraus nicht die Möglichkeit hatten, Freundinnen zu werden, dass die Gang, die ins Taxi passte, eher eine Gruppe Verbündeter war, die sich gegenseitig die Schichten nicht streitig machten und in einem Beschäftigungssystem ohne äußere Sicherheit nur diese Absicherung hatten, leuchtete mir erst viel später ein. Damals dominierte das Gefühl, von den anderen Frauen isoliert zu werden, und ich spürte einen Groll, der sich nicht dahin richtete, wo er hingehörte – nämlich auf ein System, das in diesem Fall Frauen gegeneinander ausspielt –, sondern auf die anderen Reporterinnen.

Schnell stellte sich heraus, dass die ausgebliebene Freundschaft für mein berufliches und privates Seelenheil weit weniger essenziell sein würde, als zunächst gedacht. Nach wenigen Monaten festfreier Mitarbeit und einem fortschreitenden Grundverständnis für betriebswirtschaftliche Zusammenhänge und übliche Anstellungsverhältnisse verließ ich den öffentlich-rechtlichen Rundfunk und wechselte in die Privatwirtschaft. Nach einem theatralischen Abgang bei der Weihnachtsfeier verabschiedete ich mich mit Guacamole und Marmorkuchen von den Frauen, die ich so gerne als Freundinnen gehabt hätte, und wechselte als Management Trainee in einen Medienkonzern.

Meine erste Woche in dem Unternehmen, das ich seither meinen Arbeitgeber nenne, war wie eine Flitterwoche. Nicht nur traf ich Menschen, die mir ähnlich waren und die mich zumindest dem ersten Anschein nach auch gut fanden, ich bekam zudem Möglichkeiten, mich zu entwickeln, lernte ganz viel BWL-Kram und konnte endlich meine Mathe-Skills anwenden. Eine Personalabteilung fragte regelmäßig nach, wie es mir so ging, und ich erhielt eine unbefristete Festanstellung.

Mein Weg, auch wenn er hier vereinfacht und sicher oft mit Weichzeichner dargestellt ist, war geprägt von Privileg: Privileg, das zu einer gewissen selektiven Wahrnehmung verleitet. Eine, die zumindest mich glauben ließ, dass wir auf einem ganz guten Weg seien, was Chancengleichheit angeht, weil ich alle Chancen bekam, die ich mir hätte wünschen können. Eine, die mich übersehen ließ, dass mein Weg nicht der normale war, dass ich viel öfter vom System profitierte, als das statistisch gesehen überhaupt möglich sein konnte. Eine, die mir den Fokus auf Symptome wie abweisende Kolleginnen erlaubte, anstatt mich zu einer ernsthaften Beschäftigung mit strukturellen Themen zu verleiten. Eine, die mich trotz allem in der sicheren Überzeugung ließ, dass ich alle Möglichkeiten hatte, wenn ich nur hart genug dafür arbeitete. Ich dachte, alle seien wie ich. Selektive Wahrnehmung ist eine wunderbare Droge.

Die Einstellung zu meinem Arbeitgeber hat sich nicht verändert. Bis heute kann ich mir keinen Ort vorstellen, an dem ich mit mehr Menschen Werte und Humor teile, an dem ich so gesehen werde, gefördert und gefordert. Doch weder ein guter Arbeitgeber, ein Netzwerk an Mentor:innen noch eine um mein Wohlbefinden bemühte Personalabteilung konnte mich dauerhaft von den strukturellen Hürden abschotten.

Das große Aufwachen

Mit 27 Jahren wurde ich Geschäftsführerin einer Tochterfirma des Medienkonzerns und war plötzlich in ganz neuen Kreisen unterwegs. Ich wurde direkt zu Terminen mit Manager:innen und Prominenten eingeladen, zu Preisverleihungen und Abendessen. Ich hatte plötzlich Budget zu vergeben, also wollten die Leute mich dabeihaben. Dazu war mein Thema (ich leitete eine Podcast-Firma) gerade ziemlich cool, weshalb ich oft als Speakerin oder einfach nur als die *Digitale vom Dienst* auf Veranstaltungen oder zu Meetings eingeladen wurde.

Gleich im ersten Jahr begegneten mir die strukturellen Hürden mit voller Wucht. Gemeinsam mit einem Kollegen traf ich einen bekannten Künstler inklusive seines Managers und eines Autors zum Gespräch über ein gemeinsames Projekt. Zum ersten Mal fiel mir aktiv auf, dass ich die einzige Frau in der Runde war. Die Männer sprachen über Fußball, natürlich, geschlagene zehn Minuten ging es darum, wer wieder warum vorm Abstieg oder Aufstieg stand. Da ich absolut nichts zum Thema beizutragen hatte, lächelte ich, in der Hoffnung, dann bald mal zum eigentlichen Punkt des Meetings zu kommen. Da seufzte der Künstler und schaute mich geradeaus an: »Ich hätt gern 'nen Kaffee«, sagte er. »Ich auch«, stimmte der Manager ein, »Jo, ich auch«, der Autor. Dann schauten mich alle erwartungsvoll an. Ich verwaltete das Budget und war zumindest qua Amt die Ranghöchste im Raum, wurde allerdings von allen als die wahrgenommen, die den Kaffee holt. Nicht als Zeichen von Status á la *ich geb einen aus*, nein, einfach, weil ich die junge Frau war, die bisher nichts gesagt und die ganze Zeit gelächelt hatte. Das verpasste mir den Stempel: *holt Kaffee*. Mein fußballkundiger Kollege saß unbestempelt daneben.

Bis heute bin ich erstaunt über meine eigene Schlagfertigkeit, denn ich entgegnete den Männern ein ebenso ruppiges »Jo, ich auch« – woraufhin mein Kollege, etwas perplex über die plötzlich eisige Stimmung im Raum (man hatte doch gerade noch über den Abstieg oder Aufstieg des Fußballvereins gesprochen), den Konferenzraum verließ und eine *andere* Frau damit beauftragte, Kaffee zu holen.

Nicht immer habe ich es geschafft, so schlagfertig zu sein, und ich werde viele Situationen in diesem Buch schildern, die zeigen, wie mich die strukturellen Hürden, die mir trotz bester Voraussetzungen und einem guten Maß an Privilegien dennoch begegneten, an den Rand des Aufgebens brachten. Die Frauen, die im Laufe dieses Buchs zu Wort kommen, teilen ihre Geschichten ebenfalls und vielleicht hilft es, die eine oder andere davon zu verinnerlichen, um sich mögliche Strategien abzuschauen. Heute habe ich einen Baukasten von Reaktionen, die ich in solchen Situationen automatisch abspiele. »Das finde ich irritierend« ist zum Beispiel einer meiner Lieblingssätze, den mir meine ehemalige Coach beigebracht hat. Wenn ich zu verdutzt bin, um etwas zu sagen oder Wut im Bauch aufkommen spüre, reiße ich kurz die Augen auf und sage den Satz, manchmal unterstrichen von einem süffisanten Lächeln, wobei ich vor *irritierend* eine kurze Pause lasse, als suchte ich nach dem richtigen Wort. In der Regel bewirkt das zumindest, dass die assoziative Kette *Frau, lächelt, holt Kaffee* unterbrochen wird. Meist halten mich danach alle für eine *bitch*, aber das – auch dazu später mehr – ist irgendwann nicht mehr so schlimm.

Nach und nach dämmerte mir, dass es sehr viel tiefer liegende Mechanismen geben musste, die dazu führten, dass Frauen irgendwo auf dem Weg nach oben verloren gingen. Ich begann mich mit dem Problem zu beschäftigen, lernte Menschen kennen, die schon lange vor mir sehr viel klügere Gedanken dazu gehabt hatten. Etwa ein Jahr später schrieb meine Freundin Alice Hasters den Bestseller »Was *weiße* Menschen nicht über Rassismus hören wollen aber wissen sollten«, was dazu führte, dass ich mich zum einen wirklich mit dem Thema struktureller Rassismus auseinandersetzte und zum anderen viele Gespräche im Freundeskreis führte, die zeigten, wie viel tiefer die Denkmuster sitzen, als uns bisher bewusst war.

Zu dieser Zeit also begann meine aktive Auseinandersetzung mit den Wahrscheinlichkeiten, den Urnen und Kugeln. Ich schrieb einen Text für ein Branchenmagazin, mit der These dass ein Ereignis X dazu führt, dass aus der ursprünglichen eine *bedingte* Wahrscheinlichkeitsrechnung wird, in der die Karrierewege auseinandergehen.

Denn mit der bis dahin ergebnislosen Suche nach einer Antwort auf meine Frage, woher die ungleichen Wahrscheinlichkeiten rühren, wuchs auch der Wunsch, etwas beitragen zu wollen. Ich entschied, dass es von nun an keine Wahl mehr war, Feministin zu sein, sondern eine Verpflichtung. Ich bin überzeugt, dass wir alle früher oder später Feminist:innen werden müssen, wenn auch nicht alle in der gleichen Lautstärke. Alles andere würde bedeuten, dass wir a) das System nicht verstehen, was uns nicht unbedingt für höhere Aufgaben qualifizieren sollte. Oder dass wir b) das System zwar verstehen, aber den Nutzen, den uns unser eigenes individuelles Privileg darin verschafft, höher schätzen als den Nachteil für die anderen. Das macht uns zu Opportunisten, was zwar in gewisser Weise für Führung qualifiziert, aber nicht für gute und auch nicht auf Dauer. Ich bin also Feministin, weil es für mich keine Möglichkeit gibt, KEINE Feministin zu sein.

Feminismus bedeutet nicht nur, sich dafür einzusetzen, dass Frauen in Positionen relevanter Mitbestimmung kommen – auch wenn das vor allem das Feld ist, das ich in diesem Buch nutze, um strukturelle Hürden zu beschreiben. Für die allermeisten Frauen auf der Welt ist das Ziel keine Vorstandsposition, sondern viel grundlegender: In Frieden und nach den eigenen Vorstellungen leben zu dürfen. In den Tagen, in denen ich dieses Buch beende, demonstrieren im Iran gerade Tausende Frauen auf der Straße gegen ein System, das sie unterdrückt. Diese Situation zeigt besonders deutlich, wie zentral *Intersektionalität* für Feminismus ist. Nach dem gewaltsamen Tod von Mahsa Amini im Herbst 2022 fordern die Frauen im Iran das grundlegende Recht, selbst zu entscheiden, wie sie leben wollen. Bundesaußenministerin Annalena

Baerbock sagte nach dem Tod der 22-Jährigen: »Wenn Frauen nicht sicher sind, dann ist keine Gesellschaft auf dieser Welt sicher. Deswegen ist der brutale Angriff auf die mutigen Frauen im Iran eben auch ein Angriff auf die Menschheit.« Auch eine Aussage der damaligen First Lady der USA, Hillary Clinton, auf der UN-Weltfrauenkonferenz 1995 in Peking wurde in diesem Kontext zitiert: »Menschenrechte sind Frauenrechte und Frauenrechte sind Menschenrechte.« Keine:r ist frei, wenn nicht alle frei sind.

Feminismus, wie ich ihn definiere, ist also einer, der *intersektional* funktioniert, sprich: sich nicht nur für die Rechte und Chancen *weißer* Frauen einsetzt. Im Gegenteil. Feminismus bedeutet für mich Vielfalt in jeder Form und hat Chancengleichheit für alle zum Ziel. Und verpflichtet dazu, sich mit anderen Perspektiven und Diskriminierungserfahrungen zu beschäftigen.

Wer in diesem Buch zu Wort kommt

Diversität wird daran gemessen, ob und wie unterschiedliche Menschen in einer Gruppe zusammenkommen. Die bekanntesten Dimensionen von Vielfalt sind ethnische Herkunft, soziale Herkunft, Geschlecht, geschlechtliche Identität (Gender), sexuelle Orientierung, körperliche und geistige Fähigkeiten, Alter, Religion und Weltanschauung.[16] Auch wenn ich also sehr schnell sehr gut darin wurde, die strukturellen Hürden für eine römisch-katholische, *weiße* Cis-Hetero-Frau aus der gehobenen Mittelschicht Anfang 30 ohne Behinderung zu identifizieren, war das fürs große Ganze noch nicht wirklich hilfreich. Nicht nur war die Nische zu klein: Wenn ich mich als Feministin für strukturelle Chancengleichheit einsetzen will, kann ich das per definitionem nicht eingrenzen auf die verhältnismäßig kleine Gruppe der Menschen, die so sind wie ich. Denn selbst wenn ich und alle *weißen*, römisch-katholischen Cis-Hetero-Frauen aus der gehobenen Mittelschicht Anfang 30 ohne Behinderung weniger Hürden hätten, um mitbestimmen zu dürfen – an der Gesamtsituation, um die es mir geht, würde das wenig ändern.

Um also nicht nur aus meiner Perspektive über strukturelle Ungleichheit zu sprechen, war es unerlässlich, andere Menschen nach ihren Erfahrungen mit strukturellen Hürden auf ihrem Karriereweg zu befragen. In nur einer Dimension grenzte ich die Gruppe für dieses Buch vorab ein: Ich habe nur mit Menschen gesprochen, die sich als Frauen identifizieren, denn wie schon eingangs erwähnt, ist es die Gender-Dimension, der ich in diesem Buch besonderes Augenmerk widmen will. Ich habe also mit Vorständinnen, Gründerinnen und Autorinnen gesprochen, mit Selbstständigen, Investorinnen, Ingenieurinnen, mit Müttern und

Politikerinnen, mit Influencerinnen und Frauen in Familienunternehmen. Die Voraussetzung für eine Anfrage war, dass die Frauen a) strukturelle Hürden überwunden und es in ihrem Feld in eine Position der relevanten Mitbestimmung geschafft haben und dass sie b) einen anderen Blick auf das Thema haben als ich.

Die Gespräche mit den betreffenden Frauen werden die einzelnen Kapitel dieses Buches durchziehen. Wer jetzt schon wissen will, wer diese Frauen sind, findet auf den letzten Seiten ihre Kurzbiografien.

Dieses Buch ist biografisch motiviert und erhebt keinen Anspruch auf Vollständigkeit. Auch wenn ich mir bei der Auswahl meiner Interviewpartnerinnen Mühe gegeben habe, eine intersektionale Betrachtung zu schaffen: Es ist immer Luft nach oben! Auch in den Perspektiven meiner Interviewpartnerinnen erhebe ich keinen Anspruch auf Vollständigkeit. Nicht jede oben genannte Dimension der Diversität wird im selben Ausmaß abgebildet. Wem eine oder mehrere davon fehlen, der oder die sei hier nochmals eingeladen, ihr eine Stimme zu geben. Es kann nicht genug Bücher, Blogs, Posts, Videos und Podcasts geben, in denen wir Geschichten teilen und Ansätze für strukturelle Chancengleichheit in allen Dimensionen suchen.

Viele der Frauen, die in diesem Buch zu Wort kommen, sind deutlich länger im Arbeitsleben als ich. Jede hatte einen anderen Weg und andere Hürden zu überwinden. Trotzdem gibt es erstaunlich viel Deckungsgleichheit in den Erfahrungen. Deshalb gibt es dieses Buch.

Ein paar Worte vorab

Wenn ich in diesem Buch von *Frauen* und von *Männern* spreche, meine ich *als Frauen gelesene* und *als Männer gelesene* Menschen. Ich setze voraus, dass Geschlecht nicht gleich der Körper ist, in dem man geboren wird.

Viele der Thesen und Beispiele, die ich in diesem Buch beschreibe, lassen eine binäre Definition von Geschlecht vermuten. Deshalb möchte ich vorab außerdem als gesetzt festhalten, dass es mehr als zwei Geschlechter gibt, auch wenn die bestehende Wissenschaft und Literatur zum Thema strukturelle Ungleichheit das nicht immer widerspiegelt.

Gerade im Kontext von Familie spreche ich öfter vom heterosexuellen Cis-Paar, das als *traditionelles Paar- und Familienmodell* gesehen wird. Dies ist vor allem der Tatsache geschuldet, dass ich meine eigene Geschichte und meine Erfahrungen als Basis für viele Thesen nehme. Für die Ratschläge, die ich in den Kapiteln geben möchte, ist das nur bedingt relevant und mir ist bewusst, dass es zahllose weitere Familienmodelle gibt.

Wir müssen reden:
Sprache schafft Realität

Die Macht der Sprache

Was man nicht benennen kann, das existiert nicht. Sprache ist eine mächtige und grundlegende Hürde. Man kann ihre Macht nicht hoch genug einschätzen. In der Diskussion, warum Themen wie strukturelle Diskriminierung erst in den vergangenen Jahren wirklich in die Mitte der Gesellschaft gerückt sind, halte ich Sprache für den absoluten Schlüssel. Viele der Themen, über die ich in diesem Buch schreibe, gab es schon lange bevor ich und andere Autor:innen sie angesprochen haben. Wir konnten sie nur nicht so benennen. Es brauchte Menschen, die Begriffe und Sprachbilder fanden, die dazu führten, dass andere Menschen sie erkennen, identifizieren, verstehen und weitertragen können.

Worte können emotionalisieren, abgrenzen, ausgrenzen, eingrenzen. Sprache schafft Realität. Ohne Sprache gibt es keine Geschichten. Ohne Sprache lassen sich die mannigfaltigen Nachteile, denen Frauen beim Eintritt in das Berufsleben gegenüber Männern ausgesetzt sind, nicht zur Anklage bringen.

Vermutlich jede:r saß schon einmal beim Arzt mit irgendeinem Leiden, das er oder sie nicht einordnen konnte. Der Moment der Diagnose, in dem aus dem Schmerz ein Zustand wird, ist da beinahe eine Erlösung. Ich hatte zum Beispiel vor einigen Jahren einen Autounfall und unglaubliche Schmerzen in der Brust. Im Krankenwagen stellte ich mir alle möglichen Szenarien vor – ein Lungenflügel, der kollabiert war, gebrochene Rippen, ein gequetschtes Herz. Die Bilder in meinem Kopf waren grausig. Dann kam die Ärztin und diagnostizierte, mein Brustbein sei beim Aufprall auf den Airbag zwar gebrochen, aber ganz gerade, sodass man eigentlich nur liegen und abwarten müsse. Ich war erleichtert: Aus dem Schmerz in der Brust wurde eine Diagnose und das

Bild in meinem Kopf plötzlich sehr konkret, keine namenlose Angst mehr.

Auch außerhalb der Medizin gibt es diese Schmerzsituationen. Das Gefühl, ins Hintertreffen zu geraten und nicht zu wissen, warum. Das Gefühl, anders zu sein, nicht dazuzugehören. Das Gefühl, in einer Sache recht zu haben und trotzdem als im Unrecht dargestellt zu werden. Das Gefühl, Ungerechtigkeit anzusprechen und dann dafür bestraft zu werden.

Wenn sich Begriffe und Sprachbilder etablieren, die diese Zustände beschreiben, baut das automatisch Hürden ab. Du kannst etwas benennen. Andere benennen es auch. Es ist kein subjektives Gefühl mehr, sondern ein objektiver Zustand. Eine Diagnose, ein Missstand, gegen den man angehen kann – und wenn dir selbst noch die Worte fehlen, dann kannst du zumindest danach googeln.

Eine Frau, die mir und unglaublich vielen Menschen in Deutschland geholfen hat, eine Sprache zu finden, ist Tupoka Ogette. Sie hat den Bestseller »exit RACISM« geschrieben und hilft, neben ihrer Arbeit als Autorin, Menschen und Unternehmen dabei, rassismuskritisch und damit diskriminierungskritisch denken zu lernen. Ich treffe Tupoka digital, sie in Berlin, ich in Hamburg, es ist kurz vor ihrem Sommerurlaub. Auch wenn wir gemeinsame Freunde haben (und denselben Buchverlag), treffen wir uns zum ersten Mal.

Tupoka ist bei ihrer Mutter in Leipzig aufgewachsen, bis sie acht Jahre alt war und sie die DDR kurz vor der Wende mit Ausreiseantrag verließen. Ihr Vater war ein Student aus Tansania, der kurz nach ihrer Geburt nach Afrika zurückkehren musste. Als Schwarzes Mädchen und später Frau in einem hauptsächlich *weißen* Umfeld machte sie oft die Erfahrung, *geandert* zu werden, also Zuschreibungen von außen zu erleben. »Auch mein Umfeld hatte keine Worte für das, was ich erlebte, niemand konnte das begrifflich einordnen, und was nicht benennbar ist, ist auch nicht real und schon gar nicht belegbar. Ich dachte lange, ich sei übersensibel, würde mir Dinge zu sehr zu Herzen nehmen.« Erst mit Mitte lernte sie, ihre Erfahrungen zu benennen: »Als ich angefangen habe, mit anderen Schwarzen Menschen über meine Erfahrungen zu sprechen, Widerstandsliteratur zu lesen, habe ich begriffen: Das ist ja vielleicht gar nicht mein Problem und ich bin auch nicht das Problem. Das Problem heißt Rassismus.«

Sprache kann auch neue Begegnungsräume eröffnen. Tupokas Erfahrung im Kontext von rassismuskritischem Denken ist: »Für mich hat das Sprechen über Rassismus eine Begegnungswelt eröffnet, auch mit *weißen* Menschen. Ich habe gemerkt: Für mich wird es dadurch real, aber auch für die Menschen, mit denen ich spreche. Sprache schafft Wirklichkeit.«

Sprache kann aber auch das Gegenteil erreichen – auf die tückischste Art und Weise. Denn nicht nur der Begriff, auch der Kontext spielt eine Rolle. Zum Beispiel für Tessa Ganserer, die ich im Rahmen dieses Buches ebenfalls interviewt habe: eine von zwei Frauen im Bundestag, die offen trans* sind. Sie musste sich kürzlich eine Rede der AfD-Abgeordneten Beatrix von Storch anhören, die sie darin bei ihrem *Deadname* nannte, dem Namen, den sie vor ihrer Transition trug und abgelegt hat.[17] Kein Schimpfwort und objektiv betrachtet auch nicht beleidigend. Doch der Kontext zählt. »Sprache kann verletzen, sie kann ausgrenzen. Sie kann aber auch für Verständnis sorgen«, sagt Tessa Ganserer, als ich sie im Bundestag treffe. *Deadname* ist für mich so ein Wort, das Verständnis schafft. Es ist ein Name, der eine Person beschreibt, die es so nicht mehr gibt. Das nicht anzuerkennen, sondern den Namen weiterhin zu nutzen, ist verletzend.

Und genau deshalb ist Sprache eine große Hürde, aber auch ein großer Schlüssel: Die Begriffe, die wir verwenden, um Missstände anzusprechen, müssen beim Gegenüber klar verständlich machen, worum es gerade geht, auch wenn das Gegenüber nicht einmal ansatzweise dieselben Erfahrungen macht wie wir selbst.

Unconscious Bias

Viele Dinge, die ich in diesem Buch beschreibe, passen zur Forschung rund um das Thema *Unconscious Bias* – *Unbewusste Verzerrung* oder *Unbewusstes Vorurteil*. Alle Menschen tragen unbewusste Vorurteile in sich. Keine:r wendet sie willentlich oder sogar wissentlich an. Sie entstehen im Kindergarten- und Vorschulalter und entwickeln sich unsere ganze Kindheit und Jugend über.[18] Sie beeinflussen unser Verhalten im Zusammenspiel mit unterschiedlichen Menschen ganz erheblich.[19] Wir können sie nie wieder ganz loskriegen, sie sind eine Art dauerhafte Fehlprogrammierung in unseren Gehirnen. Aber es gibt Wege, wie wir uns unserer eigenen Verzerrungen bewusst werden und sie damit minimieren können.

Umgangssprachlich wird *Unconscious Bias* als *Schubladendenken* bezeichnet. Eigentlich macht das Gehirn etwas sehr Sinnvolles: Es sammelt Beobachtungen und Informationen und kategorisiert sie, damit wir schneller zu Entscheidungen kommen können und nicht jede Situation individuell neu bewerten müssen. Wenn wir also als Kinder lernen, dass eine junge blonde Frau namens Emma nett zu uns ist, speichern wir die Kombination aus Frau und blond und jung und Emma als positiv ab. Wir werden später Menschen mit diesen Merkmalen grundsätzlich positiver gegenübertreten. Das führt aber auch dazu, dass Männer im beruflichen Umfeld kompetenter als Frauen wahrgenommen werden, einfach weil wir über Jahrhunderte daran gewöhnt wurden, überproportional mehr Männer in Positionen relevanter Mitbestimmung zu sehen als Frauen (*Gender Bias*).

Die tricky Seite von Unconscious Bias ist: Wahrnehmung ist immer subjektiv und wir können nicht entscheiden, welche Informationen abgespeichert werden und ob sie korrekt sind. Außerdem ist der Schnellentscheidungsweg so etwas wie die Default-Einstellung unseres Gehirns. Wir müssen aktiv verhindern, dass unser Hirn den Entscheidungsweg auf Basis von verfügbaren vergangenen Informationen geht und stattdessen dafür sorgen, dass es Fakten und aktuelle Informationen einbezieht.

Bias betreffen alle Informationen, die wir verarbeiten können. Der *Confirmation Bias* beispielsweise führt dazu, dass wir gezielt Informationen aussuchen, die unsere eigenen Sichtweisen und Einstellungen bestätigen. Das ist vor allem in der politischen Medienlandschaft ein Problem: Fake-News-Seiten können florieren, weil Menschen nicht Fakten suchen, die aus objektiven Quellen stammen, sondern lieber Falschinformationen in Kauf nehmen, wenn sie sie in ihren Einstellungen bestätigen. *Conformity Bias*, umgangssprachlich *Gruppenzwang*, führt dazu, dass wir zum Beispiel bei einer Abstimmung – selbst wenn wir der Meinung sind, dass Option A besser wäre – für Option B stimmen, wenn alle anderen das tun. Der *Affinity Bias* beschreibt, dass wir Menschen, die uns ähnlich sind, bevorzugt behandeln. Der *Beauty Bias* belegt, dass wir Menschen, die wir attraktiv finden, bevorzugt behandeln.

Es gibt Möglichkeiten, die eigenen Bias zu testen – der *Implicit Association Test (IAT)*[20] wurde von Psycholog:innen der Universität Harvard entwickelt, um die eigenen Verbindungen zwischen einer Person oder Information und einer Bewertung zu testen. Ich empfehle jeder und jedem dringend, ihre und seine Bias zu identifizieren. Aber die traurige Wahrheit ist, dass wir uns ihnen nur annähern und darüber reflektieren können. Ablegen können wir sie nicht, lediglich anerkennen, dass wir sie haben, und aus dieser Erkenntnis Handlungen ableiten, die dem Vorurteil nicht recht geben.

Bei Bewerbungen, beispielsweise, stellen viele Unternehmen auf Anschreiben ohne Foto um, um vorurteilsbasierte Entscheidungen im ersten Schritt zu vermeiden. In manchen Personalabteilungen werden auch Geschlecht, Aussehen und Herkunft gelöscht, bevor die Bewerbung an die Entscheidenden geht.

Selbst diejenigen, die im aktuellen System am meisten unter *Unconscious Bias* leiden, sind nicht frei davon. Wir alle wachsen mit Bildern um uns herum auf, die dazu führen, dass wir bestimmten

Menschen Kompetenz in bestimmten Feldern zuschreiben und in anderen absprechen. Im Kampf für mehr Mitbestimmung und Sichtbarkeit hilft es daher ungemein, sich schon früh mit den eigenen unbewussten Annahmen vertraut zu machen und auch sein Umfeld dazu zu animieren.

Othering oder Alterisierung

Noch ein Begriff, der entscheidend ist, um unsere Benachteiligung im beruflichen wie gesellschaftlichen Kontext zu verstehen, ist *Othering*. Und auch wenn es ziemlich neudeutsch klingt: Das Phänomen ist schon im 18. Jahrhundert vom Philosophen Georg Wilhelm Friedrich Hegel in seiner »Phänomenologie des Geistes« beschrieben worden. Vereinfacht gesagt beschreibt *Othering* oder auch *VerAnderung*[21] die Tatsache, dass Menschen mit bestimmten Merkmalen als *fremd* stereotypisiert werden.

Am grausamsten zeigt sich *Othering* in den Lehren des Nationalsozialismus. In der Rassenlehre und besonders in der Beschreibung der Jüdinnen und Juden wurde ganz klar abgegrenzt zwischen der einen und der anderen Gruppe, verbunden mit einer Entmenschlichung. Auch im Kolonialismus und in der Sklaverei wurde die *VerAnderung* und Entmenschlichung einer Gruppe betrieben und sogar noch gesteigert zu einer Versachlichung von BIPoC (*Black, Indigenous, and People of Color*). Die Rassentheorie, Grundlage für Rassismus, ist nichts anderes als *Othering*.

Tupoka Ogette beschreibt in unserem Interview sehr reflektiert, was der Unterschied zwischen *anders sein* und *anders gemacht werden* ist: »Man ist ja nicht anders, man ist wie man ist. *Othering* ist etwas, das man von außen gespiegelt bekommt.«

Auch im Kontext von Sexismus findet *Othering* statt, wie schon die feministische Schriftstellerin Simone de Beauvoir 1949 in ihrem Buch »La deuxième sexe« – »Das andere Geschlecht« feststellte: Männer gelten als gesellschaftliche Norm, Frauen als *das Andere*. In den Kreisen relevanter Mitbestimmung in Politik und Wirtschaft stimmt das, mit Blick auf die Zahlen, noch heute. Zwar steigt die Anzahl von Frauen in Vorständen leicht an, doch sind beispielsweise im MDAX, also in der Gruppe der kapitalisierungs- und umsatzstärksten Unternehmen in Deutschland, immer noch knapp neun von zehn Vorständen männlich. Wenn eine Frau befördert wird, dann wird sie in der Regel erst mal die Einzelkämpferin sein. Und wenn sie sich nicht den männlichen Verhaltensweisen anpasst, wird sie Simone de Beauvoirs Thesen bestätigen können.[22]

Auch für trans* Personen ist der Begriff *Othering* relevant. Tessa Ganserer erzählt mir bei unserem Gespräch im Bundestag: »Solange marginalisierte Gruppen ausgegrenzt werden und mit dieser Ausgrenzung auch eine Wertigkeit einhergeht, ist es wichtig deutlich zu machen, welche Begriffe es gibt, um Dinge zu beschreiben.« Es geht dabei nicht darum, Unterschiede aufzuheben. »In einer Gesellschaft gibt es gewisse statistische Verteilungen: 99 % der Gesellschaft sind Cis-Menschen und das ist ok. Aber die Größe des Teils darf nicht mit einer Wertigkeit gleichgesetzt werden.«

N = 1

Selbst wenn man Teil der Mehrheitsgesellschaft ist, ist die Annahme, man selbst sei repräsentativ für die Gesamtgesellschaft, eine tückische Idee. Ich nenne sie die $N = 1$-Falle: die Vorstellung, dass die eigenen Impulse, Überzeugungen, Wünsche und Gefühle sehr viel weiter verbreitet seien, als es tatsächlich der Fall ist, das einfache Grundgefühl, *alle sind wie ich*.

Die meisten Menschen wollen Eigenschaften, die sie eigentlich doof finden, nicht bei sich selbst sehen. Stattdessen projizieren sie diese auf andere Menschen: ein Abwehrmechanismus, von Sigmund Freud *Projektion* genannt. Die Psychologin Melanie Klein hat viele Jahre nach Freud herausgefunden, dass jemand, der projiziert, auch eine eingeschränkte Wahrnehmung hat. »Die Frauen sind selbst schuld, die beißen sich ja gegenseitig weg«, ist eine beliebte Stammtischparole, um zu rechtfertigen, warum die Verteilung von Führungspositionen so ungerecht aussieht. Sie führt aber außerdem dazu, dass diejenigen, die sie verwenden, vor allem Folgendes wahrnehmen: Frauen reden schlecht über andere Frauen. Frauen lassen sich nicht gegenseitig überholen. Alles, was nicht in dieses angenommene Verhaltensmuster passt, wird ausgeblendet – dank selektiver Wahrnehmung. Wie durch eine Art Filter gibt das Gehirn nur die Informationen weiter, die auch zu den bestehenden Annahmen passen. Und nicht nur das: Durch die Projektion ist es tatsächlich wahrscheinlicher, dass Frauen, wenn vor ihnen der Satz »Ihr beißt euch doch gegenseitig weg« fällt, dieses Verhalten zeigen. Sie passen sich dem Bild an, das der Projizierende auf sie wirft.[23]

Jede:r kennt vermutlich das Gefühl, zur Projektionsfläche zu werden. Als ich zu Anfang meines Berufslebens ein Abendessen mit acht wichtigen männlichen Topmanagern hatte, spürte ich die Projektion: *Du bist das kleine Mädchen in dieser Runde und wahnsinnig grün hinter den Ohren.* Anstatt von erfolgreichen Projekten zu erzählen, kicherte ich vor mich hin und erzählte Geschichten, dass ich total chaotisch sei und erst letzte Woche einen Koffer auf einer Reise verloren hatte. Das stimmte noch nicht mal wirklich, aber ich spürte, dass genau diese Geschichten das waren, was die Runde von mir erwartete und ich damit allen ein gutes Gefühl gab. Es kostet Reflexion und einen kurzen Widerstand, sich gegen die Schublade zu wehren, in die man gesteckt wird – und oft ist die Konsequenz daraus nicht Anerkennung oder Sympathie, sondern das Gefühl, ein Unbehagen beim Gegenüber auszulösen.

Es lässt sich nicht verhindern, dass wir selektiv wahrnehmen. Auch dass wir in einer gewissen sozialen *bubble* leben, ist schwer zu verhindern. Doch die selektive Wahrnehmung unterstützt die Überzeugung, repräsentativ für die Grundgesamtheit zu sein. Sie wirkt ein bisschen wie eine Droge gegen den unangenehmen Zustand der Dissonanz, der entsteht, wenn die Informationen, die wir erhalten, nicht zu unseren Einstellungen passen. Wenn ich beispielsweise überzeugt bin, dass es keinen Klimawandel gibt, aber alle Informationen, die ich bekomme, belegen es, fühlt sich das nicht schön an und ich wehre mich erst mal mit allem, was geht, dagegen, meine Überzeugung zu ändern.

In Bezug auf strukturelle Diskriminierung ist die selektive Wahrnehmung eine weit verbreitete und mit der Sozialisierung verabreichte Partydroge für privilegierte Gruppen, also die, die nicht von Diskriminierungserfahrungen betroffen sind. Sie schützt vor Erkenntnis und auch vor Selbsterkenntnis. Leider hat sie wie die meisten Drogen unterm Strich mehr negative Effekte als gute – in diesem Fall für den strukturellen Fortschritt mehr als für den einzelnen Menschen. Und eine Droge, die mir selbst enorm nützt und nur den anderen schadet? Man kann nachvollziehen, dass die privilegierte Gruppe nicht so einfach auf Entzug davon gehen will.

Begriffe neu definieren

Eine Sache, die mir im Laufe meines Berufslebens bewusst wurde, ist, dass es für Frauen und für Männer unterschiedliche Wortschätze gibt.

Die Journalistin Lara Fritzsche hat es in ihrem Text »Frauenlauer«[24] auf den Punkt gebracht. Darin beschreibt sie den Wahlkampf zwischen Julia Klöckner und Malu Dreyer in Rheinland-Pfalz. Sie schreibt: »Ein Mann ist ein leeres Blatt Papier. Eine Frau ist kein leeres Blatt, sie ist die Abweichung vom Normalzustand. [...] Das Blatt Papier, das sie ist, hat die Farbe rosa. Alles, was man darauf schreibt, sieht anders aus als auf einem weißen Blatt Papier. [...] Aus energisch wird hysterisch. Aus konsequent wird zickig. Aus realistisch wird verbittert. Aus attraktiv wird Barbie. Aus Vollzeitpolitikerin wird Rabenmutter. Aus durchsetzungsstark wird eiskalt. [...] Aus emotional wird gaga. Aus machtbewusst wird Königsmörderin.«

Dass Begriffe im Geschlechterkontext ihre Bedeutung verändern, ist ein Fakt. *Zickig* ist ein Wort, das es fast nur für Frauen und für homosexuelle Männer gibt. *Emotional* wird bei Frauen beinahe schon als Neigung zur Hysterie, auf jeden Fall aber als Schwäche gesehen. Bei einem Mann ist es eine Art zusätzliches Feature: Er hat eine emotionale Seite, was ein Typ! Ein Mann, der sagt, wo es langgeht, ist ein *Macher*. Eine Frau ist *herrisch*.

Das gilt auch für Verhalten: Dasselbe Verhalten wird bei Frauen anders bewertet als bei Männern. Als ich die Aufgabe hatte, eine neue Firma aufzubauen und ein neues Geschäftsfeld zu erschließen, musste ich an der einen oder anderen Stelle Dinge einfordern. Wer etwas Neues etablieren will, egal ob im Sportverein oder im Großkonzern, muss dem bereits Etablierten auch mal auf die Füße treten. Du musst Ressourcen und Aufmerksamkeit von anderen Abteilungen einfordern, um sie auf dein Thema zu lenken – einfach, weil du es sonst nicht hinkriegst.

Nachdem ich das Start-up, dessen Geschäftsführung ich übernommen hatte, als relevanten Player am Markt etabliert hatte, erzählte mir ein Kollege beim Kaffee, dass ich ja bekannt dafür sei, sehr *pushy* zu sein. Dass ich nicht lockerließe und ja, damit auch mal *nervig* rüberkäme. Was hätte er wohl zu einem männlichen Geschäftsführer gesagt, der nach drei Jahren eine Firma in die schwarzen Zahlen und eine gute Marktposition geführt hat? Wären *pushy* und *nervig* die ersten Worte gewesen, die ihm über die Lippen gekommen wären? *Durchsetzungsstark, ein Macher, lässt nicht locker* – im männlichen Kontext wäre die Bewertung sehr wahrscheinlich anders ausgefallen.

Ich treffe Sigrid Nikutta im Zug. Sie ist Mitglied im Vorstand der *Deutschen Bahn AG* und verantwortlich für den Güterverkehr. Passenderweise teilen wir uns ein Abteil von Berlin nach Erfurt. Sigrid Nikutta war eine der Ersten, die mir bei der Recherche für mein Buch in den Sinn kamen. Weil sie nicht nur eine der Managerinnen ist, die sich mit am längsten an der Spitze halten konnte und deren Entwicklung man über die vergangenen Jahre – auch dank Social Media – sehr gut mitverfolgen konnte. Sie ist zudem auch noch sehr entschieden in ihren Äußerungen und positioniert ihre Werte klar. Nach dem Studium in Bielefeld startete sie ihre Karriere bei einem mittelständischen Unternehmen in Bielefeld, kam über mehrere Stationen zur *Deutschen Bahn* und promovierte berufsbegleitend 2009 in München.

Ihren Karrierestart beschreibt sie so: »Nach dem Praktikum dort sagte mein damaliger Chef zu mir: Ich nehme Sie, obwohl Sie eine Frau sind. Das fand ich komisch, hielt es aber schnell für eine Eigenschaft, die er eben hatte.« Sie arbeitete sich nach ganz oben und stand vor dem Sprung in eine Geschäftsführungsposition, als einzige Frau. Dann wechselte sie zur Bahn, wurde Chefin der *Berliner Verkehrsbetriebe (BVG)* und kehrte schließlich 2020 zurück als

Vorstandsvorsitzende der *DB Cargo*.

Bei der Vorbereitung des Gesprächs fiel mir vor allem auf, wie unglaublich viel Fokus in fast allen Artikeln über Sigrid Nikutta auf Äußerlichkeiten oder ihr Privatleben gelegt wird. Ohne aktiv danach zu suchen, wurde mir präsentiert, wie viele Kinder sie hat, welche Anzugfarbe sie gerne trägt und andere Details, die weder für die Aussage im jeweiligen Artikel noch für Nikuttas beruflichen Alltag irgendwie relevant wären. Auch sie hat die Erfahrung gemacht, dass Begriffe im Geschlechterkontext ihre Bedeutung verändern. »*Durchsetzungsstark* ist ja eigentlich etwas Positives, aber im weiblichen Kontext wird es oft als leicht aggressiv genutzt«, sagt sie. »Ein schwieriges Attribut ist auch: *zu schnell sein*. Oder *quirlig*. Das ist ein Wort, das passt eigentlich nur auf Kinder. Man kann merken, dass gegenüber weiblichen Managerinnen die Bezeichnungen oft verniedlichend, fast kindlich werden.«

Im Gespräch mit Sigrid Nikutta entdecke ich einen weiteren Punkt. Im Geschlechterkontext unterscheidet sich nicht nur das genutzte Vokabular, sondern auch die Art, wie Geschichten erzählt werden, das Narrativ, das daraus gestrickt wird. »Bei Männern wird Misserfolg ganz oft auf externe Faktoren geschoben. Der Markt ist halt schwierig, es ist halt grad Inflation. Es gibt eine Art gesellschaftlich verankerten Diskriminierungsschutz für Männer.« Sigrid Nikutta selbst hat ihren Job bei der *BVG* auf dem absoluten Erfolgshöhepunkt abgegeben und mit *DB Cargo* den Teil der Bahn übernommen, der oft als Sorgenkind bezeichnet wird – und das seit Jahrzehnten. Nach einem halben Jahr kamen die ersten Schlagzeilen: *Wo sind ihre Erfolge? Kriegt sie es nicht hin?* Nikutta glaubt: »Bei Männern gibt es eine Erfolgserwartung. Bei Frauen Misserfolgserwartungen.«

Die Tatsache, dass sich Wortschätze unterscheiden, Begriffe ihre Bedeutung verändern, Geschichten anders erzählt werden, ist gesetzt. Es ist eine der strukturellen Hürden, die so tief verankert sind, dass weder unsere noch die nächste Generation sie verändern kann. Aber wir können unsere Rezeption verändern und die

Macht, die solche Zuschreibungen über uns bekommen. Anstatt diese Hürde zu bekämpfen, baue ich für mich also einen kleinen Adapter zwischen der Aussage des Gegenübers und meiner Reaktion ein: *Du bist pushy!* übersetze ich für mich mit *Du bist eine Macherin!* Aus *Du bist zickig!* wird *Du machst klare Ansagen!*

Ich empfinde es als Entlastung zu akzeptieren, dass die Begriffs-, Bedeutungs- und Narrationsunterschiede weder etwas mit mir persönlich noch mit meinem Umfeld zu tun haben. Daher möchte ich dir raten: Lass dich nicht von Begriffen und Zuschreibungen aus der Bahn werfen, sondern mach dir bewusst, dass sie von *Unconscious Bias*, von tief verwurzelten Vorurteilen, geprägt sind.

Dreh sie für dich ins Positive und dann fasse sie als Kompliment auf!

Emotional

Egal, ob wir auf der Gewinner- oder auf der Verliererseite im strukturellen Hürdenlauf starten: Wir können nicht vermeiden, dass *Unconscious Bias* Teil unserer Sozialisierung sind. Wir können sie durchschauen, ja sogar verurteilen, aber wir internalisieren mehr Dinge, als wir wollen. Solange wir Teil der Struktur sind, können wir uns nicht dagegen wehren, dass sie irgendwann auch ein Teil von uns wird.

Im Kontext Sprache habe ich es daran gemerkt, wie negativ ich das Wort *emotional* immer empfunden habe. *Du bist emotional!* bedeutete in meiner Prägung, dass ich mich nicht im Griff habe oder sogar unprofessionell auftrete. *Nüchtern* wiederum erschien mir erstrebenswert, ebenso wie *sachlich*. Die Interviews, die ich für dieses Buch geführt habe, haben mir die Augen dafür geöffnet, dass zum Beispiel *emotional* ein absolutes Rockstar-Attribut sein kann.

Judith Williams ist Unternehmerin, Fernsehstar und ein unglaublich beeindruckender Mensch. Ihr Lebensweg, den ich im

Laufe des Buchs noch weitererzählen werde, ist von Mut, Klugheit und Durchsetzungskraft geprägt. Wir kennen uns seit einigen Jahren und haben unter anderem ihren Podcast »Go Girl Go!« gemeinsam auf die Beine gestellt.

Judith ist die Erste meiner Interviewpartnerinnen, die das schlechte Image von Emotionalität aufpoliert: »Die maskuline Welt glaubt, dass nur Frauen Emotionalität kennen, aber ganz im Gegenteil. Männer sind nicht unemotional oder frei von belastenden Emotionen. Frauen haben die Fähigkeit, negative Emotionen in positive zu verwandeln.« Und sie macht klar – Emotion ist nicht nur eine Stärke, sondern eine Grundvoraussetzung für jede Führungskraft: »Keine einzige Entscheidung, die ein Mensch trifft, ist unemotional. Und das ist auch richtig so! Du wachst morgens auf und überlegst erst mal, wie du dich fühlst. Wenn du nichts mehr fühlst, bist du tot. Du kannst nicht unemotional sein und dann leidenschaftliche Mitarbeiter:innen erwarten.«

In dem Moment fiel mir eine meiner Freundinnen ein: Sie bringt alles mit, was es für eine große Karriere braucht, sie ist klug, versteht schnell, ist gut vernetzt und wahnsinnig fleißig. Jedes Thema, das sie anpackt, wird zum Erfolg. Sie hat nur eine vermeintliche Schwachstelle: Sie ist unglaublich nah am Wasser gebaut. Kommt bei einer großen Präsentation eine kritische Rückfrage oder gar ein persönlicher Angriff, geht sie nicht in den Gegenangriff, sondern die Tränen schießen in ihre Augen. Eine Tatsache, die von vielen gerade älteren und männlichen Kollegen mit Schwäche gleichgesetzt wird. Ein No-Go. Und auch ich habe, seitdem ich meine erste Führungsrolle übernommen habe, nie vor Kolleg:innen oder Mitarbeitenden geweint, weder aus Rührung noch aus Trauer noch aus Wut. Auch wenn mir da die Corona-Krise und der Wechsel auf Videocalls und Anrufe durchaus zugutekam – denn die Entschuldigung *Internet ist schlecht* kann einen auch davor bewahren.

Kerstin Erbe ist Geschäftsführerin bei *dm-drogerie markt*, wir kennen uns von einem gemeinsamen Event und ich fand sie sofort beeindruckend. Außerdem ist sie in diesem Buch eine Vertreterin für deutsche Familienunternehmen – die laut der *AllBright Stiftung* 2022 mit 8 % Frauen in Geschäftsführungen noch schlechter als der ohnehin schon erbärmliche gesamtdeutsche Durchschnitt dastehen. Kerstin hat eine beeindruckende Karriere vorzuweisen, war im In- und Ausland in leitenden Positionen tätig, unter anderem bei dem Giganten *Johnson & Johnson*. Seit 2016 ist sie als Geschäftsführerin für den Bereich Produktmanagement bei *dm* zuständig.

Kerstin erzählt mir: »Klar habe ich in Situationen geheult, auch vor anderen. Die beste Strategie ist dann ganz ehrlich und stolz zu sagen: Das berührt mich gerade.« Genau wie ich hat sie gerade in den ersten Jahren eher versucht Emotionalität zu bekämpfen. Heute sagt sie: »Emotionalität ist meine größte Stärke. Emotion zeigt, dass ich mich verbinde mit einem Thema, dass ich Herzblut dafür habe. Genau wie auf Empathie und Einfühlungsvermögen sollten wir deshalb stolz darauf sein.«

Ich will niemanden von euch ermutigen von nun an regelmäßig vor Kolleg:innen zu weinen, denn eine gestandene Managerin kann Maßstäbe klarer infrage stellen als eine Praktikantin an ihrem ersten Berufstag. Aber scheinbar negativ geframte Begriffe wie *Emotion* können in der Arbeitswelt Superkräfte sein, wenn sie für Empathie, Leidenschaften und Herzblut stehen. Also versuch nicht auf Teufel komm raus, dich einer maskulin geprägten Arbeitswelt anzupassen, sondern: *Use your superpowers!*

Es gibt eine Reihe weiterer Begriffe, deren Bedeutung wir uns noch mal genau anschauen sollten, weil sie Hürden auf- oder abbauen können.

Schwierig

Nehmen wir zum Beispiel *schwierig*. Ein absolutes Alltagswort, das allerdings im Kontext von Geschlecht die Bedeutung verändert. Über viele erfolgreiche Frauen wird gesagt, dass sie *schwierig* seien. Das hat mit verschiedenen Faktoren zu tun. Schon zu Anfang unseres Lebens wird uns beigebracht, je nach Geschlecht unterschiedlich zu kommunizieren. Oft habe ich im Gespräch mit weiblichen CEOs gehört, dass sie sich selbst als *Jungsmädchen* bezeichnen. Ohne empirisch überprüfen zu können, wie viele männliche und weibliche Freunde sie während ihrer Laufbahn hatten, liegt der Schluss nahe, dass sie früh lernten, wie das Kommunikationssystem männlich geprägter *peer groups* funktioniert und welche versteckten Codes es mit sich trägt. Wie Prof. Christiane Funken in ihrem Buch »Sheconomy« schreibt, lernen wir schon von Kindesbeinen an unterschiedliche Kommunikationssysteme: vertikal für Jungen, horizontal für Mädchen.

Ein entscheidender Effekt des auf Rangfolge ausgelegten vertikalen Systems ist, dass Jungen früh lernen, dass Kooperation und Konflikt sich nicht ausschließen.[25] Das *Gemocht*-Werden, das im horizontalen System eine solch zentrale Rolle hat, da es jeglichen Fortbestand sichert, ist im vertikalen System nicht so zentral, das *Respektiert*-Werden dafür umso mehr. Je höher eine Führungskraft kommt, desto öfter muss sie sich mit dem Spannungsfeld aus Konflikt und Kooperation auseinandersetzen, der Tatsache, dass man mit Kolleg:innen beispielsweise in einem Projekt zusammenarbeiten muss, an dessen erfolgreichem Ausgang der nächste Berufsschritt stehen kann, aber eben nur für eine:n. Man muss sich fetzen können und dennoch ein starkes Netzwerk bilden. Wie Christiane Funken schreibt, schaffen Männer diesen Spagat oft besser: Sie streiten sich aufs Blut und gehen dann gemeinsam Bier trinken.«[26]

Eine Frau, die das von ihr erwartete Kommunikationssystem verlässt, ist also per se erst mal ungewöhnlich. Ebenso eine Frau, die im beruflichen Umfeld den Ton angibt, Dinge festlegt, Grenzen bestimmt. Schließlich sind nach wie vor weniger als ein Fünftel der Vorstände in Deutschland weiblich, je nach Branche. In Familienunternehmen sogar weniger als ein Zehntel. Wenn eine Frau nun also eine Vorgabe macht, die einem Teil der Menschen nicht passt – und das ist im beruflichen Umfeld leider immer gegeben –, stößt das erst mal auf.

Sich abzugrenzen, in einer Situation die Führung zu übernehmen, eine Ansage zu machen, einen Konflikt zu beginnen – all diese Fähigkeiten werden traditionell Männern zugeordnet. Eine Frau, die sich so verhält, eckt an. *Die ist ganz schön schwierig!*, sagt man, *Bei der muss man aufpassen!* oder auch: *Die hat Haare auf den Zähnen!*

Nun die schlechte Nachricht: Ohne *schwierig* zu sein, wird es nicht klappen mit der Karriere. Konflikt gehört dazu, Durchsetzung auch. Die *DB Cargo*-Chefin Sigrid Nikutta erzählt mir im Zug: »Ich glaube, es ist eine Mär zu glauben, dass man seinen Karriereweg in einer rein freundlichen Kurve schafft. Es kommt auf Durchsetzung und eine klare Position an. Genauso wie das Gegenüber seine Position klarmacht, muss ich das auch können. Wenn das Gegenüber schreit, kann ich lauter schreien.« Zum Thema Konflikt und Streiten muss man eine nüchterne Einstellung finden, sagt sie: »Ich sehe Konflikte sehr rational. Es ist eben ein Instrument zur Durchsetzung von Interessen. Ich habe häufig beobachtet, wie Menschen die Scheuheit vor Konflikten anderer nutzen, um ihre Ziele zu erreichen.«

Wer in eine Position relevanter Mitbestimmung kommen will, muss gestalten wollen. Wer gestalten will, muss seine Interessen durchsetzen können. Im Idealfall indem andere ihm oder ihr folgen, weil sie die Vision teilen oder daran glauben, dass die Person wirklich die beste Führungskraft ist. Aber ohne Konflikt wird es nicht gehen.

Für mich war es eine der größten Hürden, Konflikte anzunehmen und deren Austragung zu lernen. Mein Bestreben gemocht zu werden, war oft größer als die Bereitschaft anzuecken. Auch, weil ich zu Hause nicht gelernt habe zu streiten. Wenn ein Streit mit meiner Mutter an Ostern eskaliert, will sie direkt das Weihnachtsfest absagen. Auch sie hat das so von ihren Eltern mitbekommen. Erst im Berufsleben habe ich gelernt, dass man sich durchaus in der Sache streiten kann und dann trotzdem zusammen Abendessen geht: Konflikt und Kooperation schließen sich nicht aus. Man kann etwas kritisch an einer Person sehen und sie dennoch schätzen.

Auch Sigrid Nikutta sieht das *Schwierig*-Sein als Lernprozess: »Man muss daran arbeiten, dass man Konflikte nicht an sich heranlässt. Das kann man auch trainieren. Ehrliches Feedback ändert nichts daran, dass man grundsätzlich Verständnis und Wertschätzung füreinander hat. Man muss die Sachebene und die Emotionsebene voneinander trennen können.«

Für Schwarze Frauen existieren in der Truhe *Schwierig*-Sein noch Extraschubladen, erzählt Tupoka Ogette. Ich denke an Michelle Obama, die seit ihrem Schritt ins Rampenlicht öfter das Label *angry black woman* angeheftet bekam, ein rassistisches Stereotyp, das Schwarze Frauen als emotional unkontrollierbar darstellen will.[27] Schon zu Anfang des Wahlkampfs von Barack Obama waren Texte mit dem Label über sie erschienen, und in den ersten Monaten riet man ihrem Mann ab, ihr zu viel Redezeit bei Veranstaltungen zu geben, da sie mit ihren klaren Ansagen, ihren eigenen Thesen und ihrer eigenständigen Präsenz Leute vor den Kopf stoßen würde. 2012 gab es Gerüchte, sie habe einige Mitarbeitende im Weißen Haus angefahren, ein weiterer Grund, ihr den Begriff zu verpassen.

Für alle, die wie ich das *Schwierig*-Sein lernen müssen, gibt es zwei Tricks. Der erste ist ein klares Reframing des Wortes wie auch bei *emotional*. Du wirst es nicht schaffen, ohne anzuecken. Deshalb fang an, *schwierig* als Kompliment zu begreifen. Wenn jemand sagt: *Die ist aber schwierig!* kann das bedeuten: *Die setzt klare Grenzen, die weiß, was sie will.*

Der zweite hilft in allen Formen von Konfliktsituationen: Trenne deine Person von deiner Rolle. Mach für dich klar, dass du in die Situation nicht als Privatperson gehst, sondern mit einem ganz klaren Auftrag, einem Ziel und einer Funktion, die mit einer Rolle verbunden ist. Ich hatte beispielsweise vor einiger Zeit die Aufgabe, eine Person zu entlassen, die ich sehr lange und auch privat kannte. Aus Sicht meiner Abteilung und damit auch des Unternehmens war es die einzig richtige Entscheidung. Allerdings musste ich auch einer guten Bekannten sagen, dass sie sich nach einem neuen Job umsehen muss. Also klärte ich für mich und im Gespräch ganz klar meine Auftragslage: In jeder Rolle habe ich eine Komponente dessen, was ich *soll*, also das, was das Beste für das Unternehmen ist. Ich habe einen begrenzten Handlungsspielraum im Bereich dessen, was ich *darf*. Ich habe die Komponente dessen, was ich *will*, also das, was ich auf Basis aller verfügbaren Argumente für richtig halte. Und ich habe die Komponente dessen, was ich *kann*, meine Fähigkeiten. Ich komme in die Situation also nicht als Privatperson, sondern in der Funktion derjenigen, der die Verantwortung für den Erfolg der Abteilung übertragen wurde. Ich darf die Person entlassen, ich soll sie auch entlassen. Ich habe die Fähigkeiten dazu, weil ich die Kündigung artikulieren kann. Ich will sie entlassen, weil ich es für das Beste im Sinne des Unternehmens halte – nicht weil ich ihr damit schaden möchte. Auch wenn Konflikte und Trennungsgespräche nie angenehm sein werden: Es hilft immer wieder, sich die eigene Rolle bewusst zu machen und auch, dass sie nicht immer etwas mit den privaten Gefühlen und Persönlichkeitsmerkmalen zu tun haben muss.

Die Trennung von Person und Rolle ist etwas, das mit jedem Karriereschritt wichtiger wird. Ich treffe Miriam Wohlfarth zum digitalen Interview. Es ist halb neun Uhr morgens und ich sitze bei meinen Schwiegereltern im ehemaligen Kinderzimmer meines Mannes, den Laptop vor die Nähmaschine meiner Schwiegermutter geklemmt. Miriam Wohlfarth ist die prominenteste Vertreterin der deutschen Fintech-Szene, sie hat das Finanz-Start-up *Ratepay* aufgebaut, bevor es den Begriff *Fintech* (Financial Technology) überhaupt gab. Inzwischen hat sie ihren CEO-Posten bei *Ratepay* abgegeben – übrigens an eine für diese Branche sehr unübliche rein weibliche Geschäftsführung – und mit *Banxware* ein neues Fintech-Start-up gegründet.

An Miriam Wohlfarth beeindruckt mich als Erstes ihr Mut. Sie hat das typisch deutsche Prinzip, dass man in der Branche, in der man gelernt hat, bleibt, einfach über Bord geworfen und komplettes Neuland betreten. Ihren Topjob bei *Hapag-Lloyd* kündigte sie zugunsten einer vollkommen neuen Branche, von der sie überhaupt keine Ahnung hatte. Heute ist sie neben ihrem eigenen Unternehmen in diversen Aufsichtsräten Mitglied. Die Trennung von Person und Rolle ist auch bei ihr ein klares Erfolgsrezept für Konflikte: »Ich sehe es im Aufsichtsrat als meine Rolle an, den Finger auch mal in die Wunde zu legen. Zu sagen: Ihr müsst viel mehr darüber nachdenken, wie ihr euch selbst disrupten könnt und auch die Leute reinholen, die nicht vom Status quo profitieren.« Als sie die Rolle als Aufsichtsrätin übernommen hat, hat sie auch genau überlegt, welche Erwartungshaltungen damit verknüpft sind und welchen Mehrwert sie dem Unternehmen bringen kann. Neben ihrem Verständnis und Fachwissen ist es eben genau das: den Finger in die Wunde legen. »Ich versuche, auch kritische Punkte möglichst ehrlich und charmant rüberzubringen. Nicht zu meckern, sondern Dinge auf den Punkt zu bringen. Dabei kann man auch eine leichte Aggression haben – so merken die Leute, dass es mir wichtig ist. Ganz wichtig ist nur, niemanden persönlich anzugreifen.«

Schwierig zu sein ist nicht leicht. Und die Zurückhaltung, die wir in uns spüren, kurz bevor wir den Finger in eine Wunde legen, ist völlig normal. Sie zu überwinden ist ein notwendiger Prozess. Denn nur wer sich traut, schwierig zu sein, bringt Sachen voran – und nur wer Sachen voranbringt, kommt weiter. Wichtig ist, Sach- und Emotionsebene, Rolle und Person voneinander zu trennen und dabei einen eigenen Tonfall zu finden.

Normal

Ein weiteres Wort, das ich jeden Tag vielfach benutze und bei dem mir erst im Laufe der Zeit klar wurde, welch starken Beitrag es zu struktureller Ungleichheit leistet, ist *normal*. Wer von nun an darauf achtet, wie oft er oder sie dieses Wort benutzt, wird erstaunt sein. Es ist ein absolutes All-Star-Wort. Doch im Kontext von struktureller Ungleichheit vor allem kontraproduktiv. Es suggeriert, dass es eine objektive Grundlage gibt für das, was wir beschreiben.

Wenn ich zu meiner Ärztin gehe, will ich hören, dass alles *normal* ist. Normale Werte, also solche, die in dem Bereich liegen, der von einer größeren Anzahl von Fachleuten nach reichlicher Überlegung und vermutlich auch einer Reihe von Tests und Studien zum Normalbereich ernannt wurde.

Wenn es um Gesellschaft und Rollenbilder geht, kann das Wort *normal* auch schaden. Laut Oxford Dictionary bedeutet es: »so [beschaffen, geartet], wie es sich die allgemeine Meinung als das Übliche, Richtige vorstellt.« Wenn wir also über Rollenbilder und strukturelle Diskriminierung sprechen, lässt diese Definition schon erahnen, dass das Wort *normal* in der Diskussion auch mal in die falsche Richtung führen kann.

Hier eine Auflistung der Dinge, die ich bis zu meinem siebten Lebensjahr als *normal* empfand:

Mein Vater trug Anzüge und Krawatten und arbeitete fünf Tage die Woche in der Großstadt. Er war hochgewachsen, praktisch nie da, und am Wochenende telefonierte er meistens. Er war der erste Mensch, den ich kannte, der ein Handy hatte und der erste, bei dem ich einen Apple Computer live sehen konnte. Er war viel unterwegs und auch schon in Amerika. Er kannte jede:n in der Stadt und kam überall rein.

Normal war, dass meine Mutter absolut immer bei mir war. Ihren Beruf kannte ich nicht, irgendwann erzählte ich Leuten, sie sei Physiotherapeutin, weil ich fand, dass das gut klang. Hat zwar nicht gestimmt (sie ist Sozialpädagogin), war aber egal, sie arbeitete ja eh nicht.

Normal war, dass mein Vater immer alles bezahlte. Er hatte das Haus gekauft, die zwei Autos und den Fernseher.

Normal war, dass meine Mutter die war, die mich abends ins Bett brachte und mir Geschichten vorlas. Normal war, dass ich mit drei Jahren in den Kindergarten kam, aber nur halbtags. *Krippenkinder*, also die Kinder, die schon früher in die Betreuung kamen, kannten wir wenige. In Gesprächen hörte ich meine Mutter mit größtem Mitleid über sie sprechen und stellte für mich fest, dass *Krippenkinder* wohl alle Teenie-Mütter haben mussten, was ich nach einem Bericht im Fernsehen für das Schlimmste hielt, was jemandem passieren konnte. Meine Mutter liebte es, Käsekuchen für Kindergartenfeste zu backen oder Kindergottesdienste vorzubereiten. Sie war Begleitperson bei Ausflügen und im Elternbeirat und jeder Geburtstag wurde groß geplant, mit einem eigenen Motto und einer wunderbar verzierten Torte.

Tijen Onaran ist eine der beeindruckendsten Diversity-Pionierinnen Deutschlands. Sie ist eine der Personen, die man sofort bemerkt, wenn sie einen Raum betritt – und das nicht nur, weil sie meist mindestens ein buntes Kleidungsstück trägt. Was Tijen auszeichnet – und die Zitate in diesem Buch machen das spürbar –, ist die Klarheit, mit der sie ihr Leben gestaltet. Sie überlegt und wählt sehr genau, was sie macht, wo sie sich äußert, mit wem sie Zeit verbringt. Dabei bleibt sie trotzdem authentisch, postet morgens ein Foto mit Gesichtsmaske und abends eins vom roten Teppich, und irgendwie bringt sie das alles zusammen. Bekannt geworden ist sie als Gründerin der Firma *Global Digital Women*, die Frauen miteinander vernetzt und ihnen Sichtbarkeit gibt. Seitdem gründete sie zwei weitere Firmen, hat einen Bestseller geschrieben, ist in Talkshows zu Gast und investiert in Start-ups weiblicher Gründerinnen. Mit ihrer Beratungsfirma unterstützt sie große Konzerne dabei, Diversität als Erfolgsfaktor zu nutzen.

Wir haben uns vor drei Jahren über ein gemeinsames Projekt kennengelernt und sind Freundinnen geworden. Als Interviewpartnerin für dieses Buch treffe ich sie bei mir im Wohnzimmer zu Donuts und Kaffee.

Tijen kommt aus Karlsruhe. Ihr *Normal* war, dass beide Eltern in Vollzeit gearbeitet haben. Bis heute erzählt ihr ihre Mutter, dass sie sie manchmal in irgendwelchen Museen abgegeben habe, wo es eine Kinderbetreuung gab, weil sie gerade keine Nanny hatte. Sie erzählt: »Erst als ich dann selbst gearbeitet habe, wurde mir bewusst, dass es nicht so wie bei allen anderen war, wie meine Eltern das gemacht haben. Dass es offensichtlich Modelle gibt, in denen eine Person dauernd zu Hause bleibt, und dass das meist die Frau ist. Für meine Eltern gab es nie die Option, dass eine:r von beiden nicht arbeitet, und deshalb kenne ich diese Debatte auch von zu Hause nicht.«

Die völlige Sinnlosigkeit des Wortes *normal* im Kontext von Gesellschaft und Familie ist auch eine Entlastung. Denn wenn es kein *normal* gibt, kann man auch nicht *unnormal* sein. Das Gefühl, nicht dazuzugehören, anders zu sein, nicht normal zu sein, ist eines, das vor allem Menschen aus marginalisierten Gruppen erleben – hier greift das Prinzip des *Othering*.

Für dieses Buch treffe ich Alice Hasters an meinem Küchentisch. Wir sind seit unserem ersten Tag an der Journalistenschule in München gut befreundet. Sie kam vom *WDR* in Köln, ich kam vom *Bayerischen Rundfunk* in München, und irgendwie machte uns das in meiner Logik direkt zu Freundinnen. Die Zeit der Journalistenschule war für uns eine Art spätpubertäre Metamorphose. Wir verbrachten jeden Tag mit denselben 15 Menschen in einem Raum, schrieben Texte, durchlitten Krisen, produzierten Radioshows und TV-Magazine, in der Annahme, dass jeder Text, jeder Kommentar zum absoluten Durchbruch oder zumindest einer Festanstellung führen konnte und jede Kritik eines Lehrenden Vernichtungspotenzial hatte. Wir zelebrierten das alles: die *highs & lows*, das Gefühl, ganz große Dinge vor uns zu haben. Ein Mitschüler nannte die Zeit später ein irres soziales Experiment, und zumindest für mich sind viele Menschen aus diesem kleinen Raum im vierten Stock der *Süddeutschen Zeitung* bis heute bedingungslos Vertraute geblieben.

Alice vom *WDR* wurde sechs Jahre später zu der *Alice Hasters*, die einen Bestseller über strukturellen Rassismus in Deutschland geschrieben hatte und damit über hunderttausend Leser:innen erreichte. Der *ZEIT* Podcast »Alles gesagt?« nannte sie »eine der wichtigsten Vordenkerinnen ihrer Generation«[28], und während wir an meinem Küchentisch sitzen, sie über ihre Thesen für ihr nächstes Buch redet und meine Fragen beantwortet, möchte ich das gerne unterschreiben.

Alice ist in Köln aufgewachsen, in einem Haushalt, der, wie sie sagt, »wahrscheinlich eher unkonventionell gesehen würde.« Ihre Eltern waren beide selbstständig und im Theaterbereich beschäftigt. *Normal* war für sie, dass ihre Eltern viel unterwegs waren, auch für Projekte außerhalb Deutschlands. Und auch, dass sie oft dabei war, in Frankreich, Italien, Salzburg. Ihre Mutter war öfter weg als ihr Vater. Normal war, dass beide Großmütter sehr in die Erziehung involviert waren. Normal war, dass es keinen Ablauf gab. Normal war, in Proberäumen von Theatern abzuhängen und Aufführungen zu sehen.

Schaue ich also auf meine beiden Freundinnen, die es wie ich geschafft haben strukturelle Hürden zu überwinden und in Positionen relevanter Mitbestimmung zu kommen: Wessen Kindheit war *normal*? Meine, in der ich nicht wusste, was meine Mutter eigentlich von Beruf ist und es als irre empfand, dass Kinder vor dem dritten Lebensjahr in Betreuung anderer Menschen kamen? Tijens, für die es normal war, dass beide Eltern arbeiten und dass eben manchmal andere Leute auf sie aufpassten? Oder die von Alice, die mit ihren Eltern durch die Welt tourte und als Kind in Proberäumen und Theatersälen saß? Die Antwort ist: alle und keine. Denn das Bewertungskriterium *normal* existiert nicht. Es klingt banal und einleuchtend, doch wer ab heute mal bewusst seinen Wortschatz beobachtet, wird sehen, wie oft wir etwas als *normal* klassifizieren.

Die Erkenntnis, dass es außerhalb der Wissenschaft kein *normal* gibt, ist die Basis für viele der Themen in diesem Buch, und ich werde im Kapitel »Tradition und Vorurteil« noch oft darauf zurückkommen. Eine Hürde, die einfacher klingt, als sie ist, lautet also: Lösche den Begriff *normal* aus deinem Bewertungswortschatz, für dich und für andere – und beobachte kritisch, wie du das Wort im Alltag verwendest. Sagst oder hörst du Sätze wie *Das ist doch nicht normal?*, dann hinterfrage kritisch, welches Denkmuster und möglicherweise Rollenverständnis dahinterliegt und wer es wofür braucht.

Loyal

Ebenfalls ein Reframing, wenn auch genau in die andere Richtung, braucht im Kontext von Chancengleichheit der Begriff *Loyalität*. Wenn jemand sagt: *Du bist loyal*, wird mir warm ums Herz. Ich fühle eine Verbindung zu der Person, ich fühle mich wertgeschätzt. Wir beide gehören zusammen, komme, was wolle.

Für einen kleinen Kreis von Menschen, etwa Familie, enge Freund:innen und vielleicht auch ganz wenige Kolleg:innen ist Loyalität sicherlich ein gutes Wort. Wenn der Kreis der Menschen, die dich als loyal bezeichnen jedoch zu groß ist, machst du etwas falsch. Alice Hasters bringt mich in unserem Gespräch auf die tückische Seite von Loyalität: »Das Negative an Loyalität ist, dass es eine Art Mikrofaschismus ist. Ich glaube, dass Frauen historisch oft gezwungen worden sind, in diese Position der *Loyalen*, die nicht selbstbestimmt sein darf, sondern unterstützen muss, im Zweifel auch wider ihre Prinzipien, zu gehen.«

Im Gespräch mit Alice denke ich zum ersten Mal darüber nach, dass Loyalität auch eine strukturelle Hürde darstellen kann. Wenige Tage vorher hatte ich ein Treffen mit zwei Frauen aus einem anderen Unternehmen. Die eine hatte vor drei Jahren einen Topjob bekommen, dann wurde sie schwanger. Als sie wiederkam, saß eine andere Kollegin auf ihrem Stuhl, die weniger Erfahrung hatte und im Unternehmen kritisch gesehen wurde. Durch einen Fehler in der Personalabteilung wurde die Vertretung unbefristet eingestellt. Anstatt in den Konflikt zu gehen und ganz klar zu sagen: *Das ist mein Job, ich hätte den gerne wieder!*, verbündete sie sich mit der Kollegin. Sie nutzte ihr Netzwerk, ihr gutes Standing bei der Geschäftsführung und gab sogar einen Teil ihrer Stelle auf, damit die andere Kollegin sich nichts Neues suchen musste. Dabei nahm sie in Kauf, dass das schlechtere Standing der Kollegin auf sie abfärbte und ihre Stelle durch die neue Aufteilung weniger Durchschlagskraft hatte. Bei der nächsten Beförderungsrunde ging sie leer aus, ihr Ruf im Unternehmen vermischte sich immer mehr mit dem der Kollegin. Im Gespräch sagte die andere zu ihr: »Du bist eben wirklich loyal. Das schätze ich so an dir.«

Was sie meinte, war: Du bist nicht in den Konflikt gegangen. Du hast nicht eingefordert, was dir zugestanden hätte. Du hast meine Position über deine eigene gestellt. Dank dir musste ich mich nicht mit dem schlechten Standing, das ich im Unternehmen habe, auseinandersetzen, sondern konnte bequem auf der Stelle bleiben.

Versteht mich nicht falsch, es ist etwas sehr Lobenswertes, die Bedürfnisse von anderen auch mal über die eigenen zu stellen. Aber im beruflichen Umfeld sollte man sich genau überlegen, wem gegenüber man *loyal* ist und mit wem man sich solidarisch verhält. Nicht jede:m bedingungslos zur Seite zu stehen macht einen nicht egomanisch. Solidarisch sein kann man auch ohne Loyalität.

Alice fasst es zusammen: »Das Loyalitätsprinzip ist ein sehr männliches Prinzip und auch ein sehr rechtes Prinzip. Keine Fragen. Hauptsache, wir halten alle zusammen. Ich würde das auf eine sehr kleine Gruppe beziehen. Familie und ganz enge Freunde auf einem Loyalitätsprinzip, der Rest auf einem Solidaritätsprinzip.«

Deshalb: Das nächste Mal, wenn jemand im beruflichen Umfeld zu dir sagt, *du bist so loyal!*, hinterfrage das Kompliment. Sich selbst nicht für eine andere Sache oder andere Menschen unterzuordnen und sich zu fragen, wen oder was man unterstützt, ist etwas Positives. Und sogar eine absolute Notwendigkeit, wenn du strukturelle Hürden überwinden möchtest.

Ungerechtigkeit ansprechen

Unter dem Begriff *schwierig* habe ich beschrieben, wie wichtig es ist, in Konflikte zu gehen und dabei Sach- und Emotionsebene für sich selbst zu trennen. Das wird härter, wenn es um Dinge geht, die einen sehr persönlich betreffen: um Fragen der Gerechtigkeit, um Werte, um Gesellschaftsbilder. Etwas anzusprechen, das man fühlt, ist schon per se schwer sachlich rüberzubringen. Zumal viele Gefühle aus der Kindheit sich im Berufsleben wiederholen und eine tiefe Prägung hinterlassen haben:

Das Gefühl, ausgegrenzt und isoliert zu sein.

Das Gefühl, anders zu sein.

Das Gefühl, dass andere sich über dich lustig machen oder dich nicht ernst nehmen.

Das Gefühl, mit etwas recht zu haben und dafür bestraft zu werden.

Das Gefühl, von einer Ungerechtigkeit betroffen zu sein und dann auch noch dafür verantwortlich gemacht zu werden.

Das Gefühl, dass alles zu viel ist und du eigentlich gar nicht weißt, warum.

Jede:r kann diese Liste beliebig fortführen. Situationen, in denen man Flashbacks vom Pausenhof hat, kommen immer wieder – und wenn ich den Leuten, die ein paar Jahrzehnte länger dabei sind als ich, glaube, hört das auch nie wirklich auf. Aber das Gute ist, dass wir keine Kinder mehr sind und uns aus der kindlichen Emotion befreien können, wenn wir konkrete Begriffe, eine Sprache dafür haben. Quasi eine Diagnose, die zu Selbstermächtigung führt.

Bei vielen dieser Gefühle hilft es, wenn man konkrete Begriffe dafür hat oder die Phänomene benennen kann, die die Gefühle bedingen. Hier ein paar Beispiele.

Die Erfahrungs-Empathie-Lücke

Etwa drei Jahre nach meinem Einstieg ins Berufsleben bekam ich meine erste geschäftsführende Position. Ich durfte ein Joint Venture aufbauen, das für verschiedene Bereiche übergreifend Podcasts entwickeln und produzieren sollte. Berufen hatten mich die CEOs der beteiligten Unternehmen.

Für den Job wechselte ich von Hamburg nach Berlin. In Hamburg war ich zuletzt Assistentin der Geschäftsführung gewesen, was in etwa dem englischen *Chief of Staff* oder dem im politischen Betrieb geläufigeren Begriff *Referentin* gleichkommt. Im Büro in Berlin, in dem ich mein neues Team aufbauen sollte, bedeutete Assistentin so viel wie *Sekretärin*. Anfangs hatte ich noch keine neue E-Mail-Adresse und im Trubel einer Unternehmensgründung auch meine alte Signatur nicht geändert.

Wie ein Lauffeuer verbreitete sich am neuen Standort die Frage, wie ich es in so kurzer Zeit von der Sekretärin zur Geschäftsführerin gebracht haben könnte. Ich brauchte fast ein Jahr, um die Brücke zu schlagen zwischen meiner alten Signatur und den lächelnden Fragen der Kolleg:innen an der Kaffeemaschine, wie genau dieser spannende Karrieresprung eigentlich in so kurzer Zeit möglich gewesen sei?

Als ich verstanden hatte, was los war, sprach ich meinen männlichen Kollegen darauf an. Ich hatte Tränen in den Augen vor Wut darüber, dass infrage gestellt wurde, ob ich zu Recht an dieser Stelle sei. Ich war bereits fünfmal für den bestmöglichen Job umgezogen, hatte Mann und Freund:innen immer hintangestellt und gute Ergebnisse geliefert. Dass angezweifelt wurde, womit ich die Beförderung verdient hatte, machte mich wütend.

Mein Kollege zuckte mit den Schultern und sagte: »Ja, das hab ich auch schon gehört, das Gerücht hält sich hartnäckig.« Auf die Frage, was ich machen sollte, sagte er leicht amüsiert: »Lach doch drüber!«

Klar, aus seiner Perspektive hatte er recht. Man stelle sich vor, ein Mann ist Vorstandsreferent und wird dann Geschäftsführer einer Tochterfirma. Am neuen Standort erzählen die Kolleg:innen, er sei vorher Sekretär gewesen, und spekulieren, wie er diesen großen Sprung wohl geschafft haben könnte. Das Bild ist völlig absurd. Mein Kollege konnte sich schlicht nicht vorstellen, was diese Fehlwahrnehmung für mich an Schwierigkeiten und Einschränkungen mit sich brachte. Seinem Empfinden nach war es ein Leichtes, sich über die Sache hinwegzusetzen, weil seine Kompetenz vermutlich noch nie ernsthaft angezweifelt worden war.

Wir sind empathisch für das, was in unserem eigenen Erlebnisspektrum liegt. Alles andere fällt uns schwer.

In diesem Zusammenhang fiel mir ein weit zurückliegendes Gespräch mit einer Schwarzen Freundin am Rande des Oktoberfests ein. Sie kam etwas später als verabredet und erzählte mir von einem rassistischen Übergriff. Jemand hatte sie in der Bahn angespuckt und gesagt: »Wasch dich!« Wir kamen auf das Thema Rassismus in Deutschland zu sprechen und ich vertrat damals, vor zehn Jahren, die feste These, dass das doch alles kein großes Thema mehr sei. Daraufhin stellte sie mir zwei entscheidende Fragen: Wie oft es mir passiere, dass ich aufgrund meiner Hautfarbe angesprochen oder angefeindet werde? Wie oft ich die einzige *weiße* Person auf einer Party sei? Und wie hoch ich die Wahrscheinlichkeit einschätzte, dass mir das passieren könnte? Meine Antworten waren wahrheitsgemäß: *Nie* und *Gering bis gar nicht*.

Die Erkenntnis der Erfahrungs-Empathie-Lücke war für mich ein Durchbruch. Mein Kollege konnte meine Wut über die Tatsache, dass Gerüchte über meine Beförderung kursierten, nicht nachvollziehen. Es gab einfach kein Szenario, in dem es ihm bisher ähnlich ergangen war oder wahrscheinlich ergehen könnte. Ergo erkannte er mein Problem nicht. Ich brauchte also eine Sprache, um nachvollziehbar zu machen, was bei mir los war.

Ich werde in diesem Buch noch auf verschiedene Lerntheorien aus der Psychologie eingehen, wobei die wichtigste für mich im

Kontext der Erfahrungs-Empathie-Lücke die Theorien sind, die als *Konstruktivismus* zusammengefasst werden.[29] Grob gesagt beschreibt diese Strömung, dass jeder Mensch die objektive Realität durch Sinneseindrücke und vor allem durch das Interpretationsorgan Gehirn filtert, um auf Basis dieser Informationen eine subjektive Realität zu konstruieren. Eine der Grundlagen der konstruktivistischen Theorien ist die Annahme, dass wir nicht durch das Abspeichern von Informationen, sondern durch aktives Konstruieren lernen. Dabei beeinflussen die Persönlichkeit und das soziokulturelle Umfeld der jeweiligen Person, wie dieser Prozess abläuft.

Wenn wir also den konstruktivistischen Theorien glauben, gibt es nicht die eine Welt, über die wir diskutieren können, sondern alles, was wir für gegeben halten, ist zu einem sehr großen Anteil subjektiv. In meiner Grundschulzeit, als die »Harry Potter«-Bücher gerade der *hot shit* in der Bibliothek waren (bevor es die Filme dazu gab), stritt ich mit meiner besten Freundin darüber, wie die Hauptfiguren wohl genau aussahen. Jede von uns hatte ein anderes Bild im Kopf konstruiert, auf Basis der Informationen aus dem Buch, aber auch auf Basis unserer persönlichen Erfahrungen, an wen uns die fiktiven Personen jeweils erinnerten. Bei mir war Hermine ein bisschen mehr wie meine große Schwester und hatte braune Haare, während meine Freundin überzeugt war, sie habe blonde wie ihre große Schwester.

Jede Person handelt also in einem anderen Erfahrungs-, Erlebnis- und Wahrnehmungshorizont. Sich das bewusst zu machen, hilft auch, die Erfahrungs-Empathie-Lücke zu verstehen. Außerhalb der Wissenschaft ist Objektivität schwer zu erreichen. Daher muss man eigene Erfahrungen und Erlebnisse teilen, um das Interpretationsorgan Gehirn der jeweils anderen Person auf denselben Wahrnehmungsstand zu bringen.

Ein kleiner Tipp, um zu erkennen, ob du in die Erfahrungs-Empathie-Lücke läufst. Erzähle die Geschichte und setze den Menschen, dem du sie erzählst, als Protagonist:in ein. Klingt sie völlig absurd? Ein Mann, der für die Sekretärin gehalten wird? Eine *weiße* Frau, die bei einer Party gefragt wird, woher sie denn nun *wirklich* kommt? Vermutlich wirst du nicht direkt auf Verständnis von deinem Gegenüber hoffen können, sondern musst ihm durch Erlebnisse und Erzählungen helfen, dieselben Interpretationsmechanismen zu finden: Ihr müsst eine gemeinsame Sprache finden. Und auch dafür braucht es wieder Begriffe, die als neutrale Brücke dienen. Auf die für mich wesentlichsten möchte ich eingehen.

Fragility

Der Begriff *White Fragility* wurde von der Autorin und Soziologin Robin DiAngelo geprägt. Er beschreibt die Abwehrreaktion *weißer* Menschen, wenn sie mit ihrem eigenen Rassismus konfrontiert werden. Man wird mit etwas in Verbindung gebracht, das man selbst ablehnt. Also geht man in die Defensive. Man beginnt zu erklären, wie man das Gesagte *eigentlich* gemeint hat. Die Zerbrechlichkeit, die man spürt, schafft Unsicherheit und bringt das eigene Selbst- und Wertekonzept durcheinander.

Menschen, die damit konfrontiert werden, dass sie mit ihrem Verhalten eine Form von Diskriminierung bedienen, erleben Emotionen wie Wut, Schuld, Scham oder Angst und sind gestresst. Sie fühlen sich angegriffen und diskutieren dagegen an. Damit verschiebt sich der Fokus. Die diskriminierte Person wird plötzlich zum Auslöser der negativen Gefühle bei der diskriminierenden Person. Und damit bringt sich die diskriminierende Person in die Position des oder der Geschädigten.

Das Konzept der Zerbrechlichkeit im Kontext von Rassismus heißt *White Fragility*, weil die *weiße* Gruppe die privilegierte ist. Im Kontext von Sexismus spricht man von *Male Fragility*, weil im Geschlechterkontext Männer diejenigen sind, die vom aktuellen System profitieren – zumindest gemessen an den Maßstäben Mitbestimmung, Einkommen und Gestaltungsfreiheit.

Ein guter Freund von mir war lange Zeit in einer Führungsposition in einem Start-up für Produkte mit einer überwiegend weiblichen Zielgruppe. Er sieht sich selbst als Frauenförderer, hat viele Frauen im Freundeskreis und wurde auch selbst von Frauen gefördert. Er führt eine enorm gleichberechtigte Partnerschaft, bei der Hochzeit nahm er den Namen seiner Frau an, kurz: Der Mann wäre der Letzte, über den man im privaten Umfeld sagen würde, er sei ein Chauvinist. Aber je höher er in seinem Unternehmen aufstieg, desto männlicher wurde sein Umfeld. Morgens joggen mit Kollege A, abends Tennis mit Kollege B und Whatsapp-Gruppen, in denen nur männliche Kollegen waren. Schließlich war nur noch eine Kollegin in seinem direkten Team und er erzählte bei jedem Treffen, wie genervt er von ihr sei. Schließlich ging die Kollegin, und es blieben nur Männer. Der Aufschrei im Unternehmen war enorm: Boys Club Alarm!

Beim Abendessen erzählte er mir, wie missverstanden er sich fühlte. Wer, wenn nicht er, sei denn für Gleichstellung! Ich wies ihn darauf hin, dass ich ihm zwar privat bestätigen könne, dass er nichts gegen Frauen habe, aber dass es auch verdammt danach aussehe, als ob er am liebsten mit Männern zusammenarbeite. Er fing an, mich richtig anzugehen. *Male Fragility* wie aus dem Bilderbuch: Wer sage denn, dass Diversität wirklich der Weg wäre! Wären es denn nicht gerade Frauen wie ich, die die ganze Zeit Diversität predigten, die der Gleichberechtigung von Frauen am meisten schadeten, weil sie ja jedes Leistungsprinzip aushebeln wollten? Und überhaupt, mit den ganzen Studien, die ich da zitieren würde, sei ich doch auch nur eine Besserwisserin.

Ich ging vor dem Dessert nach Hause und hatte ein seltsames Gefühl, weil *ich* plötzlich für *sein* Problem verantwortlich gemacht wurde. Als Vertreterin der Gruppe Menschen, die in seinem System diskriminiert werden, wurde ich die Zielscheibe für die Umkehr. Anstatt anzuerkennen, dass er mit seinem Verhalten ein System beförderte, das er nicht unterstützt, ging er in den Angriff. Er befragte *sich* nicht und überlegte auch nicht, wie er etwas ändern kann.

Jede Form der Diskriminierung hat ein Gegenstück in *Fragility*, Zerbrechlichkeit. Viele homosexuelle Männer berichten, dass die erste Reaktion, wenn sie beiläufig erwähnen, dass sie mit einem Mann verheiratet sind, sei: *Ich habe ja viele schwule Menschen im Freundeskreis!* Auch bei Behinderung ist die Defensive oft erkennbar. Mir hilft der Begriff *Fragility* sehr, denn fast jedes Mal, wenn jemand mit dem eigenen Beitrag zu struktureller Ungerechtigkeit konfrontiert wird, passieren solche Mechanismen in unterschiedlicher Ausprägung. Zu wissen, was los ist und wie man es nennen kann, ist – ähnlich wie bei einer Diagnose – die halbe Miete.

Privileg

Der Begriff Privileg ist ein weiteres Brückenwort, im Kontext von Chancengleichheit ist er unumgänglich. Er hilft zu verstehen, warum manchen Menschen mehr Hürden im Weg stehen als anderen.

Man kann nichts für seine Privilegien und auch nichts für die, die man nicht hat. Niemand darf sich aussuchen, mit welcher geschlechtlichen Identität, Hautfarbe, sexuellen Orientierung, sozioökonomischem Status und Zugang zu Bildung er oder sie auf die Welt kommt. Und es gibt auch keinen Brief, der einen darauf hinweist: Das sind Ihre Privilegien! Herzlichen Glückwunsch!

Tupoka Ogette erklärt es so: »Für jeden sind seine eigenen Privilegien normal. Das gesellschaftliche Privileg liegt darin, dass du über etwas eben nicht nachdenken musst. Es fällt dir meist erst auf, wenn du jemanden an der Seite hast, der das Privileg nicht hat und selbst dann ist es oft schwierig für Menschen.«

Es ist wichtig, dass man sich im Laufe seines Lebens seiner Privilegien bewusst wird. *Weißsein* ist in Deutschland und fast überall auf der Welt beispielsweise ein Privileg. Aus einem Bildungshaushalt zu stammen und mit genügend Kapital für eine gute Ausbildung ausgestattet zu sein, ist ein Privileg. Die Frage, ob ich mal studieren würde, hat sich mir nie gestellt. Die Frage, ob es finanziell möglich sein würde, dass ich sogar mehrfach im Ausland studiere, gab es bei mir nie. Keine Behinderung zu haben ist ein Privileg. Ich kann morgen früh spontan nach Paris reisen und ich komme klar, ich brauche keine Medikamente, ich bin nicht auf fremde Unterstützung angewiesen.

Das Verrückte ist aber: Du kannst gleichzeitig privilegiert sein und diskriminiert werden. Als Mann genießt du das Privileg, dass du dir keine Sorgen machen musst, mit einer Wahrscheinlichkeit von über 30 % im Laufe deines Lebens Opfer von Gewalt zu werden. Du kannst abends im Dunkeln nach Hause laufen und nicht den Schlüssel in der Jackentasche zwischen die Finger klemmen, falls der Mann, der nach dir aus der U-Bahn ausgestiegen ist und ein bisschen zu nahe hinter dir läuft, eben doch kein angetrunkener Student ist. Die Dimensionen von Diversität, die ich weiter oben genannt habe, sind eine Anfangsstruktur, um die eigenen Privilegien und Diskriminierungen zu überprüfen.

Auch die Erkenntnis, ein Privileg zu haben, kann zu einer Abwehrreaktion führen. Gerade Menschen mit Mehrfachprivilegien tun sich gelegentlich schwer damit, ihren Jackpot einfach anzuerkennen. In einer Pressekonferenz wies eine Journalistin darauf hin, dass in dem Vorstand des Unternehmens, mit dem wir (ich war damals noch selbst im Journalismus tätig) gerade sprachen, keine Frau mehr sei. »Wir haben aber auch keine Schwarzen!«, sagte der Sprecher daraufhin. Kurzes Schweigen. Sie unterbrach es irgendwann durch den Versuch, die bedrückende Stimmung mit einem ironischen »Ach so, na dann!« aufzubrechen, doch die Absurdität blieb. Es gibt keinen Wettkampf der Diskriminierungsformen, schreibt Alice Hasters in ihrem Buch.

Das Netz der eigenen Privilegien und Diskriminierungen zu entwirren, ist gar nicht so einfach. Für den Anfang hilft die von Tupoka vorgeschlagene Frage: *Worüber muss ich mir keine Gedanken machen?* Auch der Trick der Erfahrungs-Empathie-Lücke funktioniert hier gut. »Sie haben aber keinen *weißen* Mann mehr im Vorstand!« – dieser Satz klingt in Deutschland wie aus einem Utopia-Film.

Intersektionalität

Direkt zu Anfang habe ich geschrieben, dass die großen Krisen unserer Zeit zusammenhängen. Zu verstehen, dass die Chancengleichheit für Frauen nicht ohne die Chancengleichheit für alle anderen Menschen funktionieren wird, ist sehr grundlegend, genauso wie die Tatsache, dass Unterdrückungsmechanismen zusammenwirken.

Schwarze Feministinnen waren die Ersten, die das Konzept der Intersektionalität benannten. Sie schauten dabei besonders auf die Wechselbeziehungen zwischen sozialer Ungleichheit und Machtverhältnissen.

Eine Person, die eine Behinderung hat, kann beispielsweise von Behindertenfeindlichkeit betroffen sein. Ist sie gleichzeitig weiblich, kann sie Opfer von Sexismus werden. Bevor Intersektionalität sich als Begriff und Methode etabliert hatte, wurden die Diskriminierungsformen, die sie erlebte, unabhängig voneinander betrachtet. Mit Intersektionalität kann eine neue Diskriminierungsform beschrieben werden: in diesem Beispiel behindertenfeindlicher Sexismus.

Intersektionalität führt also auch dazu, dass die Gruppen sich noch stärker ausdifferenzieren. Wären Diskriminierungsformen Parteien, würde man von einer Zersplitterung sprechen. Alice Hasters hält das weder für eine neue noch für eine schlechte Entwicklung. »Die Perspektive auf den Kampf um Selbstbestimmung war schon immer eine andere. Für Schwarze Frauen ging es nicht darum, dass sie endlich arbeiten wollten oder sich gefühlt haben wie im goldenen Käfig. Die Art von Unterdrückung war, zur Arbeit gezwungen zu werden, der Kampf für eine selbstbestimmte Arbeit. Die feministische Agenda für Schwarze Frauen war, Strukturen zu etablieren, in denen sie sich um ihre Familien kümmern können.«

Im Kontext von Feminismus und Intersektionalität kommt auch der Begriff des *White Feminism* auf, der ausschließlich *weißen* Perspektive auf Feminismus, und wenn man sich den Feminismus der 1970er-Jahre in Deutschland anschaut, kann man den Vorwurf sehr gut nachvollziehen. An dieser Stelle empfehle ich das Buch »Against White Feminism. Wie *weißer* Feminismus Gleichberechtigung verhindert« von Rafia Zakaria. Man kann also nicht nur gleichzeitig privilegiert und diskriminiert sein, man kann auch gleichzeitig für Chancengleichheit und für Chancenungleichheit kämpfen.

Intersektionales Denken baut Hürden ganzheitlicher und auch nachhaltiger ab. Es ermöglicht uns tatsächlich auch einen Schwung in Richtung der Matrix, die ich eingangs erwähnt habe. Die sehr westliche Perspektive auf den Klimawandel, auch getrieben von strukturellem Rassismus und einem von *Othering* geprägten Weltbild, führt dazu, dass wir das Problem nicht global und ganzheitlich lösen werden. Die rein männlich geprägte Art, Politik und vor allem Außenpolitik zu definieren, führt zu mehr Krieg und Leid. Die Besetzung von Positionen relevanter Mitbestimmung und Chancengleichheit sind kleine Symptome einer großen Krankheit. Und auch wenn es hilft, Häufchen für Häufchen mit der Schaufel anzugehen: Im Blick zu haben, dass Dinge im Kontext wirken und sich nicht addieren, sondern gemeinsam neue Dinge ergeben, ist für das Gesamtbild der aussichtsreichste Weg.

Feminismus

Der Begriff *Feminismus* hat ein Imageproblem. Im Wörterbuch wird er definiert als »Richtung der Frauenbewegung, die, von den Bedürfnissen der Frau ausgehend, eine grundlegende Veränderung der gesellschaftlichen Normen (z. B. der traditionellen Rollenverteilung) und der patriarchalischen Kultur anstrebt.«

Und genau da liegt schon das erste Problem. Denn die allermeisten Menschen meinen mit den Bedürfnissen der Frau die Bedürfnisse der *weißen* Frau. Je klarer wird, dass die Idee der Intersektionalität ein Punkt ist, desto klarer wird auch, dass Feminismus, wenn er nicht intersektional gedacht wird, durchaus kritisch gesehen werden muss.

Rafia Zakaria schreibt direkt zu Beginn ihres Buches »Against White Feminism«: »Eine *weiße* Feministin ist eine Person, die nicht wahrhaben will, welche Rolle *Weiß*sein und die damit verbundenen Privilegien dabei gespielt haben und immer noch spielen, Themen und Überzeugungen *weißer* Feministinnen als integrale Anliegen für alle Feministinnen und den Feminismus als Ganzes zu bezeichnen.«[30] Das Buch lässt einen auch verstehen, welche negativen Seiten der Feminismus der 70er- und 80er-Jahre in Deutschland hat.

Lila Latzhosen, militantes Auftreten, Männerhass: Das verbinden viele, die diese Zeit miterlebt haben, mit Feminismus. Auch wenn die frühen Feministinnen viele Barrieren niedergerissen und Fortschritt ermöglicht haben, haben sie dies eben meist aus einer rein *weißen* Perspektive getan – und dabei auch ignoriert, dass Frauen nicht nur Menschen sind, die mit weiblichen Geschlechtsmerkmalen geboren wurden, sondern auch solche, die erst im Laufe ihres Lebens feststellen, dass sie Frauen sind: trans* Frauen. Ebenfalls wird dieser ersten Welle des Feminismus vorgeworfen, sich als *weiße* Retterinnen zu sehen: Muslima sollen zum Beispiel von ihren Kopftüchern befreit werden. Dass Frauen Kopftücher in ihrem kulturellen und religiösen Kontext nicht nur als Zeichen der Unterdrückung, sondern auch als selbstgewählten Ausdruck ihres Glaubens betrachten können, wird übersehen.

Auch Entwicklungshilfe ist ein gutes Beispiel dafür, was passiert, wenn das sehr gute Ziel des Empowerments, oder deutsch: der Befähigung, Ermächtigung, nicht im jeweiligen kulturellen Kontext gesehen wird. Rafia Zakaria[31] schreibt in ihrem Buch über die *Global Alliance for Clean Cookstoves* der Vereinten Nationen, in der »Feminist:innen, Modernisierungsbefürworter:innen, Umweltaktivist:innen und eine Reihe anderer Reformer:innen« sich dafür einsetzten, bis 2020 einhundert Millionen saubere Öfen in den ländlichen Regionen Indiens zu verteilen. Aus *weißer* und westlicher Sicht war das Problem ganz klar: Wenn die Frauen in Indien bessere Geräte als ihre alten Holzöfen hätten und nicht dauernd Holz sammeln gehen mussten, könnten sie eigenes Geld verdienen und an der Wirtschaft teilhaben. Ein Beispiel, das, wie Rafia Zakaria beschreibt, nach hinten losging: Zum einen war das Brennholzsammeln für die Frauen ein jahrhundertealtes Ritual, das auch dazu diente, soziale Bindungen zu festigen. Zum anderen wollten viele der Frauen gar nicht an der Wirtschaft teilhaben, weil das Kochen und die Versorgung des Haushalts in ihrer Wahrnehmung der absolut zentrale Machtpunkt war.

Brauchen wir also, nachdem er offensichtlich nicht immer für alle zum Guten geführt hat, einen neuen Begriff für Feminismus?, frage ich meine Interviewpartnerinnen. Alice Hasters erzählt mir von der Schwarzen feministischen Bewegung in den USA, die den Begriff *Womanism* etabliert hatte, weil *Feminism* zu *weiß* aufgeladen war. »Auch wenn die Inhalte von Womanism sehr wertvoll sind, gibt der Begriff halt auch sehr klare cis-Vibes«, sagt sie. »Ich glaube nicht, dass wir einen neuen Begriff für Feminismus brauchen. Ehrlich gesagt, bin ich sogar extrem dagegen. Feminismus muss man immer neu interpretieren.« Zu meiner Theorie, dass viele Männer sich nicht als Feminist definieren wollen, weil sie dann an lila Latzhosen und männerfeindliche Sprüche denken, sagt sie: »Ich glaube, man macht Kompromisse an der falschen Stelle, wenn man es anders nennt, nur weil es Leute aufregt. Ich glaube, wenn man einen neuen Begriff etablieren würde, wäre es nur eine Frage der Zeit, bis Leute den wieder nicht mögen. Ich bin nicht gewillt, Begriffe wie Feminismus oder Rassismus zu umgehen, nur damit Leute einen leichteren Zugang haben.«

Auch eine weitere Interviewpartnerin, die Unternehmerin, Buchautorin und Influencerin Louisa Dellert sieht keinen Grund, einen neuen Begriff für Feminismus zu finden. »Für mich ist Feminismus die Gleichstellung aller Menschen und damit ist schon mal klar, dass er sich nicht gegen Männer richtet. Zu viele Frauen haben dafür gekämpft und deshalb wäre es ein Schlag ins Gesicht der

Geschichte, wenn man ihn neu definieren würde. Aber ein Teil der Wahrheit ist eben auch, dass Feminismus oft aus einer sehr *weißen* Perspektive gedacht wurde und deshalb ist es wichtig, dass wir ihn jetzt anders umsetzen.«

Auch Tijen Onaran glaubt, dass jede Generation von Feministinnen den Begriff neu aufladen sollte. »Feminismus ist noch zu stark besetzt mit Dingen, die gegen etwas sind. Feminismus ist etwas Cooles und wir sollten das auch cool besetzen. Aber es ändert sich so langsam.« Feminismus zeigt sich in aktiven Handlungen, meint Tijen: »Welchen Namen erwähne ich in einem Raum, wen empfehle ich weiter, wie verhalte ich mich in ungerechten Situationen?«

Keine meiner Interviewpartnerinnen glaubt, dass wir einen neuen Begriff für Feminismus brauchen. Alle sind sich einig, dass wir ihn neu definieren müssen. Und zwar zusammen: alle Geschlechter. Denn moderner Feminismus muss für alle sein, nicht nur für eine Gruppe.

Kontext entscheidet

In der Journalistenschule lud uns der Chefredakteur eines großen Magazins zum Grillen ein. Der Abend wurde lang, wir tranken viel Wein und schließlich sagte er leicht angetrunken zu mir: »So eine wie du würde es bei uns ganz nach oben schaffen! Hauptsache Frau!« Als ich nicht direkt antwortete, eröffnete er mir seine Theorie, dass Männer aufgrund der Anatomie ihres Körpers sowie der Zusammensetzung ihrer Hormone und Botenstoffe im Gehirn besser für Führungsaufgaben geeignet seien. Wenn du die besten Schachspieler:innen der Welt gegeneinander antreten ließest, behauptete er, wären am Ende nur noch Männer da. Sie seien einfach schlauer. Dass Frauen in Führungspositionen kämen, sei nur durch Quoten oder Politik zu erklären.

Ich muss zu meiner Verteidigung sagen, dass ich Anfang 20 und ebenfalls gut angetrunken war, als ich erst gar nichts sagte und dann mit Tränen der Wut in den Augen anfing, verschiedene Dinge zu fluchen. *Schwachsinn, Bullshit* und *Frauenhasser* waren nur einige davon. Versteht mich nicht falsch, ich stehe immer noch entschieden hinter meiner Meinung von damals, dass das Gebrabbel über die Schachspieler und die Genetik totaler Bockmist ist, doch mit meiner Reaktion erreichte ich nur ein müdes Lachen, gefolgt von einem Nicken, das mir zeigte: Er fühlte sich bestätigt.

Was macht man also, wenn man bei einem Event in einer Gruppe sitzt, die mit sexistischen Witzen um sich wirft?

Wie reagiert man, wenn ein *weißer* 50-jähriger Mann in einem Meeting mit Dramatik in der Stimme berichtet, dass er Opfer von Rassismus wurde?

Wer im bestehenden System weiterkommen oder sogar Veränderung anstoßen will, muss lernen, sachlich über Gefühle zu sprechen und seine Botschaft der Zielgruppe anzupassen. Tijen Onaran berät mit ihrer Firma große Konzerne und hat schon Keynotes vor Vorständen gehalten, die das Thema Diversität bestenfalls für eine Modeerscheinung hielten. »Ich erlebe die Debatte in Unternehmen oft als aufgeheizt und emotionalisiert«, sagt sie. »Aktivist:innen sind wichtig, aber sie haben einen gesellschaftspolitischen Ansatz und keinen unternehmerischen. In der Politik brauchen wir den Zeigefinger, im Unternehmen müssen wir versuchen, alle mitzunehmen.«

Es ist also wichtig zu unterscheiden, in welchem Kontext man sich für eine Sache einsetzt. Mit dem Schild auf die Straße gehen und Veränderung fordern, ist für den Samstagnachmittag sehr lobenswert und kann echten Wandel auslösen. Bei der Vorstandssitzung aufzustehen und die Gruppe anzuschreien, in welch altem Weltbild sie feststeckt, wird eher zum Ausschluss aus der Gruppe als zu Wandel führen. Ungerechtigkeit ansprechen und echte Veränderung anstoßen ähnelt einer Vertragsverhandlung. Wenn ich weiß, dass mein Gegenüber gerne handelt und ich 100 Euro zahlen kann, gehe ich mit 80 rein und komme ihm entgegen. In der Regel hat mein Gegenüber das ähnlich geplant und fordert 120, um mich dann in der Mitte treffen zu können – so verliert keiner von uns beiden das Gesicht. Tijen berichtet mir von einer Vorständin, die gerne die Frauenquote im Unternehmen durchsetzen wollte. In die Vorstandssitzung brachte sie also das Thema gendergerechte Sprache und den Vorschlag für die Quote mit. Sofort stürzten sich alle auf das Thema Gendern. »Sie meinte dann, okay, wir lassen das mit dem Gendern, aber die Quote machen wir!« Die Kollegen ließen sich auf den Vorschlag ein und die Quote wurde beschlossen. »Es ist klug, sich eine Verhandlungsstrategie aufzubauen, wenn man etwas durchsetzen möchte«, sagt Tijen.

Für Tessa Ganserer ist die Aufgabe, Ungerechtigkeit anzusprechen noch etwas schwerer. Ihre Strategie als eine von zwei trans*geschlechtlichen Abgeordneten im Bundestag ist: *Pick your battles*. »Die Frage nach der richtigen Reaktion stellt sich nach jeder sprachlichen Entgleisung wieder aufs Neue. Catcalling ist zum Beispiel etwas, über das gehe ich oft einfach hinweg, weil man gar nicht immer die Kraft hat, sich damit auseinanderzusetzen. Wenn in einer Plenarrede etwas Verletzendes gesagt wird, ist es notwendig, einen Widerspruch zu setzen. Manche Sachen darf man nicht stehen lassen.«

Gefühle sachlich anzusprechen ist ziemlich hardcore. Es hilft, die richtigen Begriffe zu finden und zu unterscheiden, ob man gerade als Aktivistin unterwegs ist oder in einem Unternehmen Wandel bewegen will. Dementsprechend sollte man sich eher eine Verhandlungsstrategie überlegen und dabei möglichst viel über das Gegenüber und den Kontext mit einfließen lassen. Aber: Man muss nicht alles ansprechen und darf seine Kraft auch einteilen. *Pick your battles* ist hier wie so oft ein guter Rat. Zwischendurch durchzuatmen und die Prioritäten neu zu sortieren ist der Schlüssel. Auch kleine Schritte sind Schritte.

Sprache als Waffe

Stellen wir uns den Aufstieg in eine Position relevanter Mitbestimmung als ein Computerspiel vor, ist die Sprache ein wichtiges Tool. Sprache kann ernsthafte Verletzungen zufügen. Sprache kann heilen. Durch Sprache können wir Raum einnehmen, der uns vorher nicht gehört hat, oder bewusst Grenzen überschreiten.

Das Fiese an einer Grenzüberschreitung durch ein Gegenüber, die man selbst erfährt, ist, dass man zwar spürt, dass irgendwas nicht passt, aber nicht direkt sagen kann, was es eigentlich ist. Ein Bekannter aus der Generation meiner Eltern hat mir und anderen gegenüber seit meinen frühen Teenagerjahren unglaublich sexualisierte und vulgäre Sprache benutzt. Wenn ich mich mit 16 geschminkt habe, um mit meinen Freundinnen in irgendeiner Bar Colaweizen zu trinken, fragte er mich: »Suchst du einen, der dich f***kt?« und lachte. Seine Erzählungen strotzten vor Ausdrücken wie *Fit im Schritt,* Fäkalwitzen und anderen als Jokes getarnten vulgären Bemerkungen.

»Lach doch mal, hab dich doch nicht so, du bist ja ganz schön empfindlich.« Nach den Begegnungen mit ihm blieb immer ein ungutes Gefühl und ich konnte lange nicht benennen, warum. Er hatte eben einen seltsamen Humor, irgendwie ein vulgärer Typ, kommt vor, gerade nach ein paar Bier. Erst als ich ihn mit 30 wiedertraf und er mich nach meinen »Vögelabenteuern« im Eheleben fragte, wurde mir klar: Er merkt an meinen Reaktionen, dass er meine Grenzen überschreitet und macht es trotzdem, ganz bewusst. Er nimmt sich mehr, als ihm zusteht. Hier geht es nicht um schlechten Humor, hier geht es um Macht.

Ich habe in den folgenden Wochen mein eigenes Nähe-Distanz-Verhalten beobachtet. Bei einem Treffen spüre ich instinktiv, ob eine Umarmung angemessen ist, ob ich eine Person herzlich drücke oder distanzierter bin. Über diesen Instinkt hinwegzugehen, jemanden ganz fest zu drücken, der das Signal aussendet *Bitte Abstand halten!*, kostet Überwindung. Einen vulgären Spruch zu einer Person zu sagen, ebenfalls. Wir spüren Grenzen. Wir wissen, was wir dürfen und was nicht. Doch das Gefühl, eine Grenze zu überschreiten, ob körperlich oder verbal, ist Macht.

Louisa »Lou« Dellert war eine der ersten Influencerinnen in Deutschland, sie hat den Berufsstand quasi mitbegründet. Ursprünglich meldete sie sich bei Instagram an, weil sie abnehmen wollte – und wurde selbst zum Fitness-Vorbild mit einer halben Million Follower:innen. Dann kam der Zusammenbruch, eine Herzoperation, und Louisa begann sich mehr mit politischen Themen zu beschäftigen. Heute spricht sie zu Themen wie Nachhaltigkeit und Klima, aber auch politischer Teilhabe, Gleichberechtigung, Body Positivity und Hass im Netz. Vor etwa einem Jahr traf ich Lou zum ersten Mal persönlich, sie war die neue Freundin meines Kumpels Markus. Sie gründeten gemeinsam eine Produktionsfirma, zogen zusammen und ein Jahr später sind Lou und Markus gute Freunde von mir geworden.

In ihrem Buch »WIR. Weil nicht egal sein darf, was morgen ist.« spricht sie auch über ihre Erfahrungen mit Hate Speech im Internet. Menschen schreiben unter ihre Posts Beleidigungen wie »Du dumme Fotze!« oder »Du bist hässlich!«. Statt diese Übergriffe als Internet-Trolle abzutun, wehrt sich Lou. Gemeinsam mit dem Verein *HateAid*, der verbale Übergriffe im Internet zur Anzeige bringt und auch die Prozesse begleitet, geht sie konsequent dagegen vor. »Ich habe Anzeige erstattet, wenn im Internet Grenzen überschritten wurden – auch, um ein Vorbild zu sein. Wenn jemand zu mir *Fotze* sagt, dann kostet das eben Geld. Nur so können wir Awareness schaffen, dass man nicht machen kann, was man will. Im Internet gibt es keine Polizei, die solche Übergriffe regelt, wie auf dem Dorfplatz. Ich thematisiere Hate Speech, um zu zeigen: Man ist nicht alleine und man kann sich wehren.«

Was Lou zeigt, ist ganz klar: Man hat die Möglichkeit, sich zu wehren. Wer meine Grenzen überschreitet, bekommt die Konsequenzen zu spüren.

Gerade am Anfang des Berufslebens ist es schwer zu unterscheiden, was Grenzen im positiven Sinne versetzt und was Grenzen überschreitet. Was man eben mitmachen muss, um erst mal voranzukommen, und wo man dagegenhalten sollte. Im Falle von verbalen Übergriffen hat man ein breites Spektrum: Man kann die Situation verlassen oder sich Hilfe holen. Man kann dagegenhalten und sagen: *Hey, ich möchte das nicht hören, spar dir bitte solch eine Art zu sprechen.* Man kann je nach Art der Grenzüberschreitung auch mal Ironie und Witz anwenden und die Situation überzeichnen, gerade wenn man die Stimmung nicht komplett kippen lassen möchte. Oder das Gegenüber ganz naiv bitten zu wiederholen, was gerade gesagt wurde. Meistens fühlt sich der oder die Angesprochene dann sehr unwohl und begreift selbst, dass die Aussage daneben war. In jedem Fall sollte man aber klarmachen: Ich merke, dass du hier gerade eine Grenze überschreiten willst und wenn ich das nicht auch will, setze ich was dagegen. Sprache macht mächtig.

Eine gemeinsame Sprache finden

Englisch ist eine tolle Sprache. Es gibt keine unnötigen Artikel, die Worte sind im Vergleich zum Deutschen einfach, und selbst wenn der eigene Wortschatz nicht ganz Oxford-Dictionary-Level ist, kommt man über die Runden. Es gibt fast keinen Kontext, in dem man nicht mit ein bisschen Englisch, Händen und Füßen ein paar grundsätzliche Infos rüberbringen kann.

Zwischenmenschlich haben wir leider noch kein Äquivalent dazu gefunden. Unterschiede in Sozialisierung, Kultur, Bildung und Alltag führen dazu, dass man sich manchmal im wahrsten Sinne des Wortes nicht versteht, selbst wenn man dieselbe Sprache spricht.

Wenn es darum geht, über die Hürden zu sprechen, die zu struktureller Chancenungleichheit führen, gilt das besonders. Die eben beschriebene Erfahrungs-Empathie-Lücke ist ein wesentlicher Grund dafür, warum Geschichten von Menschen, denen Hürden begegnen, oft mit *Das gibt es nicht!*, *Lach doch drüber!* oder *Sei doch mal nicht so empfindlich!* quittiert werden.

Doch selbst ohne diese Lücke kann das Ansprechen von Hürden oder Ungerechtigkeiten deutlich in die Hose gehen. Ein Professor gab mir einmal den Rat, möglichst viele Studien und Zahlen zu verwenden, wenn ich für mehr Vielfalt in Führungsebenen argumentiere. Ich nahm seinen Rat an und bekam in einer Runde das Feedback, eine *Besserwisserin* zu sein und *von oben herab* mit den anderen zu sprechen. Was für den Professor in seiner Rolle also gut funktioniert hat, stellte mich als *belehrend* hin.

Hätte Alice Hasters mir in der Zeit der Journalistenschule erzählt, was sie später in ihrem Buch geschrieben hat, hätte ich vermutlich deutlich anders reagiert als heute. Klar wusste ich, dass es

Menschen gibt, die rassistische Erfahrungen machen, doch ich meinte damit ideologisch motivierte Anfeindungen und Übergriffe von Nazis und aus dem rechten Spektrum. Ich hatte noch nicht erkannt, dass ich selbst Teil des Problems bin, obwohl ich es weder sein wollte noch bewusst dazu beitrug: dass ich meine Privilegien nicht als solche begriff und auch nicht darüber reflektierte. Dass Rassismus im Alltag verankert ist, auch in meinem. Und nicht zuletzt, was für ein fettes Problem struktureller Rassismus ist, wie kacke sich Dinge, die in meiner Welt banal oder sogar witzig sind, für andere anfühlen. Dass Alice ein Buch geschrieben und ich es gelesen habe, gab uns eine gemeinsame Sprache.

Ich frage Alice, wie sie in Schule, Ausbildung und ihrem ersten Job mit struktureller und rassistischer Diskriminierung umgegangen ist. Mit Momenten, in denen man sagen möchte: Das ist gerade richtig rassistisch oder falsch, was hier abläuft.

»Gerade wenn man am Anfang der Karriere steht, fühlt es sich so an: Ich muss irgendwie gucken, wie ich durchkomme. Es gibt leider die Geschichten von Menschen, die es sehr schwer hatten, Leuten, die sich am Anfang ihrer Karriere stark gegen Diskriminierung gewehrt haben und es dann viel schwerer hatten. Es ist schon so, dass man das Gefühl hat, man muss sich erst mal eine bestimmte Position erarbeiten. Und das bedeutet viel einstecken.«

Eine gemeinsame Sprache finden bedeutet also, gerade wenn man ins Berufsleben startet, auch: Zähne zusammenbeißen und geduldiger sein, als man möchte. Wer strukturelle Diskriminierung sieht und mit ein bisschen Veränderungswillen ausgestattet ist, hat sofort den Impuls loszulegen. Und versteht mich nicht falsch: Bei starken Symptomen struktureller Ungerechtigkeit – sexuelle Übergriffe, offen rassistische Anfeindungen, um nur ein paar zu nennen – muss man definitiv und sofort den Mund aufmachen oder sich direkt überlegen, ob man für diese Firma oder dieses Team arbeiten möchte. Wenn es aber darum geht, eine gemeinsame Sprache zu finden, um tiefergehende Themen anzusprechen oder gar zu verändern, gibt es keinen *fast track*.

Fränzi Kühne hat kein Problem damit, Dinge anzusprechen – sie sagt von sich selbst sogar, dass sie kein Smalltalk-Fan ist, sondern lieber direkt zum Punkt kommt. Unser Interview führen wir digital. Ich habe ihr Buch »Was Männer nie gefragt werden« gelesen und danach direkt ihren Lebenslauf gegoogelt. Mit Mitte 20 gründete sie gemeinsam mit zwei Freunden die Digitalagentur *Torben, Lucie und die gelbe Gefahr (TLGG)*, machte sie zu einer der 40 weltweit wichtigsten Social-Media-Agenturen und verkaufte sie sechs Jahre später. Anschließend wurde sie bei *Freenet* die jüngste Aufsichtsrätin Deutschlands, ist heute im Job-Tandem Digitalchefin von *Edding* und damit eines der Role Models für Jobsharing auf Vorstandsebene.

Fränzi formuliert einen wichtigen Gedanken auf dem Weg zu einer gemeinsamen Sprache: »Man muss ein gewisses Vertrauensverhältnis haben, um Themen konstruktiv anzubringen. Wenn das Vertrauen fehlt, bringst du alle in der Runde gegen dich auf. Deshalb ist es das Wichtigste, zuerst Vertrauen zu den einzelnen Leuten aufzubauen – dazu gehört auch, transparent zu machen, wer man selbst ist, was die eigenen Werte sind, sich zu öffnen. Die Leute in der Runde müssen das Gefühl haben, dass sie wissen, woran sie sind und auch kritische Themen ansprechen können. Und ich wiederum kann auch kritische Themen äußern.«

Einer meiner ersten Chefs sagte einmal zu mir: *Du musst lernen, nicht jedem Menschen sofort alles über dich zu erzählen.* Und er traf damals einen wunden Punkt, denn ich bin tatsächlich grundsätzlich sehr offen gegenüber den allermeisten Menschen, die ich kennenlerne. Sicher hat sich der Redefluss mit Alter und Berufserfahrung ein wenig verändert, und die Geschichten aus der Schulzeit sind Business-Anekdoten gewichen, doch ich habe kein Problem damit, direkt beim ersten Treffen zuzugeben, was ich nicht kann, wovor ich Angst habe, was mir Sorgen macht. Ich habe allerdings bis auf ganz wenige Fälle noch nie schlechte Erfahrungen damit gemacht, so früh mein ehrliches Selbst zu zeigen – und mit der Zeit erkannt, dass es durchaus möglich ist, authentisch zu sein und dennoch nicht alles preiszugeben. In der Regel hat sich der ehrliche Vertrauensvorschuss für mich ausgezahlt, zumindest nach meinem Empfinden.

Wie findet man also eine gemeinsame Sprache? Erstens ist es wichtig zu verstehen, in welchem Kontext wir miteinander agieren. Haben wir ein Vertrauensverhältnis zueinander oder lohnt es sich, Zeit und Energie zu investieren, um eines aufzubauen? Wenn ja: Kann mein Gegenüber überhaupt verstehen, um was es gerade geht, oder muss ich eine Erfahrungs-Empathie-Lücke überwinden? Und schließlich: In welcher Rolle bin ich gerade, bin ich der:die Professor:in, der:die mit Datensätzen argumentiert, oder stoße ich mein Gegenüber damit eher vor den Kopf? Der wohl wichtigste Punkt beim Versuch, eine gemeinsame Sprache zu finden, ist: *Know your audience,* mach dein Publikum zu deinen Verbündeten, indem du dich öffnest. Und nimm dir dafür richtig viel Zeit.

Raum mit Sprache einnehmen

Männer reden gerne. Gerade im beruflichen Kontext hinterfragen sie viel seltener, ob das, was sie gerade beitragen, in der Länge, in der sie es beitragen, Relevanz für alle Zuhörenden hat. Privileg verleiht Selbstbewusstsein und Selbstbewusstsein verleiht Sprache. Als Unternehmerin kennt Judith Williams dieses Phänomen nur zu gut: »Du siehst einen Unterschied, wie Männer und Frauen in Meetings gehen. Männer eröffnen das Meeting, Frauen nicken höflich.« Die Wissenschaft unterstützt ihre Beobachtung: Eine Studie der Brigham Young University aus dem Jahr 2012 fand heraus, dass der Redeanteil von Frauen in Meetings durchschnittlich nur bei 25 % lag, der Großteil ging an die Männer.[32] Das Phänomen beginnt also schon in der Uni: Verschiedene Studien haben die Sprechverteilung in Hörsälen in Harvard analysiert. Eine Studie aus dem Jahr 2004[33] fand heraus, dass Männer auf mehr als doppelt so viele Wortmeldungen kamen wie Frauen. Schon 1985 wurde belegt, dass Männer in ihren Wortmeldungen zweieinhalbmal so lange redeten wie ihre Kommilitoninnen.[34] Selbst in der Grundschule werden schon Unterschiede nachgewiesen: Die Wissenschaftler:innen Myra und David Sadker fanden 1994[35] heraus, dass Jungen achtmal häufiger Antworten ungefragt reinriefen, während Mädchen eher ihre Hände hoben und warteten, bis sie drankamen. Und wenn Jungen sich meldeten, taten sie das – laut Studie – sehr viel auffälliger als Mädchen.

Lou erzählt mir von ihren Erfahrungen als Moderatorin. »Ich habe mit einem befreundeten Moderator eine Sendung gemacht und währenddessen gemerkt: Ich gehe komplett unter, ich bin hier wie das kleine Mäuschen! Also musste ich mir meinen Redeanteil einfordern.«

Ich habe überhaupt kein Problem damit, in der Öffentlichkeit zu reden. Wenn es nach mir ginge, würde ich jede Woche auf irgendeiner Bühne sprechen. Sollte mich heute Mittag jemand anrufen und sagen: *Mirijam, kannst du heute Abend auf die Bühne der Elbphilharmonie kommen und irgendwas sagen?* Ich würde erst mal zusagen und mir dann überlegen, wie ich das hinkriege, weil ich mir sicher bin, dass ich es irgendwie schaffen würde, den Abend zu füllen. Und doch gibt es Umstände, die es mir schwer machen, mir meinen Raum durch Sprache zu nehmen. In diesem Falle ist die Digitalisierung für mich tatsächlich ein Nachteil. In virtuellen Konferenzen mit vielen anwesenden Männern fällt es mir sehr viel schwerer, mir meinen Redeanteil zu nehmen oder dazwischenzukommen. In hybriden Konferenzen, also wenn die anderen zusammensitzen und ich als Einzige zugeschaltet bin, kann ich es aufgrund des kleinen Delays in der Verbindung manchmal total knicken.

Relativ zu Beginn meines Berufslebens war ich zu einer Konferenz mit Chefredakteuren und Vertretern der damaligen Geschäftsführung geladen. Der Manager, der das Meeting einberufen hatte, war ein unglaublich präsenter Mann, einer, der Raum einnahm, aufgrund seiner Körpergröße und auch weil er ausstrahlte: Ich nehme mir den Platz, den ich brauche, in jeder Hinsicht. Ich hatte mich mit einer Coach auf die Konferenz vorbereitet. Sie riet mir: *Du musst irgendwas sagen. Du kannst nicht in dieses wichtige Meeting gehen und dann gar nichts sagen.* Wir betraten den Raum, die Männer sprachen wieder mal über Fußball und über gemeinsame Bekannte, die ich wiederum nicht kannte. Als sie zum eigentlichen Thema kamen, waren die Rollen in der Gruppe schon klar verteilt: Ich war die, die nichts sagte. Auch wenn ich immer wieder innerlich ansetzte und Punkte angesprochen wurden, die ich auch gerade sagen wollte: Ich blieb den ganzen Termin stumm.

Fränzi Kühne, die Digitalchefin von *Edding* und ihrerzeit jüngste Aufsichtsrätin Deutschlands benennt das Thema *Raum einnehmen durch Sprache* als einen der wichtigsten Werte ihrer Kindheit: »Mein Papa hat immer zu mir gesagt: Du musst sprechen können, du musst auf Bühnen gehen, damit etwas aus dir wird. Ich war eher ein schüchternes Kind und introvertiert.« Als ihr ein Posten im Aufsichtsrat von *Freenet* angeboten wurde, musste sie eine Präsentation vor allen Aktionär:innen halten. Auch ihre Vorbildfunktion war eine Motivation, sich zu überwinden: »Wenn man für große Aufgaben angefragt wird, dann ist man verpflichtet, das zu machen, für den größeren Sinn, die Sichtbarkeit von Frauen voranzutreiben. Dann muss man raus aus der Komfortzone, sich auf die Bühne stellen und sprechen.«

In meinen ersten Berufsjahren habe ich mir immer vorgenommen, in jedem Meeting irgendwas zu sagen. Das Problem war nur, dass meine Außenwirkung und meine innere Haltung nicht im Gleichgewicht waren. Wieder eine Sache, die man aus der Schulzeit kennt. Wer ein Gedicht vortragen muss und sich innerlich denkt *I got this!* wird weniger Fehler machen. Wer vorträgt und die ganze Zeit denkt, *gleich kommt wieder der Teil, den ich immer verhaue*, wird irgendwas versemmeln. Meine innere Haltung: *Keine Ahnung, ob das Wert hat, aber meine Coach hat gesagt, man darf nicht gar nichts sagen!*, manchmal auch gemischt mit *kann ich nicht Protokoll schreiben, dann habe ich wenigstens eine Aufgabe?* passte nicht zu dem, was ich rüberbringen wollte. Das Resultat: Meine eigentlich kräftige Stimme wurde piepsig, ich sprach viel zu schnell, weil ich die anderen Teilnehmenden im Meeting nicht mit meinen, möglicherweise irrelevanten, Gedanken langweilen wollte.

Wie man Raum durch Sprache einnimmt, habe ich erst seit sehr kurzer Zeit durchschaut und hauptsächlich durch Beobachtung eines speziellen Menschen. Ich habe einen guten Bekannten, mit dem ich oft in ehrenamtlichen Projekten zusammenarbeite. Ich nenne ihn hier Theo. Theo ist ein Meister darin, zu erkennen, mit wem er sprechen muss und welche Botschaften er wo absetzt. Er weiß auch, mit wem er nicht sprechen muss und bei wem er akzeptieren kann, als *sperrig* oder gar als *arroganter Depp* zu gelten. Und er nimmt sich Raum. Einmal wurde Theo in einem Termin gebeten, über seine Geschäftsreise ins Ausland zu berichten. Ich war einige Wochen vorher auch in Amerika gewesen und hatte in drei Minuten komprimiert meine fünf wichtigsten Learnings vorgestellt. Ganz anders Theo: Er nahm sich Raum. Insgesamt 45 Minuten erzählte er, völlig ohne Struktur und Vorbereitung, von Mittagessen und Leuten, die er getroffen hatte, von Hotels und Gedanken, die er auf dem Weg zum Taxi hatte, von anderen Anwesenden und Konferenzanekdoten. Da ich Leiterin des Termins war, versuchte ich nach 20 Minuten dazwischenzugehen und klarzumachen, dass wir auch noch andere Themen zu besprechen hatten. Doch der Leiter der Organisation fuhr mir über den Mund: *Jetzt lass ihn doch bitte mal ausreden! Das ist doch jetzt echt wichtig!*

Es war völlig irrelevant, mit wem Theo auf seiner Reise Mittagessen war. Aber die Art, wie er es erzählte, wie er selbstverständlich den Raum und die Zeit von sechs hochbezahlten Manager:innen einnahm, gab allen das Gefühl, dass es wichtig sei. Es lag an seiner inneren Haltung: Was ich sage, ist wichtig! Seine gesamte Performance, die entspannte Stimme, die gelassene Art zu reden, die Pausen, die er ließ, suggerierten Relevanz.

Auch wenn ich Theo einfach kopieren könnte – und ich gebe zu, dass ich das auch Jahre später noch gelegentlich versuche –, bleibt eines festzuhalten: Frauen haben eine etwas andere Ausgangsposition, wenn es darum geht, sich Raum zu nehmen, als Männer. Das Thema *Unterbrochen werden* ist nämlich real. Ein Artikel, der im Jahr 2014 im »Journal of Language and Social Psychology« erschien, untersuchte Konversationen, in denen Männer mit Männern, Männer mit Frauen und Frauen mit Frauen sprachen. Frauen wurden signifikant öfter unterbrochen, sowohl von Männern als auch von anderen Frauen.[36] Mittlerweile gibt es sogar eine App, die das sogenannte *Manterrupting* trackt und zählt, wie oft eine Frau in einem Gespräch unterbrochen wurde.[37]

Sprache ist eine mächtige Waffe und wie bei jeder Waffe braucht es Übung, um sie zielführend zu bedienen. Es bringt nichts, sich pauschal einen Sprechanteil als Ziel festzulegen, wenn die innere Haltung nicht zu dem passt, was man sagt. Instrumente wie Sprechhaltung, Tempo, Pausen und richtige Atmung können helfen. Gehetzte oder gestresste Beiträge strengen nicht nur einen selbst, sondern auch die Zuhörenden an. Es fällt schwerer, dem Inhalt zu folgen. Wenn es darum geht, Raum durch Sprache einzunehmen: *Channel your inner Theo!* Ab dem Moment, in dem du sprichst, muss das, was du sagst, das absolut Relevanteste für dich sein. Keiner stellt infrage, dass es wichtig ist, nur deine Aufregung. Nimm dir den Raum, den du brauchst, und überlege, mit wem du sprichst. Judith Williams gibt mir in unserem Gespräch einen Tipp zur inneren Haltung: »Wenn du etwas zu sagen hast: *Make it meaningful!* Es kommt nicht auf die Quantität an, sondern auf die Qualität und vor allem auf die Bestimmtheit in deiner Stimme.«

Mansplaining

Dass Männer sich generell leichter tun, die Waffe der Sprache zu nutzen, um Raum einzunehmen, ist für sie von Vorteil. Ein sehr interessantes und gelegentlich auch amüsantes Phänomen ist aber, wenn Männer oder Menschen mit Privilegien über Dinge sprechen, von denen sie sehr viel weniger Ahnung haben als ihr Gegenüber. Sie erklären dir etwas, das du viel besser weißt. Sie betreiben *Mansplaining*. Als Erfinderin des Wortes gilt Rebecca Solnit, die 2008 in einem Essay für die »Los Angeles Times« mit dem Namen »Men Explain Things to Me« über das Phänomen sprach.

Wer auf Youtube Videos zu *Mansplaining* sucht, findet jede Menge amüsante Beispiele. Wikipedia definiert den Begriff so: »Mansplaining bzw. Herrklärung bezeichnet Erklärungen eines Mannes, der davon ausgeht, er wüsste mehr über den Gesprächsgegenstand als die – meist weibliche – Person, mit der er spricht.«

Ich könnte Hunderte Beispiele von *Mansplaining* nennen, und sehr oft sind sie tatsächlich sehr amüsant. Als ich beispielsweise das

Unternehmen aufgebaut habe, das Podcasts produzierte, traf ich öfter alte Kollegen aus der Radiobranche. Sie alle hatten noch nie einen erfolgreichen Podcast produziert, aber erklärten mir sehr genau, worauf es dabei ankomme. Dass ich in diesem Kontext die erfahrene Produzentin mit mehreren Hit-Formaten war, spielte für sie keine Rolle.

Simone Menne war die erste Finanzvorständin eines DAX-Unternehmens. Bis heute ist sie eines der Role Models für viele Frauen, die in eine Führungsposition möchten. In einem sehr männlich dominierten Konzern wie der *Lufthansa* hat sie es nicht nur geschafft, an die Spitze zu kommen, sondern auch noch ein Ressort zu besetzen, das vorher Männersache war: Finanzen. Ich treffe Simone Menne in ihrer Galerie in Kiel. Von der Decke hängen Kunstwerke aus Stoff, die Installation einer jungen Künstlerin, die über ein Jahr lang ihren Herzschlag aufgezeichnet hat, dabei hat jede Stoffbahn eine andere Farbe; welches Rechteck welcher Monat ist, bleibt den Betrachtenden überlassen. Simone Menne ist einer der Menschen, die ich ernsthaft beneide, weil sie als Aufsichtsrätin unter anderem Unternehmen wie *Henkel* oder die *Deutsche Post* beaufsichtigt, seit ihrem Ausscheiden aus dem Vorstand bei Lufthansa im Jahr 2016 aber vor allem das tut, worauf sie richtig Lust hat. Ihre Galerie in Kiel ist zentraler Punkt ihres Wirkens, darüber hinaus engagiert sie sich für Themen der Gleichstellung und vor allem für Frauen in Führungspositionen. Ihr Podcast »Die Boss« war eine der ersten und erfolgreichsten Produktionen, die wir mit der Firma, die ich aufbauen durfte, gestartet haben. Darin interviewt sie erfolgreiche und mächtige Frauen, unter anderem einige, die auch in diesem Buch zu Wort kommen.

Als ich Simone Menne nach ihren Erfahrungen mit *Mansplaining* frage, lacht sie erst mal. »Ich nehme das meistens mit Humor«, sagt sie und wieder fällt der Satz: »Pick your battles.« Nur eine Situation gibt es, bei der sie *Mansplaining* nicht unkommentiert stehen lassen kann: »Wenn jemand mir etwas über meinen eigenen Fachbereich, also das Finanzwesen und Controlling in einem Konzern erzählen will, dann halte ich schon mal dagegen und explaine dann auch mal zurück.«

Die meisten meiner Gesprächspartnerinnen sind sich einig, dass Humor der beste Mechanismus ist, mit unerwünschten Erklärungen über die Welt umzugehen. Tijen Onaran bringt den Aspekt auf, dass *Mansplaining*, wenn es gar nicht kommentiert wird, aber auch gefährlich sein kann – es kann dazu führen, dass der *Mansplainer,* der ja per definitionem kein Problem damit hat, Gedanken für sich zu reklamieren, Credits für sich einstreicht, die ihm nicht zustehen. Tijen berichtet von der Situation in Terminen, in denen eine Frau einen wichtigen Punkt anbringt und ein Mann verkauft ihn 30 Minuten später als seinen eigenen, indem er ihn einfach noch mal wiederholt. Mir kam eine Studie in den Sinn, die herausgefunden hatte, dass der Redebeitrag der Minderheitsgruppe, wenn die Minderheit unter 30% ausmacht, weniger ernst genommen wird als der der Mehrheitsgruppe. Sitzt eine Frau also mit neun Männern im Termin und sagt etwas, wird das weniger ernst genommen. Tijens Reaktion dazu war: »Ich sage dann: Es ist ja schön, dass du meinen Punkt – oder wenn es anderen passiert –, den Punkt der Kollegin noch mal bestätigst.« Man könne das ganz freundlich und mit einem Lächeln sagen. »Das Einzige, was nicht gut ist, ist gar nichts zu sagen«, findet sie.

Im Kontext von struktureller Ungleichheit und auch ein bisschen zur Ehrenrettung der Männer, müsste man aus *Mans-plaining* eigentlich *Priviledges-plaining* machen, denn es sind die Privilegien, die zu der Annahme verleiten, dass einem mehr Redeplatz und vor allem mehr Deutungshoheit zustehe. Nicht nur der Redeanteil, auch der Deutungsaspekt von Sachverhalten ist also etwas, das man für sich einfordern kann. Und bei dem man, im Kontext von Sprache als Waffe, genau aufpassen sollte, wie er eingesetzt wird.

Über Erfolge sprechen

Ich war meine ganze Schulzeit lang eine Einserschülerin. Ich habe nicht wahnsinnig viel dafür gearbeitet, ein Teil meines Erfolgs erwuchs aus dem Privileg, in einem Haushalt aufgewachsen zu sein, in dem Bildung das höchste Gut war und in dem ich dementsprechend mit strukturierten Lernplänen und Abfrageroutinen gute Grundlagen mitbekommen hatte. Ein anderer Teil kam aus einer schnellen Auffassungsgabe und einem guten Gedächtnis, das mir bis heute hilft. Die Sache war aber: In der Schule wollte man kein:e Einserschüler:in sein. Dann war man Streber:in. Also versteckte ich meine guten Zeugnisse und die Büchergutscheine, die ich in irgendwelchen Klassenbesten-Rankings gewonnen hatte, so gut es nur ging und jammerte nach jeder Mathearbeit zum Schein darüber, wie kacke das doch war.

Bescheidenheit ist für meine Mutter, bei der ich aufgewachsen bin, eine große Tugend. Seitdem meine Eltern sich getrennt haben, arbeitet sie als Sozialarbeiterin mit Kindern und betreut Opfer sexuellen Missbrauchs. Die Themen, mit denen sie sich täglich beschäftigt, sind weit entfernt von dem, was ich in meinem Alltag in der Medienbranche erlebe. Mit dem, was man hat, *anzugeben* oder den Anschein zu erwecken, dass man etwas *Besseres* wäre, geht gar nicht. Wenn die Nachbarn, deren Kinder jedes Jahr um die Versetzung bangten, am Tag der Zeugnisvergabe zum Kaffee kamen, brachte ich mein Zeugnis und den Büchergutschein ungefragt in mein Zimmer, weil meine Mutter meinte, dass man das ja nicht unnötig thematisieren müsse.

Eigentlich klar, dass ich die Einstellung der *verborgenen* Einserschülerin auch mit ins Berufsleben tragen würde. Aber je höher man steigt und je männlicher das Umfeld wird, desto alltäglicher werden die Konversationen, die viele meiner Interviewpartnerinnen übereinstimmend *Schwanzvergleich* nennen: Wer hat welche Zahlen, wer hat wie viele Leute, wer hat was geschafft? Am Anfang war es nicht nur die Bescheidenheit, sondern auch schlicht die Überzeugung, dass ich im Vergleich zu den Sachen, die die anderen erzählten, relativ wenig vorzuweisen hatte. Je mehr ich aber ein Verständnis für die Zahlen und Kennwerte meiner Branche gewann, desto besser konnte ich die Geschichten einordnen. Ein Manager bezeichnete seinen Moderatorenschützling als »den größten Entertainer unserer Zeit«. Bei genauerem Nachfragen, woraus sich dieser Superlativ ableite, wurde klar, dass seine Referenzgruppe lediglich die gleichaltrigen Moderatoren in diesem Jahr waren. Ein anderer guter Bekannter aus der Medienbranche erzählte mir von einem Produkt, das er etabliert hatte, und siedelte es in der Größenordnung »direkt hinter Apple!« an. Auch wenn das erwiesenermaßen nicht stimmen konnte, fragten mich bestimmt zehn Menschen über Ecken, ob ich von dem Produkt gehört hätte, dass die Nummer zwei nach *Apple* sei. Niemand hinterfragte die Geschichte. Und der Bekannte machte den nächsten Karriereschritt. Das Produkt aber verschwand in der Versenkung.

Ich treffe Anna-Nicole Heinrich zum digitalen Gespräch. Sie ist die jüngste Präses der evangelischen Kirche, hält also das höchste Ehrenamt und ist gemeinsam mit der Ratsvorsitzenden Chefvertreterin von rund 20 Millionen evangelischen Christ:innen in Deutschland. Im Hintergrund sehe ich ihr WG-Zimmer, sie erzählt, dass ihre Mitbewohner:innen das Spezi leer getrunken haben. Direkt zu Anfang fällt mir auf, wie selbstsicher sie sich ausdrückt, wie schnell sie denkt und versteht, wie viel sie liest, weiß und reflektiert. Als sie 2021 ins höchste Ehrenamt der evangelischen Kirche gewählt wurde, war sie gerade mal 25 Jahre alt. Sie studiert im Master in Regensburg und arbeitet neben dem Ehrenamt als wissenschaftliche Hilfskraft am Lehrstuhl. »Das ist noch unter Referent:in«, sagt sie, total operativ. In die Kirche trat sie als Jugendliche auf eigenen Wunsch ein. Aus einer klassischen

Arbeiterfamilie stammend, ist sie die Erste, die studiert. Die Mehrheit der Frauen in ihrem Umfeld, Mutter, Oma und Uroma, war berufstätig, auch in technischen Berufen. Als Kind hing sie mit ihren Onkels auf der Baustelle rum. »Ich glaube, sie hätten sich lieber einen Jungen gewünscht, aber ich war halt das einzige Kind, das da war«, scherzt Anna-Nicole Heinrich im Gespräch: »Ich bin nicht mit Samthandschuhen angefasst worden, ich musste halt immer mit. Wenn man in klassischen Rollenbildern denkt, wurde ich eher wie ein Junge erzogen. Ich habe nicht das pinke Fahrrad bekommen, sondern das Elektroauto. Ich habe gelernt, die Sachen zu spielen, auf die ich Bock habe.«

Uns beide eint, dass wir sehr gut in der Schule waren. Bei ihr führte das damals, wie sie sagt, zu einer leichten Arroganz. »Ich würde im Nachhinein sagen, dass ich kein nettes Kind war. Ich war sehr selbstbewusst, weil ich in der Schule gut war, ohne was dafür zu machen. Irgendwann kommt dann die Reflexion darüber, dass andere Leute superviel Unterstützung von zu Hause bekommen und ich ohne all das, nur mit meinen eigenen Fähigkeiten, sehr gut klarkomme, und deshalb total stolz auf mich sein kann.«

Die Präses wie man Anna-Nicole Heinrich im Kirchenkontext nennt, spricht Klartext, in ihren Reden, mit ihren Mitarbeitenden und auch in unserem Interview. Sie studiert Digital Humanities als zweiten Master, ohne den Abschluss zu brauchen, einfach weil sie die Programmierkurse interessieren. Ihr Interesse daran, Dinge zu verstehen und zu durchdenken, kommt mir in unserem Gespräch genauso riesig vor wie ihre Auffassungsgabe und ihr Reflexionsvermögen. Manchmal überlegt sie kurz vor ihren Antworten, dann spricht sie drauf los, immer auf den Punkt, fast immer druckreif.

Man kann den Erfolg und die positive Besonderheit der Person Anna-Nicole Heinrich schwer übersehen, wenn man auf ihren Lebenslauf schaut. Das System Kirche, auch wenn es die evangelische ist, ist keines, in dem man sich so jung durchsetzt, wenn man nicht außergewöhnlich gut ist. Aber genauso, wie sie kein Problem damit hat, Probleme klar anzusprechen, hat *die Präses* sich die Unerschrockenheit beibehalten über ihre Erfolge zu sprechen. »Ich spreche gerne über Sachen, die funktioniert haben«, erzählt sie mir im Videogespräch. »Das motiviert ja auch. Ich sage immer: Wir haben das geschafft, alle Leute, die was dazu beigetragen haben. Es ist wichtig, auch die kleinen Erfolge zu feiern. Tue Gutes und rede darüber. Nicht immer nur aus einer demütigen Haltung heraus, man darf sich schon auch mal abfeiern.«

Demut und Bescheidenheit sind sicherlich Tugenden, doch gerade, wenn es um Mitbestimmung geht, ist es wichtig, sie nicht höher zu hängen als nötig. Zwischen ehrlich die eigenen Erfolge benennen und hochstapeln liegen Welten. Auch für mich fühlte es sich anfangs falsch an, mit einem Einserzeugnis durch die Welt zu rennen. Aber im Berufsleben kommen die Streber:innen, die fleißig sind, sich vorbereiten und richtig abliefern, weiter! Wer allerdings gut ist, aber nur andere abschreiben lässt oder deren Hausaufgaben macht, bleibt im Berufsleben sitzen. Also: Sei gut und rede darüber!

Gendergerechte Sprache

Die Diskussion über das Gendern erinnert an eine Diskussion über Enteignung und ist ähnlich emotional aufgeladen. Im vergangenen Jahr war ich bei der mehrtägigen Schulung eines Industrieverbands. Die Gruppe, zu zwei Dritteln Männer und bis auf eine Ausnahme *weiß*, bestand ausschließlich aus Manager:innen des oberen Mittelmanagements. Direkt am ersten Abend bemerkte ein Manager aus der Automobilbranche, dass ich *Kolleginnen und Kollegen* oder *Mitarbeitende* sagte, und schrie quer über den Tisch: THEMA GENDERN! Sofort kamen zwei andere Manager mit einem Strahlen im Gesicht zu mir. Sie wollten mir ihre Meinung zum Thema Gendern sagen. Kurz: wie kacke sie das finden.

Als ich dagegenhielt und erklärte, warum es wichtig ist, gendergerecht zu sprechen, wurde die Diskussion hitzig. Es war, als ob ich ihnen etwas wegnehmen wollte, das ihnen gehört. Und je länger ich darüber nachdachte, desto klarer wurde mir, dass Gendern und Enteignung tatsächlich ziemlich ähnlich sind.

Im Sprachgebrauch, den wir gelernt haben, ist das generische Maskulinum – also die Tatsache, dass Männer angesprochen werden und der Rest implizit *mitgemeint* ist, Standard. In der Sprache besteht die Welt aus Ärzten und aus Politikern. Lediglich Berufe wie Krankenschwester, die zweifelsohne extrem wichtig sind, aber nun mal leider nicht zu den Top-Entscheidenden oder Top-Verdienenden gehören, sind weiblich benannt und konnotiert. Wer sich Nachrichtensendungen aus den Achtzigern und Neunzigern anschaut oder Artikel aus Zeitungen liest, denkt, die Welt sei rein männlich. Alle Positionen, die etwas zu sagen haben, sind männlich. Ja, natürlich gibt es auch Frauen. Die sind ja implizit mitgemeint.

Im Jahr 1980 erschien die erste Richtlinie zur Vermeidung sexistischen Sprachgebrauchs.[38] Vier Sprachwissenschaftlerinnen haben sie zusammengestellt, weil sie ein klares Ungleichgewicht belegen konnten: Auch wenn eine feminine und eine maskuline Form vorliegen (zum Beispiel Ärztinnen und Ärzte), wird im Sprachgebrauch immer nur die maskuline Form genutzt: das generische Maskulinum.

Als ich 2010 zum ersten Mal journalistische Texte fürs Radio schrieb, lernte ich das generische Maskulinum als den *way to go*. *Lehrerinnen und Lehrer fordern neue Lehrpläne* war schlicht zu lang für die Nachrichtenzeile. Also: Lehrer, und die Frauen sind mitgemeint. Lehrerinnen nur, wenn es wirklich nur Frauen sind. Sobald ein Mann dabei ist: Lehrer. Bis zum Ende der Journalistenschule zog ich diese Überzeugung durch. Wir müssen kurz und auf den Punkt schreiben, damit uns die Leute verstehen. Das ganze *Innen*-Ding stört da nur.

Der Satz »Sprache schafft Realität« begegnete mir auch damals schon, aber erst viel später habe ich verstanden, was er meint. Im System Krankenhaus beispielsweise finden sich solche realitätsbildenden Sprachbilder par excellence. *Krankenschwester* ist, wie schon erwähnt, ein Begriff, den es nur für Frauen gibt, auch wenn sich *Pfleger* langsam etabliert. *Der Herr Doktor* ist gerade in den älteren Generationen das Synonym für einen Arzt. Eine meiner besten Freundinnen aus der Schulzeit ist Ärztin geworden, sie arbeitet in einem Klinikum in Bayern. Sie erzählt mir davon, dass sie gerade bei älteren Patientinnen und Patienten nach der Visite oft gefragt wird: »Und kommt denn der Herr Doktor auch noch?« Andersherum machen männliche Krankenpfleger die Erfahrung, dass sie zwar für die Aufgaben geschätzt werden, für die man körperliche Kraft braucht. Bei Aufgaben wie Blut abnehmen oder Verbände wechseln, die also im Kernbereich des Berufsbildes liegen, wird allerdings *die Schwester* bevorzugt.

Es gibt zahlreiche Experimente, die belegen, dass Sprache Realität schafft. Wenn wir beim generischen Maskulinum bleiben, funktioniert dieses bekannte Sprachbild aus dem Englischen immer wieder: Ein Mann und sein Sohn fahren im Auto und haben einen Unfall. Der Vater stirbt. Der Sohn landet auf dem OP-Tisch. Der Chirurg kommt rein und sagt: *Ich kann nicht operieren, das ist mein Sohn!* Wie kann das sein, der Vater ist doch gestorben? Ist es der Stiefvater, war der Sohn adoptiert, lag ein Familiendrama vor und der Sohn kannte seinen richtigen Vater nicht? Alles falsch: Der Chirurg ist die Mutter.

Sprache schafft Realität. Ich habe ziemlich lange gebraucht, um zu verstehen, wie wahr dieser Satz ist, und erst nach einigen Berufsjahren als Journalistin begann ich mich für gendergerechte Sprache einzusetzen. Die Leitlinien aus dem Jahr 1980 sind inzwischen mehrfach überarbeitet worden, auch, weil mittlerweile belegt und akzeptiert ist, dass es eben nicht nur zwei Geschlechter gibt, sondern dass auch die Kategorie *divers* mitberücksichtigt werden sollte, um Menschen mitzumeinen, die sich keinem Geschlecht zuordnen. Das Gendern mit Sternchen oder Doppelpunkt, also Ärzt:innen oder Ärzt*innen, setzt sich vor allem im Internet seit 2018 zunehmend durch.

Brigitte Huber ist eine der bekanntesten Journalistinnen unseres Landes. Seit mehr als zehn Jahren ist sie Chefredakteurin des Magazins *Brigitte*, das entgegen der offensichtlichen ersten Annahme nicht nach ihr benannt wurde. Sie hat das Magazin raus aus der *Diät-Ecke* geführt und zu einem politisch und gesellschaftlich relevanten Blatt gemacht, das sich an Frauen richtet. In ihrer Zeit hat sie verschiedene neue Magazine mitgegründet und mit den Personality-Magazinen *Barbara* mit Barbara Schöneberger und *Guido* mit Guido Maria Kretschmer ein eigenes Genre geschaffen. Brigitte war wie ich an der Deutschen Journalistenschule in München, ziemlich genau 20 Jahre vor mir. Wir trafen uns zum ersten Mal, als ich noch in der Ausbildung war – damals stellte uns ein gemeinsamer Bekannter vor und ich war unglaublich aufgeregt, sie zu treffen. Was Brigitte auszeichnet ist nicht nur, wie viel sie weiß und welch tolle Geschichten sie erlebt hat, sie bringt auch jedes noch so harte Argument mit einer Leichtigkeit und einem Witz rüber, dass man nie glaubt, die Debatte sei völlig verloren. Selbst wenn wir gelegentlich feststellen, dass die Kämpfe, die sie vor 20 Jahren geführt hat, und die, die ich heute vor mir sehe, gar nicht so unterschiedlich sind und der Wandel wohl deutlich länger dauert als gedacht: Mit Brigitte kann man immer lachen und konstruktiv über mögliche Lösungen sprechen.

In den Magazinen der Brigitte-Gruppe wird durchgehend gendergerechte Sprache benutzt. »Ich finde, das ist ein MUSS«, sagt sie. Ihre Zeitschriften waren mit die ersten im Mainstream, die gendergerechte Sprache in Deutschland zum Standard erklärt haben, nicht zur Freude aller Leserinnen und Leser: »Wir bekommen Briefe von Leserinnen, die aussagen, dass es manchen missfällt, weil sie die Sprache nicht schön finden. Deshalb ist es auch wichtig, dass wir nicht zu extrem sind und das ganz natürlich machen. Wir müssen bei dem Thema für Toleranz plädieren.«

Brigitte kommt wie ich aus einer Kleinstadt in Bayern und im Gegensatz zu mir, die ich mein Fränkisch schnell versucht habe zu verstecken, hört man das bis heute an ihrem Zungenschlag. Sie weiß: »Da, wo ich herkomme, irritiere ich die Leute damit.« Auch ich merke, dass gendergerechte Sprache in meiner Berlin-Bubble sehr etabliert ist, man wird sogar manchmal zurechtgewiesen, wenn man ins generische Maskulinum verfällt. In meiner Kleinstadt ist das eher andersrum, da fallen Begriffe wie *Vergewaltigung der Sprache*, wenn ich von Lehrer – kurze Pause – innen spreche.

Auch die Bundestagsabgeordnete Tessa Ganserer kennt diese Erfahrungen. »Es ist ein natürliches Verhalten zu sagen: Das finde ich komisch, ich habe da Schwierigkeiten in der Anwendung«, sagt sie. Wichtig ist aber nicht nur die Repräsentanz, die mit gendergerechter Sprache geschaffen wird, auch die Diskussion selbst ist Teil von Fortschritt: »Wenn wir über gendergerechte Sprache sprechen, bedeutet das, dass Menschen sich damit beschäftigen müssen, mit Fragen wie: Wie spreche ich eigentlich? Wie schreibe ich? Menschen reflektieren ihr eigenes Verhalten. Und Akzeptanz geschlechtlicher Vielfalt setzt voraus, dass wir als Gesellschaft reflektieren müssen, auch über unser eigenes Weltbild. Merken, dass die Welt vielfältiger ist, als wir bisher angenommen haben. Die Diskussion über gendergerechte Sprache fordert zu dieser Reflexion auf.«

Die Diskussion ums Gendern wird noch einige Jahre polarisieren. Es ist zutiefst menschlich, etwas, das neu ist und unbequem scheint, erst einmal abzuwehren. Die Emotionalität kann, wie Tessa Ganserer argumentiert, auch Teil des Fortschritts sein. Die Irritation gerade in Räumen, in denen die Reflexion über Sprache und Geschlecht nicht Teil des beruflichen Alltags ist, müssen wir hinnehmen und auch voraussetzen, wie Brigitte sagt. Vielleicht müssen wir das Ziel erst einmal neu definieren. Vielleicht ist es nicht, dass das generische Maskulinum möglichst schnell verschwindet und dass auch Frauen und diverse Menschen explizit angesprochen statt implizit mitgemeint sind. Für mich ist das nächste Zwischenziel, dass die *enteignungs*ähnliche Abwehrhaltung kleiner wird und die ehrliche Auseinandersetzung mit Sprache beginnt. Es gibt nun mal keine andere Möglichkeit, die vor*herr*schenden Strukturen zu ändern, wenn wir nicht akzeptieren, dass sie auch aus langer sprachlicher Tradition entstehen und sich darin fortsetzen. Wenn wir wirklich gleiche Chancen wollen, müssen wir sie mitsprechen, auch wenn es mühevoll ist und ungewohnt klingt. Wir integrieren ständig neues Vokabular aus dem Englischen im Sinne des Fortschritts – warum also nicht Ausdrucksformen, die eine gleichberechtigte Realität benennen? Sprache entwickelt sich wie Kultur. Was heute unbequem oder gar nach *Verschandelung* klingt, ist morgen schon normaler Wortschatz.

Was darf man denn noch?

Gerade nach den letzten Kapiteln geht der eine oder andere männliche Leser vermutlich ein bisschen in die Defensive: *Man kann es ja nicht richtig machen! So war das doch gar nicht gemeint! Zu viel reden, zu viel erklären, falsche Witze machen, was darf man denn noch?*

Zunächst einmal kann ich mit großer Freude berichten, dass ich mehr Männer kenne, die weder *mansplainen* noch sich übergriffig verhalten, als andere. Die allermeisten Männer in meinem Umfeld sind einfach coole Typen und schaffen es – zumindest nach meinem Informationsstand –, ohne große Probleme ein Verhalten an den Tag zu legen, das sie zu sehr angenehmen Zeitgenossen und Kollegen macht. Es ist also sicher nicht im Wesen eines Mannes verankert, zu *mansplainen* oder übergriffig zu sein.

Was darf man also noch? Bevor ich zur Antwort darauf komme, möchte ich den *Spielraum* ins Gedächtnis rufen, den jede:r in Bezug auf das eigene Verhalten hat. Und entgegen manchen Thesen, haben sowohl Männer als auch Frauen ziemlich viel Kontrolle darüber, welche Verhaltensweisen sie zeigen. Es liegt nicht im Wesen eines Mannes, einer Frau auf der Straße einfach so *out of nowhere* »Geiler Arsch!« hinterherzuschreien. Das ist eine bewusste Entscheidung und wenn nicht, dann ist sie durch Sozialisierung und Umfeld geformt. Es liegt auch nicht im Wesen eines Mannes, Witze machen zu wollen, die verletzen und diskriminieren. Auch das ist eine Entscheidung und auch die ist davon getrieben, dass eine Gruppe ihm signalisiert hat: Das finden wir mega! Es stärkt bekanntlich das Gruppengefühl, wenn man *gemeinsam* gegen etwas ist oder auch *gemeinsam* verbal auf eine andere Gruppe draufhaut. Der von Donald Trump eindrücklich vorgeführte *Locker Room Talk*, in dem Männer in ihren Umkleidekabinen abfällig oder sexistisch über Frauen reden, beschreibt genau dieses Phänomen: Sprache als verbindendes Element. Sexismus als Team Building. Gemeinsam tun, was *man nicht darf*.

Kürzlich traf ich einen altgedienten TV-Moderator zum Essen, der mir erklärte, dass er sich nicht mehr ins Fernsehen traue. Denn man dürfe ja gar nichts mehr. Schon wenn er einer Frau ein Kompliment für ihr Kleid mache, sei er direkt als sexistischer Volldepp abgestempelt und riskiere einen Shitstorm im Internet. Und diese ganzen Begriffe, die man lernen müsse, wen man nun wie nennen dürfe – cis, trans*, PoC, BIPoC, LGBTIQ und plus dazu. Es sei ja quasi unmöglich, ohne ein Vollstudium dazu nicht als Rassist, homo- oder trans*feindlich dazustehen. Das Internet sei gnadenlos, er habe total Angst davor, *gecancelt* zu werden, und diese dauernde Gefahr, etwas falsch zu machen, mache ihn richtig fertig. Er wünsche sich die Zeit zurück, wo man für Witze nicht direkt an den Pranger gestellt wurde. Und er fühle sich permanent falsch verstanden.

Ich saß ihm mit einer Mischung aus Amüsement und ehrlichem Mitgefühl gegenüber. Um den Typen musste ich mir keine Sorgen machen, er hatte seine Schäfchen in jeder Hinsicht im Trockenen und eine wunderbare Karriere hinter sich. Doch die ehrliche Verzweiflung, mit der er mir da gegenübersaß, erinnerte mich an einen Jungen, der lange Zeit der Rockstar seiner Schule war und dann in einem neuen Land eingeschult wird, dessen Sprache er nicht versteht.

Sein Publikum hatte sich verändert, es war durch das Internet größer geworden, und durch den Zeitgeist veränderten sich die Prioritäten. Ich fragte ihn also, ob er sich denn mit den Themen beschäftigt habe, mit Büchern, die erklären, warum bestimmte Begriffe verletzend sind, Texten von Menschen, die der jeweils diskriminierten Gruppe angehören und erklären, warum sie Dinge als problematisch empfinden. Hatte er nicht.

Für alle, die sich verloren fühlen in dieser Welt, in der man *ja gar nichts mehr darf*, habe ich hier den Schlüssel: Bildung. Es geht nämlich nicht darum, was man *darf*, sondern was man *will* und was man glaubt, dass man *sollte*. Und was man nicht *will*. Man will nicht der Depp sein, dem Sexismus vorgeworfen wird. Man will in den meisten Fällen niemanden mit seiner Wortwahl verletzen. Man kann sich leicht zugänglich darüber informieren, warum Sexismus ein Problem ist und was genau die betroffene Gruppe dazu sagt. Schon weiß man Bescheid. Es gibt unglaublich viele Texte, Bücher, Stimmen, Podcasts, Video-Formate, die ein Schlüssel sein können oder ein ganzer Schlüsselbund.

Tupoka wird in ihren Workshops oft mit der Frage konfrontiert, was man denn nun noch dürfe: »Du darfst alles«, sagt sie dann. »Alleine dass Leute im Fernsehen zur besten Sendezeit bemängeln, dass man nichts mehr sagen darf, zeigt doch, dass man sehr wohl noch alles sagen darf. Die Leute meinen damit, dass sie irritiert sind darüber, dass sie auf einmal kritisiert werden für etwas, wofür die Leute vor zehn Jahren noch applaudiert hätten. Es geht nicht darum, was man darf, sondern was man möchte. Du darfst das N-Wort sagen. Aber dann musst du dafür Verantwortung übernehmen, dass du in diesem Moment Rassismus reproduzierst. Und dass es Konsequenzen haben kann.«

Diskriminierende Sprache und Worte sind in Deutschland leider Teil unserer Kultur und erfahren auch einen gewissen Schutz, das kann ich als Kind vom bayerischen Land aus erster Hand bestätigen. Lieder wie »Das Donaulied«, in dem die Vergewaltigung und ungewollte Schwangerschaft einer schlafenden Jungfrau besungen wird, waren bei Volksfesten und Geburtstagen Standard. Cool war, wer den ganzen Text kannte. Freudig trällerte man das Lied, schon mit dem Gefühl, etwas nicht ganz Korrektes zu tun, aber das machte es fast noch aufregender. Erst in den letzten Jahren wurde das Lied mancherorts verboten, aber ich bin nach wie vor auf Geburtstagen in der Heimat, auf denen es gesungen wird. Nicht etwa von Menschen, die keinen Zugang zu Bildung hätten, nein, auch studierte und verbeamtete Lehrer:innen trällern das Lied, immer mit der Begründung, dass man das ja nicht so *meine*.

Besonders wenn ich an die immer wiederkehrenden Debatten um K.-o.-Tropfen und *Rape Jokes* denke, wird mir klar, dass Lieder wie dieses und die Realität eben leider nicht so absurd weit auseinanderliegen, dass man es noch als *Kulturgut* abtun könnte.

Zu Anfang ihrer Workshops stellt Tupoka direkt klar: »Ich werde euch hier nicht sagen, was ihr dürft oder nicht dürft. Ich werde euch auch nicht sagen, was richtig ist oder falsch. Ihr habt die Entscheidung zu tun, was ihr wollt.« Damit hebelt sie direkt die Angriffsfläche der *Political-Correctness-Polizei* aus, der *Vorschriftenmacherin*. »Das kann helfen, den Widerstand zu entkräften. Die Leute sollen nicht rausgehen und sagen: Tupoka hat gesagt, das ist richtig und das ist falsch. Sie sollen alle Informationen bekommen, aber mir ist sehr wichtig, dass die Verantwortung für das eigene Handeln am Ende immer bei der Person bleibt.«

Ein sehr wesentlicher Faktor im Kontext von *Was darf man denn eigentlich noch?* ist der Unterschied zwischen Selbst- und Fremdbezeichnung. Ein befreundeter Produzent erzählte mir vor einiger Zeit, dass er gerade ein Projekt mit *Downies*, also Menschen mit Down-Syndrom produziere. Als ich ihn darauf hinwies, dass das durchaus ein diskriminierender Begriff für Menschen mit geistiger Behinderung sei, sagte er: *Die nennen sich aber gegenseitig auch so!* Ähnlich ist es mit dem N-Wort, das zum Beispiel amerikanische Rapper für sich selbst oder als Ansprache benutzen (eine Minute eines beliebigen Kanye-West-Songs wird diesen Satz veranschaulichen). Aber: Als Außenstehende:r sollte man den Begriff nicht als Ansprache verwenden. Es macht einen enormen Unterschied, ob man sich innerhalb der jeweiligen Community so nennt oder von Außenstehenden so benannt wird.

Um wieder auf die Ausgangsfrage zurückzukommen: Man darf alles! Meinungs- und Redefreiheit hat in Deutschland sehr weit gesteckte Grenzen. Aber man möchte vielleicht nicht alles, was man darf! Hinter der Frage steckt die Angst, gesellschaftlich anzuecken. Dafür oder dagegen kann man sich frei entscheiden. Und da setzt wieder *Fragility* ein. Wer ehrlich an der Verwirrung leidet, sollte sich über die historischen und gesellschaftlichen Hintergründe informieren und ein Verständnis entwickeln, warum sich welche Gruppen von Aussagen und Verhaltensweisen angegriffen fühlen. Und auch hier gilt: In der Regel spürt man, wenn man eine Grenze überschreitet. Es ist in keinem Menschen angelegt, beleidigend oder diskriminierend zu sein. Manche haben früher die Erfahrung gemacht, für sexistische oder rassistische Sprüche mit Applaus honoriert zu werden, und nun hat sich das Publikum eben verändert. Also: *Embrace the change!* Und wenn der Leidensdruck zu groß wird: Bildung ist der Schlüssel.

Debatten als Beschleuniger

Direkt zu Anfang habe ich geschrieben, dass die großen Krisen unserer Zeit alle in einer Art Bullshit-Matrix zusammenhängen. Anhand der Debatte um Chancengleichheit – oder auch um Diversität (Vielfalt), Teilhabe, Gleichstellung, Inklusion, um nur einige der Begriffe zu nennen, die für die Bewegungen in diesem Kontext verwendet werden – lässt sich das besonders gut nachvollziehen.

Dass die Siebzigerjahre einen Schub der Gleichstellung mit sich brachten, ist kein historischer Zufall: Schwarze Bürgerrechtsbewegungen in den USA setzten 1965 Erfolge wie das Wahlrecht für alle durch, nach zwei Jahrzehnten Protest. Die offene Kritik der 68er-Studentenbewegung am bestehenden politischen und gesellschaftlichen System war ein absoluter Beschleuniger. Beispielsweise für die unter »Roe v. Wade« bekannt gewordene Grundsatzentscheidung des Supreme Courts zum Abtreibungsrecht in den USA im Jahr 1973. Ein Fortschritt, der leider nicht dauerhaft war. Oder für das deutsche Gesetz zur Erwerbstätigkeit von Ehefrauen im Jahr 1977: Erst seitdem dürfen Frauen in Deutschland ohne Erlaubnis ihres Mannes erwerbstätig arbeiten. Zeitgleich wurden sich Forscher:innen langsam einig darüber, dass die vom Menschen verursachten Emissionen zu einer globalen Erderwärmung führen und dass das alles andere als gut ist.

In dieser Zeit kippte also die Stimmung in Deutschland, Europa und den USA: Das dauernde Wirtschaftswachstum, das jedes Jahr größer wurde, jede Generation wohlhabender als die vorherige machte, kurzum das *Schneller, Höher, Weiter* eines ungebremsten Wettbewerbs wurde hinterfragt: Vielleicht war das doch nicht so toll? Vielleicht war das optimierte und sich stetig optimierende System nicht das optimale System, nicht für alle und auch nicht langfristig?

Needless to say: Hätte der Großteil der Menschen das gedacht, stünden wir heute an einem anderen Punkt. Seit den Siebzigern gab es die Chance, den Klimawandel aufzuhalten, und immer wieder wurde sie verpasst; hauptsächlich, weil es den Grundfesten unseres Systems widersprochen hätte. Auch wenn das Thema *Corporate Social Responsibility* schon in den 60er-Jahren vereinzelt in Unternehmensleitlinien auftauchte, führte die neoliberale Ära von Margaret Thatcher und Ronald Reagan dazu, dass Finanzinteressen größer und *Social Responsibility*-Interessen kleiner wurden.

Fast forward ins neue Jahrtausend: Der US-Politiker Al Gore verlor haarscharf die Präsidentschaftswahl gegen den Texaner George W. Bush. Klimathemen hatten ganz oben auf seiner Agenda gestanden – auf der von Bush, der als waschechter Texaner den Ölfirmen des Südens einen guten Teil seines Wahlkampfbudgets zu verdanken hatte, viel weiter unten. Also zieht Gore in einen Medienkampf und nutzt seine Berühmtheit, um sich in dem Film »Eine unbequeme Wahrheit« von Davis Guggenheim als Protagonisten zur Verfügung zu stellen.

Der Film war mein erster Berührungspunkt mit dem Thema Klimawandel. Die Bilder von schmelzenden Eiskappen und der dünner werdenden Ozonschicht habe ich als Zehnjährige im Kino mit meiner Schulklasse verstanden. 2001 erschien auch das Grünbuch »Europäische Rahmenbedingungen für die soziale Verantwortung der Unternehmen der Europäischen Union«. Noch mal zehn Jahre später präsentierte die Europäische Kommission ihre erste eigene CSR-Strategie.[39] Darin wurde die *Corporate Responsibility* nicht mehr auf das Klima beschränkt, sondern umfasste auch den Bereich soziale Nachhaltigkeit.

Nach und nach wurden CSR-Abteilungen also auch Teil von deutschen Unternehmen. Der Bereich *Diversity, Equity & Inclusion* (DE&I) segelte quasi im Windschatten der ökologischen Nachhaltigkeit mit in die Unternehmen. Der Begriff CSR wurde zunehmend abgelöst von ESG, *Environment and Social Governance Management* und ist heute ein Erfolgsfaktor. Eine Studie von *Oracle* aus dem Jahr 2022 zeigt, dass Nachhaltigkeits- und Geschäftsziele nicht mehr getrennt voneinander betrachtet werden können, denn 65 % der befragten Konsument:innen gaben an, auf ein Produkt oder auf Dienstleistungen verzichten zu wollen, falls Nachhaltigkeit und soziale Verantwortung dabei nicht bedacht seien. *Greenwashing*, also vorgegebene Nachhaltigkeit, ist verpönt. Konkrete Positionierung und Ergebnisse seien wichtig. 83 % der Befragten gaben an, dafür auch höhere Preise in Kauf nehmen zu wollen. Auf Unternehmensseite ist diese Haltung angekommen: 92 % der befragten Entscheider:innen gaben an, klassische Erfolgsindikatoren um Nachhaltigkeitskennzahlen ergänzen zu wollen. 84 % der befragten Unternehmen gaben an, ihre Investments in Nachhaltigkeit erhöhen zu wollen.[40]

Dass sich etwas bewegt, nehmen auch meine Interviewpartnerinnen wahr. Autorin Tupoka Ogette stellt fest: »Es gibt auf jeden Fall viel mehr Ressourcen für das Thema. Keiner hat mehr die Entschuldigung zu sagen, ich weiß etwas nicht und ich kann es auch nicht in Erfahrung bringen. Es gibt so viele Podcasts und Bücher und Internetquellen zu dem Thema.« Die Bundestagsabgeordnete Tessa Ganserer beobachtet, dass mehr Menschen vor allem im Bereich sozialer Nachhaltigkeit ihre Verantwortung anerkennen: »Die Mehrheitsgesellschaft muss sich damit beschäftigen, wen sie ausgrenzt. Es ist nicht alleine Aufgabe marginalisierter Gruppen, sich gegen ihre Abwertung, Benachteiligung und gegen Gewalt zu wehren, sondern da müssen sich alle anderen damit auseinandersetzen.« Und auch Aufsichtsrätin Miriam Wohlfarth stellt fest: »Da ist eine Aufbruchstimmung, Konzerne wollen sich ändern.«

Sie merkt an, dass sich vor allem auch Strukturen, Mechanismen, Vorgaben und Erfolgsbewertungen in Unternehmen ändern müssen: »Das fängt schon beim Recruiting an, viele denken da noch sehr klassisch nach Abschluss, Führungserfahrung. Das ist altmodisch, denn für manche fachlichen Skills ist der Uni-Abschluss nicht relevant. Auch Bonuszahlungen sind aktuell noch stark an dem Prinzip orientiert, Existierendes zu maximieren.

Gerade Vorständen, die vielleicht nur noch zwei Jahre Berufsleben vor sich haben, nimmt das den Blick nach vorne.«

Dass das System des letzten Jahrhunderts nicht das optimale ist, haben so ziemlich alle verstanden, selbst die, die noch davon profitieren. Aufsichtsrätin und Ex-Lufthansa-CFO Simone Menne erzählt mir in ihrer Galerie in Kiel davon, wie vor allem Männer mit Töchtern zunehmend zu Verbündeten bei Diversity-Bemühungen werden: Sie schließen die Erfahrungs-Empathie-Lücke und fühlen sich betroffen, wohlwissend, dass ihre Töchter statistisch gesehen nicht dieselben Chancen haben werden wie sie. Studien belegen, dass Manager, die Töchter haben, automatisch mehr Frauen einstellen und der Gender-Pay-Gap zwischen Frauen und Männern in ihren Bereichen kleiner wird.[41]

Die Errungenschaften der letzten Jahre und vor allem die politische Verankerung von CSR- und Klimazielen macht es einfacher, Debatten zu führen und mit Themen zu Gleichstellung und Vielfalt in die erste Reihe zu kommen. Und doch ist klar, dass Entwicklung nicht geradlinig verläuft, sondern in Wellen: zwei Schritte vor, ein Schritt zurück. Die Entscheidung des Supreme Courts 2022, das Urteil »Roe v. Wade« aufzuheben und damit Millionen Frauen den Zugang zu legaler und medizinisch sicherer Abtreibung zu nehmen, ist ein Beispiel dafür. Auch ist es schwer, nicht in eine *Wir gegen die*-Rhetorik zu verfallen, wenn wir über Wandel sprechen – denn natürlich bedeutet Gleichberechtigung auch, dass diejenigen, die von der Ungleichberechtigung profitiert haben, ein Stück weit die Verluste ihrer Privilegien akzeptieren müssen. Alice Hasters fasst es klar und direkt zusammen: »Letztendlich kommen wir nicht darum herum, dass gewisse Menschen die Konsequenz dieses Strukturwandels spüren werden, wenn sie weiterhin bestimmte Haltungen vertreten oder Witze oder Sachen machen, die sie früher ganz normal gemacht haben. Weil das nicht mehr als witzig empfunden wird. Es gibt Leute, die haben sehr davon profitiert, dass nur Männer im Raum sind, dass nur *weiße* Menschen im Raum sind. Und ja, die werden das Nachsehen haben.«

Tradition und Vorurteil

Als ich kürzlich auf dem zweiten Geburtstag des Sohnes einer Freundin war, zeigte er mir sein T-Shirt, auf dem ein Feuerwehrauto war. »Da fehlen die Männer«, sagte er. »Und die Frauen?«, fragte ich. »Die sind daheim!«, entgegnete er mit verblüffender Selbstverständlichkeit. Schon mit zwei Jahren hatte er innerlich festgelegt, wer bei der Feuerwehr arbeitet und wer zu Hause das Essen kocht.

Wir können nichts für das, was wir *Tradition* nennen. Es wurde uns im wahrsten Sinne des Wortes wie ein Startpaket ins Leben mitgegeben. Ab dem Tag, an dem wir wahrnehmen können, ab dem wir sehen, hören, verstehen und beobachten, lernen wir, wie sich die Welt ordnet. Wer wohin gehört. Wer wo für was zuständig ist. Die Forschung dazu, was uns angeboren ist und was wir erlernen, bringt laufend neue Erkenntnisse hervor. Studien zu eineiigen Zwillingen, die in unterschiedlichen Umgebungen aufwachsen, ergeben, dass Dinge wie Intelligenz oder die Schnelligkeit, mit der unser Gehirn Informationen verarbeiten kann – also die Voraussetzungen für Lernen und Verstehen –, zu einem großen Teil in uns angelegt sind. Moralische Einstellungen, Werte und politische Überzeugungen werden jedoch vor allem durch das soziale Umfeld, in dem wir aufwachsen, geprägt.

Niemand wird also mit dem Bild im Kopf geboren, dass in einem Sekretariat Frauen sitzen und eine Gruppe von Männern im Anzug etwas zu sagen hat, dass bei der Feuerwehr Männer arbeiten und dass Frauen besser kochen können. Ab dem Tag unserer Geburt lernen wir auf unterschiedliche Weise. Die wohl einfachste Art zu lernen ist durch Gewöhnung. Wenn wir oft genug feststellen, dass Dinge keine Konsequenz für uns haben, gewöhnen wir uns daran und blenden sie sogar aus: wie zum Beispiel unsere Nase, die dauerhaft in unserem Blickfeld ist, die wir aber gar nicht mehr wahrnehmen. Wenn wir andersherum merken, dass ein Reiz eine Konsequenz für uns hat, reagieren wir schneller darauf – die meisten Menschen sind zum Beispiel auf Sirenen sensibilisiert. Ähnlich wie Tiere lernen wir aus den Folgen unseres Handelns. Man bezeichnet das als *operante Konditionierung*. Sie beschreibt, vereinfacht gesagt, dass ein Verhalten durch eine angenehme Konsequenz verstärkt wird, oder durch eine unangenehme Konsequenz unterdrückt wird.

Wenn auf eine Handlung eine negative Konsequenz folgt, führen wir sie eher nicht mehr aus – das klassische Beispiel ist die heiße Herdplatte, die man in der Regel nur einmal im Leben aus Neugierde anfasst. Verhalten kann innerhalb der operanten Konditionierung verstärkt werden, etwa durch eine Belohnung (positive Verstärkung) oder indem etwas Negatives ausbleibt (negative Verstärkung). Auch Bestrafung kann als Verstärker für Verhaltensänderungen dienen. Wie stark so ein Verstärker wirkt, hängt an verschiedenen Faktoren: zum einen an der Häufigkeit, in der ein Verhalten positiv oder negativ verstärkt wird, zum anderen daran, welche Rolle die Verstärker im Leben der handelnden Person haben. Ob man jemandem für drei Tage das Trinkwasser wegnimmt oder die Xbox, macht einen Unterschied. Auch soziale Verstärker wie Lob oder zwischenmenschliche Akzeptanz zählen dazu. Bei Hochzeitsreden fällt es mir besonders auf, wenn die Reden der Eltern selbst die abgeklärtesten Brautpaare zum Weinen bringen. Von seinen Eltern zu hören, dass sie stolz auf einen sind, hat einen besonderen Wert.

Es gibt viele Theorien darüber, wie wir lernen. Die Konditionierung fällt in den Bereich des Behaviorismus, der, vereinfacht gesagt, Modelle zum Thema Lernen über Reaktionen auf verschiedene Einflüsse zusammenfasst. Der Kognitivismus schaut sich an, was ein Mensch eigentlich wahrnimmt und welche Prozesse im Inneren ablaufen. Die dritte Gruppe an Lerntheorien ist der Konstruktivismus, den ich weiter vorne im Kontext der Erfahrungs-Empathie-Lücke beschrieben habe. Der Grundgedanke ist, dass wir als Menschen de facto nicht über die objektive Realität sprechen können, weil wir gar keine andere Möglichkeit haben, als diese Realität durch unsere Sinne wahrzunehmen und außerdem durch den Interpretationsfilter namens Gehirn zu schicken – so wird alles subjektiv.

Albert Banduras Theorie fällt unter die behavioristischen Ansätze. Er konnte nachweisen, dass Menschen nicht nur, wie Tiere, über Konditionierung lernen oder die Verhaltensweisen wiederholen, für die sie eine gute Konsequenz erfahren haben, sondern vor allem durch Beobachtung. Bandura teilte das Lernen im Modell in die *Aneignung*, also die Beobachtung, und in die *Ausführung*, also die Reproduktion des Gesehenen, ein.

Im Kontext von Tradition finde ich die behavioristischen Lerntheorien und vor allem Banduras Thesen besonders spannend. Denn die Modelle, an denen wir lernen, sind unendlich. Ab dem Tag unserer Geburt sind es unsere Eltern, die Eltern von Freund:innen, die wir besuchen, Menschen, die wir vom Kinderwagen aus beobachten, Figuren im Fernsehen und in Büchern. Später werden es Lehrende, ältere Schüler:innen, Geschwister, Kolleg:innen, Vorgesetzte.

In meinen ersten Monaten als Geschäftsführerin ertappte ich mich dabei, wie ich in Mails an Mitarbeiter:innen unbewusst meinen ehemaligen Chef kopierte: Der Tonfall, der Aufbau und die Art, wie ich Probleme adressierte, hätten eins zu eins von ihm stammen können. Als ich zum ersten Mal vor dem Vorstand präsentieren musste, hatte ich exakt dasselbe Outfit an wie meine ehemalige CEO. Ein Zufall, doch wieder unbewusst. Lernen am Modell gibt Orientierung und Sicherheit. Wir haben gesehen, was die Konsequenzen sind und uns unbewusst entschlossen, gewisse Verhaltensweisen, aber auch Überzeugungen über unsere Umwelt, anzunehmen.

Gerade im Kontext von Frauen in Führungspositionen sind diese Erkenntnisse aus der Anlage-Umwelt-Forschung und besonders Banduras Theorie hochinteressant. Wie früh die Grundsteine für das System, in dem wir uns bewegen, gelegt werden. Warum die Art, wie Mutter und Vater ihre Rollen definieren, zentral ist. Welche Rolle soziale Herkunft spielt. Warum Vorbilder wichtig sind. Aber auch, wie schwer die Durchlässigkeit zwischen den Schichten ist, wie zentral die Bedeutung sozialer Herkunft. Wie tief Privilegien sitzen. Wie unbewusst wir sie besitzen oder nicht und warum wir uns angegriffen fühlen, wenn wir darauf angesprochen werden. In diesem Kapitel soll es darum gehen, wie das Startpaket *Tradition* in uns wirkt und uns Frauen antreibt, Systeme zu stützen, die uns und anderen zum Nachteil gereichen.

Woher kommst du?

Der Lebenstraum meiner Mutter war immer, Kinder und Familie zu haben. Das Studium in Würzburg, eine Autostunde von meiner Heimatstadt Bamberg entfernt, hatte sie abgebrochen und sich wieder in der Heimat eingeschrieben. Meine Mutter wollte nie in die große, weite Welt. Ihr Lebenstraum waren gesunde Kinder und ein Mann, der sie versorgen konnte.

Mein Vater ist das, was man als Prototyp des *Mittelständischen Unternehmers* bezeichnen kann. Mit 18 hatte er die Firma seines Vaters übernommen. Mit Mitte 20 stieg er in einem Logistik-Konzern in die Geschäftsführung auf, zehn Jahre später machte er sich selbstständig. Jemand, der in seiner Kindheit nicht gerade im Reichtum gelebt hatte, verdiente plötzlich in einem Jahr genug, um ein Einfamilienhaus bar zu bezahlen.

Als ich sechs Jahre alt war, verließ mein Vater meine Mutter, meine Schwester und mich. Sein Interesse an Kindergartenfesten, Käsekuchen und Elternbeirat war nie wahnsinnig groß gewesen, und über die Jahre hatte sich herausgestellt, dass meiner Mutter wiederum Statussymbole und die Mitgliedschaft im *Rotary Club* nicht so viel bedeuteten. Mein Vater zog aus, heiratete eine Kollegin, adoptierte ihr Kind und bekam noch ein zweites.

Immer wieder fragten mich Menschen, was die Scheidung meiner Eltern mit mir gemacht habe. Die ehrliche Antwort ist: nicht wirklich viel. Denn für mich änderte sich fast gar nichts. Mein Vater war ja eh selten da gewesen, und eigentlich fand ich es sogar ganz gut, dass er nicht wiederkam. So konnte ich im großen Bett schlafen, ohne regelmäßig rausgeschmissen zu werden. Die, die immer da gewesen war, war meine Mutter. Das Wichtigste war also sicher.

Als ich etwa auf halber Höhe durch die Grundschule war, veränderte sich allerdings etwas. Die neue Frau meines Vaters wollte gerne einen Zweitwagen, ein Cabrio für die Stadt. Mein Vater informierte meine Mutter, dass sie sich um ein eigenes Auto kümmern müsse.

Wer die Bedeutung eines Autos für die Babyboomer-Generation in der Kleinstadt nicht ganz nachvollziehen kann: Ein Leben ohne Auto stand direkt hinter der Obdachlosigkeit. Für meine Mutter, die abgesehen von ein paar Praktika im Studium noch nie gearbeitet hatte, brach eine Welt zusammen. Auch wenn ich mehrfach angeboten hatte, die 80 Mark in meiner Spardose zu einem neuen Auto beizutragen (was ich damals für ein extrem großzügiges Angebot hielt), änderte sich mit dem Verlust des metallic-grünen Audis etwas in unserer Familie. Obwohl mein Vater weiterhin Unterhalt zahlte, wurde meiner Mutter bewusst, dass sie ein zweites Standbein brauchte, um nicht ewig finanziell von ihm abhängig zu sein. Sie schaute sich nach Arbeit um.

Von nun an kochte meine Oma dreimal die Woche, während meine Mutter tagsüber verschiedene Sozialpädagogen-Sachen machte und abends Kurse zur *natürlichen Familienplanung* per Temperaturmessung, kurz NFP, gab. Die Kombination aus diesen Tätigkeiten leuchtet mir bis heute nicht ein, aber vermutlich ist das ein Symbol für die vielen Hände, die meine Mutter in Richtung Berufsleben ausstreckte. Als jemand, der bis Mitte 30 vor allem auf Kindergartenfesten und in Elternbeiräten tätig war, hatte sie nicht das vorzuweisen, was man in der Berufswelt als spannenden Lebenslauf bezeichnet. Sie machte Nachtschichten im Mutter-Kind-Haus und begleitete eine 14-Jährige bei der Geburt ihres Babys, das, wie ich damals feststellte, bestimmt ein *Krippenkind* werden würde. Sie betreute traumatisierte und behinderte Menschen in einer Werkstatt und machte verschiedene Fortbildungen zu systemischer Familientherapie und Traumaberatung.

Hier eine Liste von Dingen, die ich mit 14 Jahren über meine Eltern wusste:

Ich wusste über meine Mutter, dass sie keine Physiotherapeutin war, sondern Diplom-Sozialpädagogin. Ich wusste, dass sie bis 17 Uhr weg war und dass sie eigentlich eine Halbtagsstelle hatte, aber trotzdem ganztags arbeitete und die Überstunden nicht immer aufschrieb. Ich wusste, dass sie keinen einzigen Tag krank war und auch wenn sie krank war, Unmengen an Grippostad einwarf und *Geht schon* sagte. Ich wusste, dass sie mich so lange in Frieden ließ, wie ich sehr gute Noten schrieb. Sie kannte jede:n meiner Freund:innen und Lehrer:innen und ging bis zum Abitur zu allen Elternsprechtagen, um immer mit derselben Bitte zurückzukommen, nämlich *weniger zu schwätzen*. Sie wusste, dass ich gerne Muffins backte und dass ich in den Sohn des örtlichen Juweliers verliebt war, auch wenn ich das nie explizit erwähnte.

Ich wusste über meinen Vater, dass er sehr viel arbeitete und dauernd auf Reisen war. Ich wusste, dass er viele wichtige Menschen kannte und bei Politikern in München eingeladen wurde. Er hatte immer das neuste Handy und jeder in der Stadt wusste, wer er ist. Ich war stolz, dass mich Leute ansprachen, ob wir verwandt seien, und dass ich von ihm immer VIP-Tickets für Sportveranstaltungen bekam, zu denen ich manchmal meine beste Freundin mitnehmen durfte. Ich freute mich über jedes Handy, das ich vererbt bekam, weil es immer noch neuer war als die meiner Freund:innen. Er hatte keine Ahnung, welche Noten ich schrieb. Er wusste nicht, dass ich viel schwätzte. Die Anzahl der Tage, an denen er meine Schule von innen sah, kann man an einer Hand abzählen.

Und ich wusste über meinen Vater, dass *er zahlt*. Ich wusste nicht, was das bedeutete, und auch das System der Düsseldorfer Tabelle blieb für mich bis ins Erwachsenenalter abstrakt. Doch jedes Mal, wenn ich in der frühen Pubertät gegen meinen Vater rebellieren oder ihm mal ordentlich die Meinung geigen wollte, ermahnte mich meine Mutter mit dieser Begründung: *Sei ruhig, sei dankbar.*

Offensichtlich hatten meine Eltern kein gleichberechtigtes Verhältnis. Doch hatte die Ungleichberechtigung in dem Konstrukt, das wir lebten, zwei Seiten. Meine Mutter war maximal abhängig, bis sie, zwar unfreiwillig, doch mit positivem Ausgang, zusammen mit dem Audi A4 in die Unabhängigkeit katapultiert wurde. Mein Vater wiederum hatte nie die Chance, ein gleichberechtigter Elternteil zu sein, weil er von Anfang an eine klare Rolle besetzen musste. Viele Männer der Babyboomer-Generation konnten sich nicht entscheiden, konnten nicht wählen, denn das, was sie von Eltern, Ehefrauen und ihrem kompletten Umfeld zum Start des Familienlebens mitbekamen, war: Kurze Info, du bist der Versorger, und zwar alleine und um jeden Preis. Wenn du morgen schlapp machst, eine Lebenskrise oder keinen Bock mehr hast, wie ein Irrer zu arbeiten, dann ziehst du ziemlich viele Existenzen mit dir runter.

Wie die tradierte Rollenverteilung Männern zum Nachteil gereichen kann, vor allem hinsichtlich Lebenserwartung und psychischer Gesundheit, darüber schreibt Boris von Heesen in seinem Buch »Was Männer kosten. Der hohe Preis des Patriarchats«. Der Theologe, Männerforscher und Erziehungswissenschaftler Matthias Stiehler hat den 10. Dezember zum Tag der ungleichen Lebenserwartung ausgerufen. Die Stiftung Männergesundheit begeht ihn seit 2018 als den Tag, an dem Männer früher sterben würden, wäre die durchschnittliche Lebenserwartung von Frauen gleich 365 Tage. Ich habe in von Heesens Buch zum ersten Mal von diesem Tag gelesen und übrigens auch davon, dass der 19. November der internationale Männertag ist. Seinen Eindruck, dass Meldungen weniger Nachrichtenwert haben, in denen Männer unter dem aktuellen System leiden und auch statistisch gesehen hinter Frauen zurückbleiben, teile ich. Er schreibt: »Es stimmt ja, dass Männer noch in vielen Bereichen strukturelle Vorteile genießen. Es stimmt aber auch, dass Männer aufgrund ihrer Lebensweise immer noch nahezu fünf Jahre kürzer leben. Beides ist richtig und über beides sollte berichtet werden.«[42]

Familie und Beruf ist ein unglaublich komplexes Thema, und ich werde auch in diesem Buch mehr darauf eingehen, wie vor allem die ungleiche Verteilung von Care-Arbeit Frauen davon abhält, in Positionen relevanter Mitbestimmung zu kommen. Doch beim Nachdenken über meine eigene Familie ist mir vor allem bewusst geworden: Die tief verankerte gesellschaftliche Erwartungshaltung, dass Männer arbeiten und Frauen Kinder erziehen, ist nicht nur eine, die Frauen Chancen nimmt; sie nimmt auch Männern die Möglichkeit, selbst zu entscheiden. Sie hält sie in der Rolle des Versorgers gefangen und macht sie, wie in meinem Fall, zu dem Elternteil, dessen Auszug man nicht mal groß bemerkt. Sie setzt unter Erfolgsdruck, zwingt dazu, in Jobs zu bleiben, die vielleicht gar keinen Spaß mehr machen, und um jeden Preis Kohle nach Hause zu bringen, weil sonst ein ganzes System kollabieren würde.

Zahlreiche Studien belegen, dass sowohl arbeitende Mütter als auch ein gleichberechtigtes Elternverhältnis für alle, auch für die Kinder, mehr Vorteile als Nachteile bringt. Marita Jacob und Michael Kühhirt vom Kölner Institut für Soziologie und Sozialpsychologie fanden heraus, dass Kinder (bis einschließlich acht Jahre) von Müttern mit höherer Erwerbsbeteiligung im Durchschnitt weniger Verhaltensprobleme haben. Kinder berufstätiger Mütter gehen eher auf weiterführende Schulen. In den USA wurde sogar mehrfach belegt, dass Kinder, die ihre Mütter arbeiten sehen, mit höherer Wahrscheinlichkeit später erfolgreicher im Beruf sind. Kinder, die die Möglichkeit haben, mit ihren Vätern genauso viel Zeit zu verbringen wie mit ihren Müttern, sind unbeschränkter in ihrer Entwicklung.

In meinen Interviews fand ich diese Erkenntnisse mehr als bestätigt. Es war erstaunlich, wie wenige der Frauen, die es in ihren Arbeitsfeldern nach ganz oben geschafft hatten, so aufgewachsen waren wie ich. Die meisten kamen aus Elternhäusern, die eine sehr gleichberechtigte Beziehung vorlebten, selbst wenn sie weniger sozialen Status und finanzielle Möglichkeiten zu bieten hatten als meine Familie.

Katharina Helten ist eine der Top-Ingenieurinnen unseres Landes. Sie leitet weltweit die Produktgruppe Thermal Management

Actuators bei *Vitesco Technologies*, einem der führenden internationalen Zulieferer von modernen Antriebstechnologien und Elektrifizierungslösungen. Studiert hat sie an der RWTH Aachen, promoviert an der TU München, beides Elite-Unis. Eine Kollegin des Fachblatts *Capital*, die Katharina auf der »Top 40 unter 40«-Veranstaltung kennengelernt hat, stellt uns vor. Dort wurde die Ingenieurin als eines er »wichtigsten Talente aus Wirtschaft, Politik, Wissenschaft und Gesellschaft« des Jahres 2020 und 2021 ausgezeichnet.

Katharina ist eine der wenigen Interviewpartnerinnen, die um ein ausführliches Vorgespräch bitten, bevor sie zusagt. Wir treffen uns digital. Sie ist vorbereitet. Ich auch, so gut es geht, weil ich nicht so richtig verstanden habe, was sie eigentlich macht. Also sage ich, sie entwickelt irgendwas rund um Elektromotoren, weil ich mir dann vorstellen kann, dass das E-Auto, das ich mir gelegentlich miete, Komponenten beinhaltet, an denen sie mitgearbeitet hat. Auch sie sagt mir scherzhaft, dass sie das, was ich beruflich mache (nämlich Mediensachen) fachlich ähnlich schwer einschätzen kann wie ich ihren Job. Wir lachen und finden trotz unserer absolut unterschiedlichen Berufsfelder schnell eine erste Gemeinsamkeit: Wir beide glauben, dass die Darstellung und Repräsentanz von Frauen in MINT-Berufen in den Medien noch ziemlichen Optimierungsbedarf haben.

Katharinas Eltern sind beide Ingenieur:innen und waren selbstständig mit jeweils einem eigenen Unternehmen. »Ich war daran gewöhnt, dass beide Eltern arbeiten und dass sie auch paritätisch arbeiten«, sagt sie. »Für mich war es normal, dass Frauen wichtige Besprechungen haben und dass sie Dinge durchsetzen müssen. Das habe ich von Kindesbeinen auf erlebt. Ich kenne daher auch keinen Unterschied im Wert, der der jeweiligen Arbeit meiner Eltern zugeschrieben wird.« Ihre Mutter war für Katharina das stärkste Role Model. Sie hat sich entschieden, als Managerin in einem Technologieunternehmen in die gleiche Richtung zu gehen, und sieht auch, dass sie am Modell ihrer Mutter vieles gelernt hat:

»Ich bin sicher, wenn Leute uns beide in Meetings erleben würden, wie wir an Dinge rangehen und sie umsetzen, würden sie die Ähnlichkeit bestätigen.« Sie erinnert sich, dass sie als Kind mit Werkzeug gespielt hat und gar nicht auf die Idee kam, dass Mädchen und Technik nicht zusammenpassen sollen.

Auch Fränzi Kühnes Eltern waren selbstständig. Die Gründerin der Agentur *TLGG* erinnert sich: »Meine Eltern hatten zusammen eine Agentur und haben dort zu gleichen Teilen gearbeitet. Bei uns zu Hause war das also ziemlich gleichberechtigt. Ich bin nie damit in Berührung gekommen, dass ich als Frau einen Nachteil haben könnte in der Welt da draußen.«

Fintech-Managerin Miriam Wohlfarth hat viel Zeit bei ihrer Oma verbracht, weil beide Elternteile sehr viel gearbeitet haben. »Mein Vater hat mich sehr geprägt, weil er mich nie so typisch Mädchen erzogen hat. Er hat mit mir im Keller gelötet und einen Computer selbst gebaut.«

Auch *DB Cargo*-Chefin Sigrid Nikutta wurde von ihrer Oma geprägt: »Meine Oma war eigentlich das Familienoberhaupt, auch weil meine Eltern immer beide gearbeitet haben. Von ihr habe ich außerdem gelernt, dass Frauen immer die Finanzen machen. Meine Oma war Kriegswitwe und mit kleinen Kindern immer für sich selbst und ihre Familie verantwortlich. Diese Eigenständigkeit hat sie weitergegeben.« Von ihrer Oma hat Nikutta auch ein starkes Wertekonstrukt mitbekommen: »Sie hat nur begrenzt auf materielle Werte geachtet, am wichtigsten war Bildung. Materielle Dinge können verschwinden, aber Bildung bleibt.«

Auch wenn meine kleine Interviewreise keine repräsentative Analyse ist, finde ich es spannend, dass die Frauen, mit denen ich spreche, eine recht große Überschneidung in ihrer Kindheit haben: starke weibliche Figuren, ob Mütter oder Omas, und präsente Väter. Ein hohes Maß an Selbstständigkeit, keine typische Mädchenerziehung, Kontakt zum Arbeitsleben der Eltern, auch zu Bereichen wie Technik, IT und Finanzen. Selbst wenn viele der Frauen, mit denen ich gesprochen habe, im Laufe ihres Lebens den Blick auf Chancengleichheit und Gleichberechtigung verändert haben: Keine von ihnen, unabhängig von Alter und Herkunft, ist mit der Erwartungshaltung ins Leben gestartet, irgendwann einmal von einem Mann versorgt werden zu müssen. Außerdem teilen sie alle ähnliche Werte, wovon Bildung der größte gemeinsame Nenner ist.

Ich wünschte, ich hätte mir beim Start ins Berufsleben intensiver Gedanken über meine eigenen Prägungen und impliziten Überzeugungen gemacht. Was halte ich für normal, welche Rollenbilder und Denkmuster habe ich mitbekommen? Was habe ich durch Konditionierung, Beobachtung und Lernen am Modell vermittelt bekommen, welche Werte habe ich eigentlich mit auf den Weg bekommen? Die meisten arbeiten ihre Beziehung zu den Eltern in der Pubertät einmal auf, doch eine richtig erwachsene Reflexion mit Rollen und Werten kann in diesem Alter noch nicht stattfinden. Deshalb: Eine intensive Auseinandersetzung mit den eigenen Wurzeln und Werten schafft die Basis für gute Entscheidungen, beruflich und privat – weil man sie dann bewusst annehmen oder ablegen, als Prägungen bewusst mit ins eigene Leben aufnehmen und gezielt anders handeln kann.

Sind Sie die Assistentin?

In meinem ersten Monat als Geschäftsführerin mit 27 sollte ich einen Vortrag auf einer großen Management-Tagung halten. Ich war aufgrund eines Vorgängertermins etwas spät dran und kam am Theater an, als alle anderen schon drin waren. Zugegebenermaßen war es nicht mein bester Moment, als ich mit dem Mantel über dem Arm, der Gürtel halb am Boden schleifend, die viel zu schwere Tasche über der anderen Schulter, ins Theater stolperte. Am Empfang wollte ich gerade meinen Mantel abgeben und mir mein Namensschild – eines der letzten, das noch dalag – nehmen, als eine der Organisator:innen am Eingang mir beinahe mütterlich die Hand auf den Arm legte und mich damit bat, nicht selbst ein Schild anzufassen. »Sie sind die Assistentin vom Herrn Müller, oder? Sie dürfen leider nicht reingehen, aber sie können mir seine Sachen hier draußen geben oder im Foyer warten.« Ich hatte keine Ahnung, wer Herr Müller war und brauchte auch kurz, um zu verstehen, was sie von mir wollte – während sie ihre Hand ausstreckte für was auch immer Herrn Müller übergeben werden sollte. Zum Glück war ich direkt hinter ihr als eine der Speaker:innen mit Foto auf einem Aufsteller abgebildet. Mein ratloses Gesicht, der Mantel halb am Boden, der ausgestreckte Arm – eine andere Kollegin schoss nach vorne und begrüßte mich mit einem freudigen »Frau Trunk! Schön, dass Sie es geschafft haben!«, und während ich endlich den Mantel abgab und mein Namensschild nahm, lief die Kollegin rot an. »Entschuldigen Sie bitte«, stammelte sie, »es ist nur, dass der Herr Müller auf einen Umschlag wartet, und ich dachte …« Ich konnte es mir nicht verkneifen, die Stimmung kurz gefrieren zu lassen, als ich sagte: »Das ist eben das Erste, woran man bei einer jungen Frau denkt, stimmt's?«, und ging, ohne ein weiteres Wort zu sagen, direkt ins Theater.

Wir alle tragen den inneren Atlas, wer wohin gehört, in uns. Bereits Ende des 18. Jahrhunderts haben die ersten Forschenden entdeckt, dass unser Gehirn wie eine Art Netz strukturiert ist. Anfang des 20. Jahrhunderts entdeckten Wissenschaftler:innen eine Art Knotenpunkte in diesem Netz, in dem gewisse Begriffe miteinander verbunden sind. Gewisse Bilder, die in Begriffen gespeichert sind, wohnen sozusagen in der Nachbarschaft zueinander – während andere weiter voneinander weg wohnen.

In einem einfachen Spiel können selbst Kinder nachvollziehen, wie diese Assoziationen-Siedlungen funktionieren. Sagt zum Beispiel jemand *dunkel*, assoziiert der:die andere *Nacht*, der:dem Nächsten fällt dazu *Mond* ein, dann *Sterne* und so weiter. Man hangelt sich durch die Begriffe wie durch ein Kletternetz auf dem Spielplatz.

Die semantische Nähe zueinander wird durch verschiedene Dinge beeinflusst – unter anderem dadurch, wie nahe etwas dem Prototyp ist. Ein Spatz beispielsweise wird signifikant schneller als Vogel identifiziert als ein Strauß. Das Bild, das die Mehrzahl der Menschen bei dem Wort *Vogel* im Kopf hat, ist ein gefiedertes, eher kleines Tier, dessen Füße proportional deutlich kleiner sind als der Körper. Der Strauß wohnt vom Begriff *Vogel* eine Nachbarschaft weiter im semantischen Netz als der Spatz.

Dies ist eng verbunden mit der Prägung, die wir erleben. Der Spatz ist im Gebiet der Forschung in Europa und den USA das deutlich alltäglichere Bild eines Vogels als der Strauß. Wir lernen die Stadtkarte der semantischen Verbindungen also sehr früh und mit der Sprache.

Eine meiner Lieblingsgeschichten aus dem Interview mit der evangelischen Präses Anna-Nicole Heinrich ist ihre Erzählung von ihrem ersten öffentlichen Auftritt mit dem Bundespräsidenten. Es war der Ökumenische Kirchentag in Frankfurt und sie saß in der ersten Reihe, neben dem Bundespräsidenten und dem damaligen

Ratsvorsitzenden der evangelischen Kirche. Direkt nach dem Gottesdienst gab es für die Ehrengäste einen Empfang nebenan. Als sie neben Frank-Walter Steinmeier und Heinrich Bedford-Strohm durch die Absperrung in den VIP-Bereich wollte, drängten sich zwei Sicherheitsbeamte des BKA vor sie und erklärten ihr, dass sie hier keinen Zugang habe. Erst als der Pressesprecher den Sicherheitsleuten erklärte, wer sie war, durfte sie passieren.

Anna-Nicole Heinrich ist nicht nur sehr jung für das hohe Amt, das sie bekleidet, sie kleidet sich auch nicht so, wie man es erwartet, verstellt sich auch nicht. Mit Bauchtasche, bunten Socken und Pride-Armband ist sie sowohl vom Hugo-Boss-Hosenanzug als auch vom Chanel-Kostümchen sehr weit entfernt. Sie erinnert sich an eine weitere Situation, in der sie als Ehrengast zu einer Veranstaltung geladen war und sich – trotzdem – als eine der wenigen am Empfang ausweisen musste. Sie, die keine Konfrontation scheut, fragte ganz direkt, warum der Mann am Einlass sie angesprochen hatte. Die bunten Socken und das Armband, sagte er, seien die zwei Faktoren, die dazu geführt hätten, dass er sich gefragt habe, ob sie wirklich hier reingehöre.

Ich, wie viele der Frauen, mit denen ich für dieses Buch gesprochen habe, habe in den letzten Jahren an mir und meinem Auftreten gearbeitet, versucht, möglichst selten die Frage aufkommen zu lassen, ob ich wirklich dahin gehöre, wo ich sein wollte. Die Stimme senken, langsamer reden, weibliche, aber nicht zu auffällige Kleidung tragen und so weiter. Eine Frau erzählt mir sogar, sie habe sich eine Brille gekauft, um seriöser zu wirken. Anna-Nicole Heinrich bleibt, wie sie ist, aus gutem Grund: »Wenn ich mich anders anziehen würde, würde ich vielleicht am Eingang schneller durch die Tür kommen – aber vorne auf der Bühne würde mich dann keiner mehr erkennen. Ich wurde mit der Erwartungshaltung gewählt, dass ich eine bin, die sich nicht anpasst.«

Auch Unternehmerin und Investorin Tijen Onaran kennt das Gefühl, im falschen semantischen Netzwerk zu landen. Kürzlich saß sie auf einem Panel mit einem Schwarzen Mann und einer

Frau mit Hidschab. Der Moderator fragte jede:n der drei Teilnehmer:innen, ob sie oder er Deutsch oder Englisch spreche. Alle drei waren Deutsche. Tijens Strategie in diesen Fällen ist es, die falsche Vernetzung anzusprechen – aber meistens mit Humor: »Ich bin auch ein Typ, der in solchen Fällen einen Spruch raushaut, manchmal mit gewisser Schärfe. Das hängt immer von der Tagesverfassung ab. Aber gerade wenn es um andere Menschen geht, kommt ein gewisser Gerechtigkeitssinn dazu.«

Im 20. Jahrhundert wurde die Theorie des semantischen Netzwerks noch weiter erforscht und wird bis heute weiterentwickelt, sie ist unter anderem Basis für computergesteuerte Spracherkennung. In den Dreißigerjahren des vergangenen Jahrhunderts schlugen Forscher vor, dass das Netz mehrere Ebenen hat. Diese seien nicht nur durch einzelne Worte verbunden, sondern auch durch Zuschreibungen von Eigenschaften oder Tätigkeiten. Wir sehen auf der ersten Ebene ein Tier, das Federn hat und Körner isst. Auf der zweiten Ebene erkennen wir, dass es ein Vogel sein muss. Der Vogel ist groß und kann nicht fliegen. Auf der dritten Ebene erkennen wir, dass es ein Strauß ist.

Die Zuschreibung gewisser Verhaltensmuster und Tätigkeiten auf Basis von Assoziationen ist ein weiterer Faktor, der bestimmt, dass Frauen in einer Organisation wie selbstverständlich für andere Aufgaben vorgesehen werden als Männer.

Eine amerikanische Studie wollte herausfinden, wie sich Geschlecht in einem Bewerbungsverfahren auswirkte. Die Position, die es zu besetzen galt, war die eines Polizeichefs beziehungsweise einer Polizeichefin. Zur Auswahl standen zwei Profile: Die eine Person hatte einen höheren Bildungsgrad, die andere mehr Praxiserfahrung. Im ersten Durchgang war die Frau die Person mit mehr Bildung, der Mann hatte mehr Zeit als Streifenpolizist verbracht. Die Gruppe entschied sich für den Mann, mit der Begründung, man brauche für diesen Job ordentlich Praxiserfahrung. Im zweiten Durchgang war es umgekehrt – den Job als Chef bekam wieder der Mann. Für eine solch hohe Position sei ein hoher Bildungsgrad unerlässlich. Im semantischen Netz war das Bild des männlichen Polizisten näher am Bild des Polizeichefs als das der Frau – wenn dafür überhaupt ein Bild vorhanden war.[43]

Es gibt viele Spiele, bei denen wir unser semantisches Netz an Assoziationen entdecken können – das bekannteste ist zum Beispiel *Tabu*. Hierbei merkt man, dass man mit den Menschen, die man am besten kennt oder die einem am ähnlichsten sind, die besten Teams bildet – weil man sehr ähnlich gestrickt ist, im wahrsten Sinne des Wortes. Ähnliche Erfahrungen schaffen ähnliche Netze.

Vorbilder wirken

Vorbilder sind eine Medaille mit zwei Seiten: Zum einen tragen sie dazu bei, dass sich Assoziationen eben genauso ausbilden, wie sie das tun, und damit falsche Verbindungen verfestigen. Sie können uns aber auch helfen, aus genau diesen Mustern auszubrechen.

Am Anfang unseres Lebens sind vor allem unsere Eltern und die Menschen, mit denen wir durch unsere Eltern in Kontakt kommen, Vorbilder. Die Forschenden Moritz Daum und Anja Gampe schreiben, dass Vorbilder vor allem für die Entwicklung der eigenen Identität wichtig sind: »Wer bin ich? Wer will ich sein? Wie sehen mich die anderen?«[44]

Eltern sind daher zwar immer Modelle, an denen wir lernen, aber nicht unbedingt die besten Vorbilder. Je älter wir werden, desto mehr vergrößern wir den Radius der Menschen, mit denen wir in Kontakt kommen: Durch eigene Freund:innen und Hobbies, durch Medienkonsum und Interessen kommen wir mit berühmten Persönlichkeiten in Kontakt, bauen über die sozialen Beziehungen hinaus auch parasoziale Beziehungen auf (also Beziehungen zu Menschen, die wir gar nicht wirklich kennen, aber mit denen wir zum Beispiel über ihre TV-Präsenz in Kontakt kommen). Im Idealfall nutzen Kinder und Jugendliche ihre gemachten Erfahrungen und die Eigenschaften von Vorbildern und erarbeiten sich daraus eine eigene Identität.[45] Vorbilder haben also nichts mit unserem direkten Verhalten zu tun, sondern helfen uns, eine Identität und Persönlichkeit zu entwickeln.

Vorbilder zu finden ist für Mädchen sehr viel schwieriger als für Jungen – schlicht deshalb, weil Männer statistisch gesehen sehr viel präsenter sind. In ihrem Bestseller »Unsichtbare Frauen. Wie eine von Daten beherrschte Welt die Hälfte der Bevölkerung ignoriert« gibt Caroline Criado-Perez[46] einen Überblick über die Zahlen: In Kinderfilmen, die zwischen 1990 und 2005 analysiert wurden, entfielen nur 28 % der Sprechrollen auf Frauen. Spielt eine Frau die Hauptrolle in einem Film, ist sie maximal die Hälfte der Zeit zu sehen, dennoch haben selbst in diesen Filmen Männer doppelt so viel Sprechanteil wie Frauen. Spielt ein Mann die Hauptrolle, sind Männer dreimal so lange wie Frauen zu sehen und haben auch dreimal so viel Redeanteil. Obwohl genauso viele Frauen wie Männer Videospiele spielen, hatten auf der weltweit größten Spielemesse 2016 nur 3,3 % der vorgestellten Spiele Protagonistinnen, 2019 waren es immerhin 5 %, und 2020 stieg die Zahl auch durch die steigende Aufmerksamkeit auf 18 %. Dennoch: »Helden sind standardmäßig männlich«, fasste *Feminist Frequency* die Untersuchung zusammen.[47]

Für Unternehmerin Judith Williams waren vielleicht deswegen Frauen in ihrem Umfeld Vorbilder. Ihre erste Chefin in einer Bäckerei, die jeden Morgen um vier Uhr aufstand, um dann bis abends zu arbeiten, zum Beispiel: »Da wurde mir bewusst, wie stark Frauen der Gesellschaft Rückhalt geben können.« Später in einer Pizzeria beobachtete sie die Frau vom Chef, die eigentlich den ganzen Laden geschmissen hat. »Da wusste ich, Frauen können Chefin sein.«

Auch Sigrid Nikutta hatte nicht das eine Vorbild: »Ich hatte eher so abschnittsweise Vorbilder«, sagt sie. »Ich habe mir einzelne Dinge von Menschen herausgepickt, die ich cool fand – von Frauen und von Männern. Ich hatte zum Beispiel mal einen Vorgesetzten, der konnte im Kopf sofort die Zahlen im Dreisatz überschlagen und schnelle Aussagen treffen. Und natürlich machtvolle Frauen, die einen Einfluss ausstrahlen, um den sich andere formieren.« Vorbilder haben für sie einen ganz praktischen Vorteil: Man sieht, dass Dinge klappen können und welche Lösungen es gibt. Ähnlich ging es Miriam Wohlfarth: »Vorbilder waren Personen in meinem Leben. Zum Beispiel meine Tante, eine richtig coole Frau von Welt, die in der Stadt lebte. Und meine erste Chefin im Konzern, die sehr charismatisch war und streng, aber trotzdem menschlich.«

Tessa Ganserers Vorbilder waren die wenigen Mädchenfiguren in den Medien ihrer Zeit: Pippi Langstrumpf, die Rote Zora und Ronja Räubertochter. »Mensch schaut sich eine gewisse Eigenschaft ab, die einen beeindruckt und die eine Richtschnur sein könnte«, sagt sie. »Aber mensch darf niemanden überhöhen.«

Das findet auch Tupoka Ogette: »Ich habe das Gefühl, wenn man auf ein Podest gestellt wird, kann man auch fallen.« Sie sieht vor allem, dass Vorbilder eine Verantwortung haben. Sie selbst ist für viele ein Vorbild und sagt: »Es ist berührend, macht mich stolz, ist aber manchmal auch ein bisschen überwältigend.«

Für Tijen Onaran sind Vorbilder Fluch und Segen zugleich – vor allem dank der Scheinrealität, die Social Media aufbaut. »Gerade bei Social Media sehe ich oft, dass Leute mich kopieren oder etwas, das bei mir funktioniert hat, in abgewandelter oder sehr ähnlicher Form machen. Es bringt nichts, jemand anderen zu glorifizieren. Am Ende musst du deinen eigenen Weg gehen.« Zwischen Vorbildern und eigenem Verhalten sollte immer noch ein Schritt der Abstraktion stehen: »Es bringt nichts, jemanden einfach zu kopieren.«

Ich hatte wie Sigrid Nikutta verschiedene Vorbilder. Meine Gastmutter in Amerika, die Professorin für Statistik an der Rice University in Houston ist und eine der klügsten, witzigsten und auch weiblichsten Frauen, die ich kenne. Menschen, die ich nie getroffen habe oder nie treffen werde, Politiker:innen oder Personen der Zeitgeschichte, die ein Merkmal an sich hatten, das mich fasziniert hat: Michelle Obama, nicht nur die erste Schwarze First Lady, sondern auch die Erste, die man als gestaltende politische Kraft wahrgenommen hat. Hannah Arendt für ihre Analysen und Gedanken, Nelson Mandela für seinen Mut und die Kraft seiner Visionen. Gerade wenn man unsicher ist, hilft es manchmal, sich zu fragen, wie die oder das Vorbild in der Situation handeln würde –

wissend, dass es immer eine Interpretation dessen ist, was man selbst in sein Vorbild projiziert. Vorbilder können helfen, Eigenschaften, die man in sich trägt, klarer zu definieren. Und schneller Dinge zu lernen, die man für ebendiese spezielle Situation braucht.

Die sieben Fallen der Tradition

Nicht alle Dinge, die wir durch Sozialisierung gelernt haben, helfen uns auf dem Weg in Richtung Positionen relevanter Mitbestimmung. In diesem Kapitel möchte ich sieben Glaubenssätze benennen, die uns auf besagtem Weg ausbremsen können und die mir vor allem in den ersten Berufsjahren häufig begegnet sind. Wir werden nicht alle Fallen komplett aus dem Weg räumen können, aber sich bewusst zu machen, dass es sie gibt und dass wir ganz natürlich reintappen, wenn wir uns nicht vorher dagegen wappnen, ist die halbe Miete.

EINS: Laute Mädchen nerven

Schon weiter vorne habe ich über die verblüffenden Parallelen zwischen den Antworten meiner Interviewpartnerinnen geschrieben, wenn es um Prägung und Tradition geht. Eine weitere davon ist das Selbstbewusstsein, das bei vielen der Frauen zu Hause gefördert wurde.

Aufsichtsrätin Simone Menne erinnert sich an ihre Kindheit: »Ich war das erste und einzige Kind meiner Eltern und auch das erste Kind im ganzen Freundeskreis. Das hat dazu geführt, dass alles, was ich gemacht habe, mit einer gewissen Bewunderung betrachtet wurde. Ich wurde in allem, was ich tat, bestätigt.«

Auch *Global Digital Women*-CEO Tijen Onaran nennt das Urvertrauen, das ihre Eltern ihr mitgegeben haben, das größte Kapital: »Egal was ist, wir haben dich trotzdem lieb. Sie haben mir mitgegeben, dass ich stolz sein kann auf die Dinge, die ich erreiche. Dass ich sehr stark bin. Dass ich mich nicht anpassen muss, um angenommen zu werden.«

Ratepay-Gründerin Miriam Wohlfarth hat ähnliche Erfahrungen gemacht: »Meine Mutter hat sich, glaube ich, gewünscht, dass sie mir ganz viel Selbstbewusstsein mitgibt. Mit sieben hat sie mich in die Stadt geschickt, um Sachen umzutauschen. Mit acht war ich allein im Zug durch halb Deutschland unterwegs, um meine Tante zu besuchen. Sie wollte mir mitgeben: Trau dich, hab keine Angst, mach! Und mein Vater wollte, dass ich Spaß habe an dem, was ich mache. Meine Eltern haben mir Werte mitgegeben, die mich sehr stark gemacht haben: Du musst dich nicht unterordnen, wenn es dir wo nicht gefällt.«

Auch Autorin und Trainerin Tupoka Ogette hat gelernt, selbstbewusst zu denken: »Ich habe von meiner Mutter mitbekommen, dass man Sachen hinterfragen darf. Nur weil etwas legal ist, heißt das noch nicht, dass es richtig ist. Apartheid war auch legal. Wenn du etwas liest oder hörst oder siehst, darfst du das auch anzweifeln, denn es gibt unterschiedliche Perspektiven.«

Frauen und Selbstvertrauen ist allerdings keine selbstverständlich positive Verbindung. Dass zu viel Selbstbewusstsein gerade Mädchen nicht ganz nach oben im sozialen Ranking bringt, habe ich sehr früh in der Schule gelernt. Ich war vor allem in den letzten Jahren meiner Schulzeit das, was man positiv formuliert *engagiert* nennt. Ich war Klassenstufensprecherin und Vorsitzende jedes Arbeitskreises, den man sich nur vorstellen kann. In der zwölften Klasse organisierte ich ein Benefizkonzert, mit dem wir unsere Abiturverabschiedung finanzierten, sodass jede:r Schüler:in kostenlos die ganze Familie mitbringen konnte. Als das Geld nicht für belegte Brötchen reichte, startete ich einen *Bayernstand* beim Schulfest, an dem wir Aufbackbrezeln unverschämt teuer verkauften und eine wahnsinnige Gewinnmarge machten. Kurz vor dem Abitur zog ich noch gegen den Hausmeister in den Kampf, weil dieser uns einen Faschingsball verbieten wollte.

Während die Mehrheit meiner Mitschüler:innen mich für meine dauernden Initiativen respektierte, sich über die daraus resultierenden Partys freute oder zumindest froh war, dass sich jemand kümmerte, bekam ich von den meisten meiner Lehrer:innen das Signal, dass ich vor allem eins war: wahnsinnig *anstrengend*. Mehrmals sagten Einzelne, dass es mir am Ende vor allem um Aufmerksamkeit für mich selbst gehe, dass ich gerne im Mittelpunkt stehen wollte. Sie trafen einen wunden Punkt, denn seit der ersten Klasse bekam ich das Feedback: *Du bist ganz schön laut.*

Vor allem in der Unter- und Mittelstufe nahm ich mir jedes Jahr vor, weniger *laut* zu sein. Meine Challenge war: Wie lange schaffe ich es zu Beginn eines neuen Schuljahres, dass ein:e Lehrer:in sich meinen Namen nicht merkt, also dass ich weder positiv noch negativ auffiel. Leider klappte es nie sonderlich lange und ich merkte, dass es unabhängig von der Häufigkeit meiner Redebeiträge dazu kam, dass Lehrende sich meinen Namen merkten. Meine Referenzgruppe war mein Mitschüler Markus, dessen Namen die meisten Lehrer:innen auch am letzten Schultag noch nicht kannten. Wenn Markus etwas sagte, sagte ich auch etwas und so weiter. Ich nahm es mir zwischenzeitlich zu Herzen, dass Markus so lange unentdeckt blieb und ich meist schon nach der ersten Unterrichtsstunde erinnert wurde. Es bedeutete: ich war wieder *laut* gewesen. Laut war gleich anstrengend und keiner mochte anstrengend. Markus war zwar auch nicht wahnsinnig beliebt, aber: Keiner hätte über ihn gesagt, er sei anstrengend, die Hälfte wusste, wie gesagt, nicht einmal von seiner Existenz.

In meinem heutigen Job empfinde ich es als Geschenk, schnell wahrgenommen und auch erinnert zu werden. Doch wie für viele Mädchen war es für mich in der Schulzeit die höchste Währung, gemocht zu werden. Entscheidend war hierbei der Unterschied zwischen gemocht und respektiert werden. Respektiert wurde man für gute Noten, wenn man Sachen organisierte und wenn man in Diskussionen gute Argumente hatte. Respektiert gab einen gewissen Status im sozialen Schulgefüge, denn alle wollten abschreiben und wussten, dass man sich aufeinander verlassen kann. Doch für Respekt wurde man auf keinen Geburtstag eingeladen und bekam auch keine Liebesbriefe. Dafür musste man gemocht werden.

Ich wollte also, dass möglichst viele Leute mich nett fanden. Ich begann unbewusst zu analysieren, was dazu führte, dass man gemocht wurde. Das eine war, möglichst wenig zu polarisieren. Eine starke Meinung konnte anecken, was zu Konflikt führte, und Konflikt war das Gegenteil von gemocht werden. Niemals sollte man den Eindruck erwecken, im Mittelpunkt stehen zu wollen, auch wenn man es insgeheim wollte, denn der Drang danach war etwas, wofür man nicht gemocht wurde. Man sollte nicht zu viel Redeanteil einnehmen. Man sollte einigermaßen gut ausschauen, also einigermaßen coole Klamotten kaufen und nach Möglichkeit auch dünn sein. Und man sollte auf keinen Fall erwähnen, dass man gute Noten schrieb, denn dann wurde man nicht nur nicht gemocht, dann war man auch noch eine Streberin, was im besten Fall Respekt einbrachte, aber mehr auch nicht.

Die Königin des Abschlussballs in amerikanischen Filmen, also das beliebteste Mädchen ihres Jahrgangs, ist niemals *laut*. Sie ist schlank und schön, lacht in angemessener Lautstärke über die Witze der Jungs, hört den Liebesproblemen ihrer Freundinnen zu und ist *lieb*. Lieb wiederum ist nicht gleichzusetzen mit *brav*, denn die Prom Queen kann durchaus beim Petting mit dem schönsten Jungen der Schule erwischt werden oder den Unterricht schwänzen, um Alkohol zu trinken. *Lieb* ist eine Bezeichnung, die Mädchen schon im Kleinkindalter als Ideal verkauft bekommen. Ein *liebes Mädchen* ist, wer nach den Regeln des sozialen Status quo spielt.

Für den Prom King gelten andere Regeln: Der König des Abschlussballs ist zwar ebenfalls sehr attraktiv, hat aber grundsätzlich andere Attribute. Er steht überall vorne dran, ob in der Sportmannschaft oder im Klassengefüge. Er ist der, der den Pokal entgegennimmt, wenn sein Team gewinnt. Er ist der, der seine Freunde verteidigt.

Highschool-Filme und zahlreiche Studien zeigen: Die Art, wie wir Kinder während der Ausbildung behandeln und bewerten, unterscheidet sich enorm. Der Begriff der unterschiedlichen *Erzie-*

hungswelten bringt dies gut auf den Punkt. Jungen haben es einigen Studien zufolge vor allem im Kindergarten und in der Grundschule schwerer, weil sie härter bewertet werden und weniger Aufmerksamkeit bekommen; das führt dazu, dass Mädchen im Schnitt deutlich bessere Noten schreiben – während über die Hälfte der Mädchen in Deutschland Abitur macht, ist es nur etwa ein Drittel der Jungen.[48] Andere Studien legen nahe, dass genau diese mangelnde Aufmerksamkeit Jungen einen Startvorteil gegenüber Mädchen gibt: Eltern sprechen mehr mit weiblichen als mit männlichen Babies,[49] was erklärt, warum Mädchen durch die Bank sehr viel besser in Fächern wie Deutsch oder Fremdsprachen sind, in MINT-Fächern jedoch zurückfallen. Mütter überschätzen die Krabbelfähigkeit ihres kleinen Jungen, während diese Fähigkeit bei Töchtern unterschätzt wird.[50] Mütter verbringen mehr Zeit damit, Töchter zu trösten, während sie bei Jungen länger zuschauen, wie diese sich selbst beschäftigen.[51]

Deutsche Bahn-Vorstandsmitglied Sigrid Nikutta war ein ähnliches Kind wie ich, wie sie lachend auf unserer Fahrt erzählt: »Aus den Erzählungen meiner Eltern war ich schon immer sehr, sehr selbstbewusst. Ich wusste schon immer sehr klar, was ich wollte, und habe das durchgesetzt mit allen Mitteln, die man so als Kind hat. Meine Mutter erzählt gerne, dass sie mal in den Kindergarten einbestellt wurde, weil ich, als es ums Aufräumen ging, immer alle eingeteilt und mich selbst dann auf die Toilette zurückgezogen habe.« Und trotzdem haben ihre Eltern ihre Vorstellungen und Wünsche ernst genommen: »Ich habe zum Beispiel sehr klar erklärt, dass ich aufs Gymnasium gehe. Meine Eltern tendierten zur Realschule, aber ich habe das durchgesetzt – und meine Eltern haben mich ab der Sekunde auch unterstützt.«

Als Simone Menne mir von ihren Erfahrungen als *lautes Mädchen* erzählt, erkenne ich mich direkt wieder: »Ich war nie die Nette, sondern meist die, die respektiert wurde für das, was sie hinkriegt und wie sie sich engagiert. Ich war definitiv ein lautes Mädchen: war Klassensprecherin und Mannschaftskapitänin.«

Nicht alle Frauen machten dieselben Erfahrungen. Alice Hasters beschreibt, wie sie vor allem versucht hat, den Erwartungshaltungen, die sie an sich selbst gespürt hat, gerecht zu werden. Eine der bildlichsten Anekdoten aus ihrem Buch ist, finde ich, wie sie als Kind auf die Frage nach einem Brauch aus ihrer Heimat in eine Zwickmühle kam: Ihre Heimat war Köln-Nippes, aber da sie das einzige Schwarze Mädchen in der Klasse war, war die Erwartungshaltung, dass sie eine unglaublich exotische Geschichte zu erzählen hätte. »Als Kind hat man keinen Ausdruck für diesen Stress, diesen Druck, unter dem man steht. Ich habe viel beobachtet. Meine Strategie war, zu verstehen, was Leute von mir wollen.« Sie erfand also eine Story von Traumfängern, die alle faszinierte, aber völlig erlogen war. »Irgendwann habe ich verstanden, dass ich als Schwarzes Mädchen so exotisiert werde und versucht, mich anzupassen. Was muss ich tun, damit die Leute zufrieden sind mit meiner Antwort? Ich wollte die Leute ja gerne zufriedenstellen, obwohl meine Mutter mich ermutigt hat, zu widersprechen.«

Eine ähnliche Erfahrung hat auch Tessa Ganserer gemacht: »Bis zum Hauptschulabschluss war ich gar nicht *laut*, eher im Gegenteil. Zum Ende meiner Schulzeit habe ich vor allem versucht, den Erwartungshaltungen, die an mich als männlich gelesenen jungen Menschen gestellt wurden, gerecht zu werden.«

Die Erfahrungen von Tessa und Alice erinnern mich an meinen sehnlichen kindlichen Wunsch, wie der unsichtbare Markus zu sein: leise und, da ist das Wort wieder, *normal*. Es schien einfach so viel einfacher, leise zu sein. Sheryl Sandberg beschreibt in ihrem Buch, wie das schlechte Image der *lauten Mädchen* sich auch ins Erwachsenenalter durchzieht: Bei einem Dinner mit hochrangigen Manager:innen hielt ein Ehrengast einen Vortrag. Vier Männer unterbrachen ihn, um Fragen zu stellen, und er antwortete ohne Umschweife. Als Sheryl ihn unterbrach, bat er sie, ihn bitte ausreden zu lassen. Als die andere anwesende Frau ebenfalls unterbrach, um eine Frage zu stellen, fuhr er sie an, dass die Unterbrechung unhöflich sei.

Die Ingenieurin Katharina Helten war in der Schule eine andere Form von *lautem Mädchen*: extrem gut in Mathe. »Du nimmst in der Schule definitiv war, dass du besonders bist. Du kannst daraus gestärkt hervorgehen – gerade, wenn du zu Hause Role Models hat – oder du ziehst dich zurück.« Aus einem Ingenieurshaushalt kommend, war Mathe von vornherein als Lieblingsfach gesetzt. Aufgrund ihrer Erfahrungen vertritt sie die These, dass die MINT-Branche – eine absolute Männerdomäne – beim Wandel zu mehr Diversität im Vergleich zu anderen Branchen auch von der besonderen Situation profitieren kann: »Frauen in MINT-Berufen erleben schon sehr früh die ersten Rückschläge. Du erlebst hundertmal, dass du anders bist und dich behaupten beziehungsweise erklären musst. Später sprechen dich Leute mit *Herr* an, auch das kennst du irgendwann. So lernst du Mechanismen der Macht wie auch der Diskriminierung früher als in anderen Bereichen kennen und bist weniger naiv, weniger geschockt über Gläserne Decken.«

Ähnlich wie Begriffe und Sprachbilder brauchen also auch einige der Stereotypen, die wir in uns tragen, ein absolutes Rebranding. Welche Verhaltensweisen haben wir als *normal* gelernt, welchen haben wir uns angepasst, weil wir geglaubt haben, sie verkörperten den besten Weg? Mir fallen bis heute Züge an mir auf, die ich irgendwann einmal angenommen habe, und erst später merkte ich, wie dysfunktional sie für mein berufliches Leben sind. Genau wie in puncto Rollenbilder und Denkmuster muss man mit den Stereotypen aufräumen, die wir gelernt haben und unbewusst leben.

ZWEI: Everybody's Darling Is Everybody's Fool

Wie schon beschrieben, hat es mich lange Zeit ziemlich beschäftigt, wenn Menschen mich nicht mochten. Dabei war es auch nicht wichtig, ob die Person einen Grund dafür hatte, mich nicht zu mögen. Ich empfand es einfach als wahnsinnig ungerecht und hatte das dringende Bedürfnis, sie von meiner Liebenswürdigkeit und -wertigkeit zu überzeugen.

Dementsprechend war es auch unglaublich schwer für mich, harte Gespräche zu führen. Eine Kollegin, beispielsweise, die ich mit Mitte 20 in meinem Team hatte, wollte gerne aus dem Ausland arbeiten. Wir kannten uns einige Jahre vor unserer Zusammenarbeit und hatten auch schon ein paar lustige Abende in Bars verbracht. Da ich um die private Komponente ihres Auslandseinsatzes wusste, wollte ich ihr das gerne ermöglichen. Doch schnell merkte ich, dass es fürs Team und auch für mich einfach nicht funktionierte: Ihre Leistungen sanken rapide ab, die Stimmung schwankte und Gespräch um Gespräch scheiterte, schließlich kamen andere Kolleg:innen zu mir und sagten, die Zusammenarbeit sei nicht mehr tragbar. Ich war zum einen persönlich enttäuscht, dass sie die gebotene Chance nicht nutzte. Zum anderen musste ich in den persönlichen Konflikt gehen und sie nach Deutschland zurückholen. Sie beschimpfte mich, schickte mir Nachrichten ihrer Schwiegereltern weiter, die mich als Familienzerstörerin hinstellten. Sagte mir, dass es meine Schuld sei, wenn ihre Ehe nun in die Brüche ginge. Kurz: Ich ließ die ganze Situation viel zu nahe an mich ran und hatte den Punkt verpasst, zwischen professioneller Distanz einer Chefin und dem persönlichen Mitgefühl mit einer Freundin die Grenze zu ziehen.

Inzwischen ist meine oberste Erwartung im Berufsleben nicht mehr, dass Menschen mich ausschließlich mögen. Ich kann sehr gut mit Leuten zusammenarbeiten, mit denen ich nicht in den Urlaub fahren möchte. Manchmal schätze ich sogar die Distanz, denn sie macht Entscheidungen sehr viel leichter. Dinge wie Respekt, Wertschätzung oder Fairness haben nichts mit persönlicher Sympathie zu tun. Ich kann einen Menschen sogar völlig unsympathisch finden und ihn trotzdem respektieren. Meine Kolleg:innen, Mitarbeitende, Chef:innen und Geschäftspartner:innen sind nicht meine Freund:innen, und das ist gut so. Natürlich entstehen aus der einen oder anderen Verbindung nach vielen Jahren Freundschaften, und auch Menschen, die man lange kennt und Freund:innen nennt, kommen ins berufliche Umfeld. Doch ich verliere heute keine Sekunde Schlaf mehr, wenn mich ein Kollege oder eine Kollegin, den oder die ich sehr gerne mag, nicht zu seiner/ihrer Hochzeit einlädt.

Dazu hat auch geführt, dass ich irgendwann erkannt habe: Erfolgreich *und* beliebt zu sein, sind bei Frauen leider zwei Dinge, die sich oft ausschließen. Karriere und Sympathie korrelieren bei Männern positiv, bei Frauen negativ, wie Christiane Funken in ihrem Buch »Sheconomy« schreibt.[52] Der bildlichste Beleg für diese These ist die inzwischen recht bekannte »Howard-und-Heidi-Roizen-Studie«.[53] Eine Uni-Klasse wird in zwei Gruppen aufgeteilt, beide Gruppen erhalten denselben beeindruckenden Lebenslauf einer Person: Elite-Uni, eine erfolgreiche Karriere im Investment-Banking. Sie sollen beurteilen, wie sympathisch ihnen die Person ist, deren Lebenslauf sie vor sich liegen haben. Der einzige Unterschied zwischen den Gruppen: Einmal steht über dem Lebenslauf *Howard*, also ein männlicher Name, einmal *Heidi*. Fast alle Studierenden der Howard-Gruppe schätzten ihn als sympathischen, leistungsbereiten, authentischen Unternehmer mit einer gesunden Portion Ehrgeiz ein, für den sie gerne arbeiten wollten. Die Gruppe, die Heidi beurteilen sollte, schätzte sie als zu ehrgeizig ein, unterstellte ihr soziale Defensive, fanden sie *nicht weiblich* genug – für Heidi wollte fast keiner arbeiten.

Lou Dellert hat als Influencerin eine ganz andere Beziehung zum *Gemochtwerden* – in Likes ist die Sympathie, die ihr entgegengebracht wird, ganz anders messbar. »Am Anfang meines Berufslebens als Influencerin war es fast eine Droge für mich, gemocht zu werden. Das war letztendlich der Antrieb für alles, was ich gemacht habe«, erinnert sie sich. »Über die Jahre habe ich ein Verständnis entwickelt, dass ein Like nicht gleich bedeutet, dass ein Mensch dich mag – und gleichzeitig, dass ich mir nicht alles zu Herzen nehmen muss, was Menschen im Internet über mich schreiben.« Für sie ist das Nichtgemochtwerden auch eine Art

Emanzipation und Erwachsenwerden: »Es gibt einen gewissen Punkt, ab dem können dich nicht mehr alle mögen. Du kannst es nicht mehr allen recht machen. Es kann auch toxisch werden.« Gerade der Themenwechsel von Fitness hin zu politischeren und Klima-Inhalten war ein Wendepunkt, der auch klargemacht hat, dass manche Themen rechtfertigen, einen Konflikt zu riskieren: »Gerade Themen wie Feminismus oder Nachhaltigkeit emotionalisieren und werden auch diskutiert. Da braucht es *laute* Frauen, die Stellung beziehen und natürlich auch zum Diskurs einladen. Aber ich muss mir die Frage stellen: Von wem möchte ich gemocht werden, bei wem ist es mir egal? Und welche Themen sind so wichtig, dass ich Stellung beziehen muss?«

Weiter vorne habe ich unter dem Punkt *Schwierigsein* bereits das Thema Konfliktfähigkeit angesprochen und dass ich das Streiten erst lernen musste. Tatsächlich war der Wunsch, gemocht zu werden, ein weiterer, der mich davon abgehalten hat, in Konflikte zu gehen, auch wenn sie notwendig waren. Während Streits mit meiner Mutter in der Regel schnell in einem beleidigten *Dann sag ich halt gar nichts mehr!* enden, geht mein Vater direkt in den Frontalangriff. Eine Diskussion über die mangelnde Frauenförderung in der CDU kippt schnell in einen grundsätzlichen und sehr persönlichen Angriff, der schon nach kurzer Zeit gar nichts mehr mit der Union oder ihrem Frauennachwuchs zu tun hat. Über viele Jahre hinweg folgten auf eigentlich banale Streitigkeiten Monate oder sogar Jahre der Funkstille, einfach, weil die Angriffe so persönlich und unsachlich waren, dass sie richtige Verletzungen hervorbrachten. Eine Sache, die ich im Berufsleben also von Grund auf lernen musste, war, dass Konflikte gut sind, dass man in der Sache streiten kann und dass nicht jede Auseinandersetzung persönlich, schmerzhaft oder in einem Kontaktabbruch endet.

Tupoka ist die Erste, die das treffende englische Wort *pleasing* verwendet, das so schön zusammenfasst, was die Themen *liebes Mädchen* und *beliebtes Mädchen* eint: »Ich lerne das immer noch, auch in meinen Vierzigern wird es sich durchziehen zu lernen,

Grenzen zu ziehen, zu lernen, nein zu sagen und auszuhalten, dass einen mal jemand nicht toll findet. Es wird immer besser, ich werde immer klarer, weil ich merke: Ich habe gar nicht mehr so viel Zeit auf dieser Welt. Will ich mein Leben damit verbringen Dinge zu sagen, zu tun, Menschen in meinen Raum zu lassen, die mir eigentlich gar nicht guttun?«

Hier denke ich wieder an das Wort *Loyalität*, das ich an früherer Stelle thematisiert habe. Nur ein kleiner Kreis von Leuten sollte unsere Loyalität haben und nur ein kleiner Kreis von Leuten sollte uns ein schlechtes Gefühl geben dürfen. Zur Visualisierung hilft mir die Idee von selbstwertrelevanten Bereichen aus der Psychologie: Ich muss nicht in allem gut sein und ich muss nicht von allen gemocht werden. Ich bin beispielsweise wahnsinnig schlecht in Ballsportarten, meine Koordinationsfähigkeit ist einfach nicht der Hit. Wenn jemand zu mir kommt und sagt: *Du bist eine katastrophale Volleyballspielerin!*, dann juckt mich das überhaupt nicht. Wenn jemand kommt und sagt: *Du bist eine schlechte Chefin*, dann trifft mich das schon eher, denn das ist ein Bereich, aus dem ich wirklich Selbstwert ziehe. Genauso ist es nicht nur, *was* gesagt wird, sondern auch, *wer* es sagt. Sagt meine Mutter zu mir, sie hält mich für einen schlechten Menschen, trifft mich das deutlich mehr, als wenn der oder die Lebensgefährt:in einer Freundin, den oder die ich fünfmal gesehen habe, das sagt. Also: Definiere wem du Macht über deine Stimmungslage und Gedanken gibst. Du hast nur 24 Stunden am Tag Zeit, überlege dir genau, wem und was du Energie und Hirnleistung schenkst. Auf der Gegebenseite der Gleichung steht: Du wirst nicht von allen gemocht werden und das ist völlig okay.

DREI: Das Impostor-Syndrom

Das liebste Buch meiner Schullektüre war Thomas Manns »Die Bekenntnisse des Hochstaplers Felix Krull«. In der zwölften Klasse hatte sich rumgesprochen, dass ich Einserschülerin war, und so las ich das Buch nicht nur für mich selbst, sondern auch für meine Freundin Lena, die mich im Gegenzug für meine gute Zusammenfassung mit zu den sozial sehr viel höher gestellten Sport-Leistungskurs-Treffen nahm. Gar nicht so weit weg von Felix Krull, der es durch eine Reihe geschickter Beobachtungen, Beziehungsdeals und Rollenspiele schafft, sich auf der sozialen Leiter nach oben zu mogeln. Der Sohn eines von der Insolvenz in den Selbstmord getriebenen Schaumweinfabrikanten endet in Thomas Manns unvollendetem Werk als wohlhabender Graf auf dem Weg nach Südamerika.

Felix Krulls Hochstapeleien faszinieren und unterhalten beim Lesen, doch vor allem Gruppen, die von einer Form der Diskriminierung betroffen sind, ertappen sich dabei, wie sie nach Parallelen suchen. Denn das *Impostor-Syndrom,* auch *Mogelpackungs-* oder *Hochstapler-Syndrom* genannt, ist ein psychologisches Phänomen, bei dem Menschen von massiven Selbstzweifeln geplagt werden, anstatt sich über die eigenen Erfolge zu freuen und stolz auf sich zu sein. Sie führen die Gründe für ihren Erfolg auf äußere Faktoren wie Glück oder Zufall zurück. Lob können sie meist nur schwer annehmen aus der Überzeugung heraus, andere Menschen würden sie überschätzen. Die Selbstzweifel können so groß werden, dass die Betroffenen in der ständigen Angst leben, jemand könnte sie als Betrüger:in entlarven.

Die Wissenschaftlerinnen Pauline R. Clance und Suzanne A. Imes waren 1978 die Ersten, die über das Impostor-Syndrom sprachen.[54] In einer Studie wiesen sie nach, dass viele sehr erfolgreiche Frauen glauben, sie seien nicht besonders intelligent und ihre Leistungen würden überschätzt. Später wurde nachgewiesen, dass das

Phänomen auch Männer betrifft – vor allem aber Schwarze Menschen. Obwohl es nicht als psychische Störung eingeordnet wird, gilt es als Persönlichkeitsmerkmal.

Attribution, das heißt die Zuschreibung von Ursachen auf Handlungen und Verhalten, ist ein ganz entscheidender Faktor und es ist sinnvoll, sich frühzeitig damit auseinanderzusetzen, wie man selbst attribuiert. Fritz Heider hat 1958 die Grundlage für alle Attributionstheorien gelegt, indem er zwischen *internen* und *externen* Attributionen unterscheidet. Einfach zusammengefasst bedeutet externe Attribution, dass die Umstände oder die Situationen Schuld an einem Verhalten sind. Intern bedeutet, dass es am Charakter oder den Persönlichkeitseigenschaften der Person liegt. Die Attributionstheorien wurden seitdem stetig weiterentwickelt, doch reicht die Unterscheidung zwischen intern und extern, um die mögliche Ursache des Impostor-Syndroms zu verstehen.

Es führt vereinfacht gesagt dazu, dass wir unsere Erfolge extern attribuieren *(Ich hatte halt Glück!)* und unsere Misserfolge intern *(Ich war halt zu doof!)*. Das führt dazu, dass wir Erfolge nicht positiv auf unseren Selbstwert verbuchen, Misserfolge aber dafür negativ. Weiter vorne habe ich die *DB Cargo*-Chefin Sigrid Nikutta zitiert, die den Satz sagte: »Bei Männern gibt es eine Erfolgserwartung, bei Frauen eine Misserfolgserwartung.« Diese Beobachtung zeigt auch, dass das Impostor-Syndrom keine rein persönliche, sondern eine gesellschaftlich-systemische Angelegenheit ist. Ein guter Freund, der lange in einem Tabakkonzern tätig war, sagte mir einmal: Überleg dir bei jedem Projekt zuerst, auf wen du es schieben kannst, wenn es nicht gut geht. Was er beschreibt, ist eine höchst selbstwertdienliche Herangehensweise: Wenn es klappt, lag es daran, dass ich so gut war. Wenn es nicht klappt, lag es nicht an mir.

»Manchmal denke ich im Spaß, ich hätte gerne so ein Ego wie ein *weißer* Mann«, sagt Tupoka halb im Scherz. »Impostor ist etwas, das total bremst. Eine Frau sagte einmal zu mir: Ich bin seit 30 Jahren in diesem Unternehmen und habe jeden Tag Angst, dass die

Leute merken, dass ich nichts kann. Damit versperrt man sich selbst Räume und es kostet Kraft.« Auf die Frage, warum vor allem Gruppen, die Diskriminierung erfahren, von Impostor betroffen sind, vermutet sie: »*Othering* führt mit Sicherheit zu Impostor. Immer wieder Räume zu betreten, wo man das Gefühl hat, da darf man eigentlich nicht rein. Nicht nur physische Räume, auch bestimmte Benchmarks, bei denen man denkt: Mir wurde hier etwas gegeben und wenn ich jetzt nicht überperforme, dann kann mir das auch wieder weggenommen werden. Das knüpft an Erfahrungen aus der eigenen Biografie an.«

Das Gefühl, nichts zu können und nicht genügend wert zu sein, hat nichts mit den tatsächlichen Fähigkeiten zu tun. Tijen Onaran schreibt auf Instagram und LinkedIn häufig über das Gefühl vor einem Auftritt, die Angst, nicht genug zu sein. Auch Judith Williams, die heute eine sehr erfolgreiche Unternehmerin ist, kennt das Gefühl: »Ich habe mich ganz klein und unfähig gefühlt. Mein Vater hat schon immer einen Running Gag draus gemacht und gesagt: Du hast ein Problem mit deinem Kopf, wenn nicht ankommt, wie toll du bist!«

Je mehr junge Frauen ich als Mentorin berate, desto klarer wird mir, wie groß das Problem eigentlich ist. Die Frauen, die ich auf ihrem beruflichen Weg begleite, bedanken sich um ein Vielfaches öfter für meine Zeit als die Männer. Wenn ich eine Frau mit zu einem Event nehme, fragt sie mich fünfmal, ob es denn nun wirklich kein Problem ist, während der Mann sich einfach über das Ticket freut. Auch die klare Ansage, dass Nachwuchsförderung durchaus Teil meines Jobs ist und ich die Person nicht aus Langeweile oder nach Zufallsprinzip ausgewählt habe, sondern in der Regel, nachdem sie mich mit irgendwas ziemlich beeindruckt hat oder ich Potenzial in ihr sehe, wirkt bei Männern meist deutlich schneller als bei Frauen. Sich für etwas abzufeiern, das man erreicht hat – oder sogar für etwas abzufeiern, für das man nur einen Beitrag geleistet hat –, scheint Frauen sehr viel schwerer zu fallen als Männern.

Auch wenn Impostor die sneaky Angewohnheit hat, sich immer mal wieder und gelegentlich auch kurz vor wichtigen Präsentationen oder großen Auftritten in mein Leben zu schleichen, hatte ich ein Schlüsselerlebnis, durch das ich den Hochstaplerkomplex ein für alle Mal abgelegt habe. Nach meinem Bachelor-Studium machte ich den Aufnahmetest für die Deutsche Journalistenschule in München, nach meinen Recherchen ein extrem hartes Verfahren. Von den laut der Schule über 1000 Bewerber:innen wurden 30 Schüler:innen aufgenommen. Gut ein halbes Jahr vor dem Test lernte ich also Allgemeinwissen, las wie eine Irre Zeitung und hangelte mich von Runde zu Runde. Während dieser Zeit erzählte ich meinem Studioleiter, einer befreundeten Politikerin und meinem Vater von dem aufreibenden Verfahren. Als ich schließlich angenommen wurde, gab mir jeder der drei, unabhängig voneinander, das Feedback: *Na klar, da habe ich schon dafür gesorgt, dass das klappt!* Ich habe meinen damaligen Schulleiter, mit dem ich heute eine freundschaftliche Beziehung pflege, gefragt, ob eine Einflussnahme möglich war – er verneinte vehement, es seien auch viel zu viele unterschiedliche Instanzen beteiligt gewesen, um Einfluss zu nehmen. Auch, wenn sie es vermutlich alle gut meinten: Jede:r der drei wollte meinen Erfolg sich selbst zuschreiben – und mir damit die Möglichkeit nehmen, meine eigenen Fähigkeiten und mein Wissen dafür verantwortlich zu machen, dass ich aufgenommen worden war. Seitdem jedenfalls überlege ich sehr genau, wem oder was ich die Schuld an meinen Erfolgen und auch Misserfolgen gebe.

Überprüfe also nach jedem Erfolg oder Misserfolg – und das kann auch sein, dass sich ein:e Mentor:in Zeit für dich nimmt –, auf wen du attribuierst. Es schadet bestimmt nicht, bei Fehlern erst einmal den Grund bei sich selbst zu suchen und zu überlegen, was man daraus lernen kann. Aber es ist sehr viel selbstwertdienlicher, sich ab und zu mal für die Sachen, die man kann und geschafft hat, abzufeiern – und die Sachen, die nicht geklappt haben, auch mal auf die äußeren Umstände zu schieben. Bau dir eine Art Impostor-Alarm in deinen Alltag ein, sodass du dich selbst ertappen kannst, wenn du mal wieder falsch attribuierst: Zwing dich zum Beispiel jedes Mal, bevor du dich über einen Fehler ärgern oder bei jemandem für ein Erfolgserlebnis bedanken willst, kurz innezuhalten. Welche Blickwinkel gibt es noch, außer dass du für den Fehler und jemand anderes für den Erfolg verantwortlich ist? Und welche Fakten sprechen für welche Version? Es kostet zwar ein bisschen Zeit und Gehirnschmalz, aber: Du machst dir das Leben und auch den Erfolg damit leichter!

VIER: Die Denkspirale

Um die Denkspirale zu verdeutlichen, nehme ich gerne das Beispiel des Psychologen Paul Watzlawick aus seinem Buch »Anleitung zum Unglücklichsein«:

»Ein Mann will ein Bild aufhängen. Den Nagel hat er, nicht aber den Hammer. Der Nachbar hat einen. Also beschließt unser Mann, hinüberzugehen und ihn auszuborgen. Doch da kommen ihm Zweifel: Was, wenn der Nachbar mir den Hammer nicht leihen will? Gestern schon grüßte er mich nur so flüchtig. Vielleicht war er in Eile. Aber vielleicht war die Eile nur vorgeschützt, und er hat etwas gegen mich. Und was? Ich habe ihm nichts angetan; der bildet sich da etwas ein. Wenn jemand von mir ein Werkzeug borgen wollte, ich gäbe es ihm sofort. Und warum er nicht? Wie kann man einem Mitmenschen einen so einfachen Gefallen abschlagen? Leute wie dieser Kerl vergiften einem das Leben. Und dann bildet er sich noch ein, ich sei auf ihn angewiesen. Bloß weil er einen Hammer hat. Jetzt reicht's mir wirklich. – Und so stürmt er hinüber, läutet, der Nachbar öffnet, doch noch bevor er ›Guten Tag‹ sagen kann, schreit ihn unser Mann an: ›Behalten Sie Ihren Hammer, Sie Rüpel!‹«[55]

Wenn ich mit Frauen am Anfang ihres Berufslebens spreche und auch mich selbst reflektiere, ist die Denkspirale eine große Hürde. Wie viele Gedanken man sich macht!

»Entschuldige, du bist bestimmt total beschäftigt, bestimmt arbeitest du gerade an etwas Wichtigem, aber ich wollte nur kurz fragen ...«

»Kann ich das einfach so schreiben, der denkt doch dann, ich meine das, und vielleicht denkt der auch ...«

»Du hast dich jetzt gar nicht mehr gemeldet, deshalb dachte ich, du wolltest vielleicht nicht, oder vielleicht hast du auch etwas anderes gedacht ...«

Gerade im Studium steckte ich oft in der Denkspirale, mutmaßte in Praktika und Nebenjobs, was Chef:innen und Kolleg:innen gerade dachten. Meine beste Freundin, übrigens Psychologin, sagte damals zu mir die erleichternden Worte: Keiner dieser Menschen denkt auch nur eine Minute seines Tages über dich nach. Die haben Jobs und Partner:innen und Kinder und U-Bahnen, die zu spät kommen. Der Teil ihres Gehirns, der sich mit Mirijam Trunk beschäftigt, ist verschwindend klein.

Mich hat das enorm entlastet und jedes Mal, wenn ich eine *Ich habe gedacht, dass und wollte nur ganz kurz fragen, ob*-Mail bekomme, denke ich daran. Wenn ich auf eine Mail nicht antworte, dann habe ich es vielleicht verbummelt oder ich habe es jemand anderem weitergeleitet oder ich hatte vor, noch zu antworten, aber bin noch nicht dazugekommen. Wenn ich ans Telefon gehe, dann habe ich Zeit zum Telefonieren, sonst würde ich nicht rangehen. Das Buch »Simplify Your Life« rät, Dinge einfach mal zu glauben, wenn jemand sie sagt. Wenn jemand sagt: Es passt grade! Dann nimm es einfach so an und hör auf, dich zu entschuldigen oder noch mal zu fragen, ob es denn wirklich passt.

Tijen hat eine Idee, warum gerade Frauen so viel zerdenken: »Ich glaube, Frauen müssen einfach mehr Dimensionen mitbedenken. Wenn eine Frau in einen Vorstand kommt, dann ist da nicht nur der Job, um den sie sich kümmern muss, sondern auch Fragen wie: Wie reagiert mein Umfeld? Männer sind viel freier und treffen Entscheidungen: Ich mach das jetzt einfach.«

Tatsächlich ist es, wie schon weiter vorne geschrieben, zumindest sehr wahrscheinlich so, dass die Frau, die in den Vorstand kommt, noch ein paar mehr Baustellen hauptverantwortlich betreut als der Mann, der in den Vorstand kommt: Care-Arbeit zum Beispiel. Menschen mit weiteren Diskriminierungsmerkmalen, wie zum Beispiel Menschen mit Behinderung, haben noch mehr Ebenen, die sie parallel mitbedenken müssen. Diskriminierungserfahrungen schicken völlig zu Recht in die Denkspirale.

Bezogen auf die Genderfrage kann es auch sein, dass Frauen tatsächlich ein paar mehr Antennen haben als Männer – die viel beschriebene weibliche Eigenschaft *Empathie* ist im Kontext von Führung eine davon. Die unterschiedliche Erziehung, in der emotionale Kommunikation und Achtsamkeit für das Umfeld von Mädchen weitaus mehr gefordert wird als von Jungen, könnte auch dazu beitragen. Dennoch glaube ich, dass auch Männer sehr viel mehr Empathie haben, als ihnen im Gender-Stereotyp zugetraut wird. Ich habe mir angewöhnt, ein paar Empfangskanäle abzuschalten. Schauen die anderen im Raum grimmig oder freundlich, haben sie die Arme verschränkt, sind sie nebenbei am Handy? Es ist reiner Selbstschutz, auf diesen Kanälen den Empfang abzustellen.

Fränzi Kühne macht es ähnlich – sie geht erst einmal offen auf die Menschen zu und nimmt sie, wie sie sind, ohne ihnen eine geheime Agenda oder irgendwelche Gefühle zu unterstellen: »Das entspannt wahnsinnig, mich jedenfalls. Ich mache mir nicht so viele Gedanken um andere – denn um meine Sachen gut machen zu können, muss ich erst mal okay mit mir selbst sein. Wenn es mir gut geht, bin ich in der Situation gut, und dann kann ich Sachen vorantreiben.« Und wenn die Chefin Sachen voranbringt, geht's allen gut.

Das Zerdenken gilt auch für die Karriereplanung. Viele Menschen starten ins Berufsleben und in einen Job mit einem konkreten Masterplan. Ohne auf wissenschaftliche Forschung verweisen zu können, behaupte ich, dass fast keiner dieser Pläne jemals genau so klappt. Fränzi Kühne hatte auch keinen Masterplan: »Ich mache eher einen Plan für die nächsten Monate und gucke dann, wie die Situation ist und was ich draus machen kann. Ich habe nie vorgehabt, in einen Aufsichtsrat zu gehen, aber als ich gefragt wurde, dachte ich mir, okay, ich mach was draus. Ich nehme die Situationen, wie sie kommen, und lasse mich mitreißen. Meine Grundeinstellung ist: wird schon klappen.«

Von Fränzis Grundeinstellung schneide ich mir eine Scheibe ab. Eine langfristige Karriereplanung habe ich schon lange aufgegeben und konkrete Karriereziele durch generelle Ziele ersetzt: Ich möchte gerne mit maximaler Freiheit arbeiten. Ich möchte mit Menschen arbeiten, die meine Werte teilen. Ich möchte mitgestalten. Diese Ziele sind inspirierender als enge konkrete Ziele. Und es hilft auch ganz generell im Leben: Denn wenn du mit einem konkreten Plan im Kopf kommst, dich dauernd entschuldigst, bedankst oder permanent irgendetwas in anderen Köpfen vermutest, macht dich das zu allem, aber zu keiner:m besseren Zeitgenoss:in.

FÜNF: Falsche Anpassung

Aus derselben Kategorie wie *Zerdenken* ist auch, sich auf falsche Art anzupassen, um dazuzugehören und nicht anzuecken. Denn auch wenn es Regeln und Networking-Codes gibt: Zu viel Anpassung geht auf Kosten der Authentizität.

Als ich 16 war, wollte ich unbedingt Teil der Golfclub-Jugendgang sein. Da meine Mutter, wie gesagt, Sozialpädagogin ist und täglich mit Familien arbeitete, die teils an der Armutsgrenze lebten, sah sie keine große Veranlassung, mir für mehrere Hundert Euro Pullis mit Polopferdchen oder kleinen Krokodilen auf der Brust zu kaufen. Also stickte ich mir mit der Hand Buchstaben wie *DKNY* auf meine Jeans oder bot wie eine Wilde auf eBay auf Designerklamotten. Ich wollte dazugehören.

Ich wurde nie ein richtiges Mitglied der Golfclubgang, was nicht nur daran lag, dass ich ziemlich schlecht Golf spielte. Meine selbstgenähten Logos gemischt mit dem einen Lacoste-Pulli, den ich mir erkellnert hatte, passten einfach nicht zu mir. Wenn ich heute Bilder aus der Zeit sehe, lache ich mich schief – mich zu verstellen und im wahrsten Sinne des Wortes zu verkleiden führte nicht zum Ziel, sondern ließ mich einfach wie einen Deppen dastehen.

Ähnlich ist es mit sozialen Codes. Sexistische Witze sind zum Beispiel so ein Ding. Lange bevor ich in irgendeiner relevanten Position war, beobachtete ich eine Gruppe Geschäftsführer:innen, unter denen nur eine Frau war. Sie machten Witze darüber, dass man als Frau ja heute nur eins und eins zusammenzählen können müsse, und dank Quote sei man direkt im Vorstand. Die Frau hielt nicht dagegen, sie lachte. Sie wollte nicht anecken und verlor damit vor allem selbst an Profil.

Man sollte sich genau überlegen, wo man sich anpasst und wo man klare Kante zeigt, um authentisch zu bleiben – denn gerade Kanten können ein Profil auch interessanter machen. Judith Williams sagt in Bezug auf sexistische oder rassistische Scherze den wichtigen Satz: »Ich stehe dafür nicht zur Verfügung.« Sie distanziert sich und gibt ganz klar an, bei welcher Form der Konversation sie im wahrsten Sinne des Wortes *nicht zur Verfügung* steht.

Bei Tijen Onaran kann man den Wandel von der Anpassung hin zur Authentizität sehr bildlich sehen. Bilder aus ihrer Zeit als Kandidatin der FDP zeigen sie im Hosenanzug mit Bluse. Heute ist sie sehr oft bunt angezogen und für ihren knallroten Lippenstift bekannt. »Ich hätte mich in der Politik nie getraut, bunte Sachen anzuziehen«, sagt sie. »Immer dunkle Klamotten, bloß nicht auffallen. Die Weiblichkeit habe ich da total zu Hause gelassen.« Je erfolgreicher Tijen wurde, desto bunter – heute ziehen sich Frauen bei Events mit ihr bewusst bunte Klamotten an, weil sie sich durch ihr Vorbild befreit fühlen. Anpassung durch Verkleidung als Mann – das war gestern. Tijens Profil und damit auch Marke ist durch die klare Unangepasstheit nur stärker geworden.

Um sich nicht falsch anzupassen, muss man auch die eigenen Annahmen über das, was gut und richtig ist, hinterfragen. In ihrer Zeit als Content Creator auf Youtube war die Unternehmerin und

Investorin Diana zur Löwen viel mit Menschen in Kontakt, die wunderschön waren und teils absurde Schönheitsideale darstellten: »Für mich war es frustrierend, dass ich, egal, was ich mache, nicht so aussehe wie die Supermodels«, erinnert sie sich. »Dann habe ich gemerkt: Es ist egal, welche Kleidergröße man hat. Geschichten sind wichtiger und stark sein ist wichtiger als schön sein.«

Sich nicht falsch anzupassen, bedeutet auch, sich bewusst zu machen, was man wirklich gut kann. Miriam Wohlfarth hat direkt zu Anfang ihres letzten Aufsichtsratsmandats klargemacht, was sie kann und was auch nicht: »Finanzabschlüsse oder -prüfungen kann ich nicht. Das habe ich direkt gesagt: Wenn ihr das von mir erwartet, das mache ich nicht.«

Klare Kante zeigen und eine realistische Auskunft darüber geben, wer man wirklich ist, kann vor allem auf lange Sicht viele Missverständnisse ersparen. Je mehr wir zeigen, wer wir sind und wer wir auch nicht sind, desto eher schaffen wir es, uns langfristig authentisch zu positionieren. Und es nimmt die Angst, irgendwann *aufzufliegen*.

SECHS: Don't Act Like A Man

Eine kleine Sache, die authentisch sein ein bisschen schwieriger machen kann, ist mal wieder der wunderbare *Unconscious Bias*. Es ist nämlich nicht nur so, dass wir unbewusste Vorurteile über andere Menschen und die Welt verinnerlicht haben. Auch über uns selbst haben wir Annahmen gelernt und verhalten uns gelegentlich dementsprechend, vor allem dann, wenn wir Angst haben, genau das zu tun: der »Stereotype Threat«.[56] Wir sind uns der Stereotype über uns selbst bewusst, fühlen uns dadurch bedroht und zeigen dann erst recht dieses Verhalten. Ein Beispiel aus der Forschung sind Mädchen, die schlecht in Mathetests abschneiden, weil sie sich des Stereotyps *Mädchen können kein Mathe* zu bewusst sind.

Doch selbst wenn wir uns nicht so verhalten wie unser Stereotyp, ist das Gegenüber das Problem: Denn wenn wir uns völlig anders verhalten, als anzunehmen ist, stößt es anderen Menschen auf. Im Buch meiner Kollegin Alexandra Zykunov habe ich zum ersten Mal von der Theorie der »Rollenkongruenz« gelesen.[57] Menschen werden dafür abgestraft, wenn sie sich nicht *geschlechtstypisch* verhalten. Alexandra nutzt dafür das Beispiel Verhandlungsgespräche: Wenn Frauen sich aggressiv, durchsetzungsstark und fordernd verhalten – was ihnen ja mit Blick auf erfolgreiches männliches Verhalten immer wieder geraten wird –, bewirkt das leider oft genau das Gegenteil. Denn sie werden abgestraft dafür, dass sie sich nicht so verhalten, wie das Gegenüber es von ihnen erwartet. Sie verhalten sich nicht wie von einer Frau erwartet und das stößt dem Gegenüber auf.

Die Rollenkongruenz entsteht allerdings nicht, wenn Frauen für andere Frauen verhandeln.[58] Es ist also kein generelles Problem, wenn Frauen auf den Tisch hauen, nur, wenn sie das zu ihrem eigenen Nutzen tun. Simone Menne gibt jungen Frauen bei Gehaltsverhandlungen deshalb oft den Rat, so zu verhandeln, als würden sie das für eine Freundin tun.

Das Buch »How to Be Successful Without Hurting Mens' Feelings« von Sarah Cooper zeigt humoristisch überspitzt, doch trotzdem dicht an der Realität, die Gender-Stereotype über Frauen am Arbeitsplatz: Beispielsweise den Mann, der um mehr Zeit für eine Aufgabe bittet und als *genau* gilt, während die Frau *langsam* ist. Den Mann, der vier Kinder hat und deshalb befördert werden sollte, um die Familie zu ernähren, und die Frau mit vier Kindern, die auf keinen Fall befördert werden sollte, weil sie Familie hat. Gender-Stereotype und Bias sind die Grundlage jeder Beziehung. Es hilft daher, sich damit und vor allem mit den Annahmen zu beschäftigen, die man über sich selbst hat.

SIEBEN: Die inneren Minenfelder

Du bist die wichtigste Beziehung deines Lebens. Ich weiß, es klingt beinahe esoterisch, aber: Wenn du nicht cool mit dir selbst bist, wird es deutlich schwerer, es in eine relevante Position zu schaffen – und wenn du es schaffst, wird es schwerer, die Position gut auszufüllen.

Jede:r von uns trägt kleine oder große Minenfelder mit sich herum. Dinge, die uns triggern und aus der Bahn werfen. Das können unglaublich kleine, aber prägende Erfahrungen sein, die uns als Erwachsene plötzlich irrational wie ein kleines Kind handeln lassen. Mein Paket war beispielsweise lange das Problem, mich ausgegrenzt zu fühlen. Als ich zehn oder elf war, waren meine große Schwester und ich mit meinem Vater, seiner damaligen Frau und den beiden neuen Kindern im Urlaub. Wir schwammen alle im Pool und hatten Spaß, bis die Frau meines Vaters plötzlich mir und meiner Schwester zurief, dass wir mal eben aus dem Pool raus sollten. Sie würden gerne ein Familienfoto machen. Mein Vater sagte nichts, sondern schwamm in Position, während wir aus dem Wasser stiegen: Wir gehörten nicht aufs Familienfoto.

Das Gefühl, alleine am Beckenrand zu stehen und ganz offensichtlich nicht Teil von etwas zu sein, hat in mir noch viele Jahre später nachgewirkt. Als ich in ein neues Team kam, bat mich mein Chef, das Büro zu verlassen, damit er mit seinen beiden Mitarbeiterinnen über vertrauliche Themen sprechen konnte. Ich verhielt mich professionell und ging raus, merkte aber sofort, wie mir völlig irrational Tränen in die Augen schossen: Mit Mitte 20, einem Masterabschluss, ein paar Jahren Auslands- und Praxiserfahrung stand ich schließlich weinend auf der Toilette. Ich fühlte mich wieder wie das kleine Mädchen am Pool, das nicht aufs Familienfoto darf.

Wir alle tragen diese Minen in uns, Dinge, für die wir im Zweifel nicht mal was können, die uns aber triggern oder irrational reagieren lassen. Und meine Erfahrung ist: Je schneller und kontrollierter man die Minen auf der persönlichen Landkarte zündet, desto leichter macht man es sich auch im Berufsleben. Stefanie Stahl spricht in ihrem Bestseller »Das Kind in dir muss Heimat finden« vom »inneren Schattenkind« – nichts anderes als das kommt zum Vorschein, wenn eine Situation ein bekanntes, unangenehmes Gefühl auslöst. Es macht Sinn, sich in geschützter und kontrollierter Atmosphäre mit dem Schattenkind zu beschäftigen – sodass man als Erwachsene:r in professionellen Situationen nicht davon überrascht wird und andere nicht unfreiwillig damit überrascht.

Gerade in der Babyboomer-Generation ist das Thema Mental Health noch stark stigmatisiert. Zu Beginn meines Berufslebens beobachtete ich einen Manager aus ebendieser Generation, der das hatte, was man heute *Daddy Issues* nennt: Er hatte eine unglaublich schwierige Beziehung zu seinem Vater, der ihm gegenüber – wie er mir später im Vertrauen erzählte – nie wirklich Anerkennung zeigen konnte. Also umgab er sich immer mit mindestens einem älteren Mann, der ihm sagte, wie toll er den Job gerade machte. Lange Zeit hatte er das Glück, tolle Kollegen an seiner Seite zu haben, die keine eigene Agenda hatten und ihm ehrlich und aus vollem Herzen den Rücken stärkten. Als sein wichtigster Wegbegleiter aus dieser Gruppe die Firma verließ, geriet er an einen Mann, der eine starke eigene Agenda hatte und sein Vertrauen ausnutzte, um sich selbst zu positionieren. Dass er seine *Daddy Issues* nie ordentlich aufgearbeitet hatte, machte es für den neuen Kollegen leicht, an seinem Stuhl zu sägen – mit Erfolg.

Diana zur Löwen ist eines der prominentesten Vorbilder für die Generation Z. Sie startete schon während ihrer Schulzeit als Youtuberin durch und hat heute mit 27 über eine Million Follower:innen auf Instagram. Ihre Fans sind mit ihr groß geworden, haben ihr Studium in Köln und den Beginn ihres politischen Interesses mitbekommen, den Wandel von der Beauty Influencerin zur Creatorin für Finanzthemen, Politik und Immobilien. Ich kenne Diana über ihr Management und wollte sie unbedingt für das Buch gewinnen – denn obwohl sie eine beispiellose Karriere hingelegt hat und eine der einflussreichsten jungen Stimmen in Deutschland ist, zeigt sie auch sehr ungefiltert die Schattenseiten ihres Lebens. Sie spricht über Mental Health, Depression und Essstörung, über ihre Erfahrungen mit Therapie und den Weg hin zu einer guten Beziehung mit sich selbst.

Wir treffen uns in einem Café in Berlin-Mitte, es ist ein unglaublich warmer Tag in der Hauptstadt und sie steht kurz vor ihrem Sommerurlaub. Auf die Frage nach der Beziehung zu sich selbst erzählt sie: »Es lohnt sich zu verstehen, welche Themen man teilweise seit seiner Kindheit mit sich rumschleppt. Vor zwei Jahren, kurz vor meinem 26. Geburtstag dachte ich: Mensch, Diana, du hast so viele Dinge noch nicht geklärt – und dann habe ich mir einen Therapeuten gesucht. Es ist gut, sich nicht nur selbst immer Gedanken zu machen, sondern einen normalen Umgang mit Dingen zu lernen, zu erkennen, dass Enttäuschung dazugehört im Leben. Viele Menschen, die negativen Situationen aus dem Weg gehen, merken das nie – lernen nicht, engere Bindungen einzugehen mit Leuten. Es ist wichtig, dass man das Bild von außen nicht über das Bild, das man selbst von sich hat, stellt.«

Authentizität ist einer der Schlüssel zu beruflichem Erfolg, darüber werde ich in den nächsten Kapiteln noch mehr schreiben. Ehrlich zu zeigen, wer wir sind. Ehrliche Bindungen einzugehen, ehrliche Grundlagen für Beziehungen auch im geschäftlichen Umfeld zu schaffen. Vertraute zu finden und vertraut zu werden. Doch um ein irgendein ehrliches Beziehungsangebot machen zu können, müssen wir erst einmal wissen, wer wir eigentlich sind.

Die *dm*-Geschäftsführerin Kerstin Erbe hat einen komplett anderen Hintergrund als Diana zur Löwen, doch auch für sie ist die Beziehung zu sich selbst die Basis von allem: »Es beginnt immer mit der Selbsterkenntnis, aber auch mit der Selbstannahme. Und auch zu sehen: Die anderen sind anders, und um erfolgreich zusammenzuarbeiten, muss ich auf sie zugehen. Ich muss wissen, wo meine Grenzen sind und auch, wo es aufhört. Ich wollte nie diejenige sein, die Windmühlenflügel bekämpft – deshalb habe ich sehr bewusst geschaut, wo ich meine Energie investiere. Wo höre ich auf und finde einen neuen Ansatz?«

Sich selbst so anzunehmen, wie man ist, ist eine wichtige Basis, denn sie bestimmt auch, dass wir wissen, an welchen Talenten wir arbeiten wollen und was die Bereiche sind, aus denen wir unseren Selbstwert ziehen. Die ehrliche Beschäftigung mit sich selbst und seinen eigenen Minen kostet Zeit und Energie. Dinge, die einen triggern, sind oft im Unterbewusstsein vergraben. Verdrängung ist ein wichtiger Überlebensmechanismus, der den Weg zur Selbsterkenntnis allerdings extra schwer macht. Die Bundestagsabgeordnete Tessa Ganserer erzählt: »Zum Teil bin ich ganz stark in die Verdrängung gegangen mit Dingen, die mir in der Schulzeit passiert sind. Ich glaube, dass ich wahrscheinlich sehr früh für mich gemerkt habe, dass ich mich noch so anstrengen kann, dass ich bestimmte Maßstäbe wohl nie erfüllen werde und damit für mich selbst ins Reine kommen muss. Es ist möglich, dass das auch eine gewisse Lockerheit gibt, heute zu sagen: bestimmte Maßstäbe werde ich nicht erfüllen.« Auch für sie war die ehrliche Auseinandersetzung mit den Minen auf ihrer persönlichen Landkarte ein wichtiger Schlüssel: »Wenn mensch irgendwelche Geschichten in seinem Leben nicht verarbeitet oder irgendwelche Dinge verdrängt, dann kann das sehr lange gut funktionieren. Aber in dem Moment, wo sie ins Bewusstsein drängen, kriegt mensch die Kiste nicht mehr zu. Mensch muss sich allen Dingen früher oder später stellen.«

Egal an welchem Punkt in deinem Berufsleben du stehst: Geh auf die Suche nach deinen Minen. Oft wünschte ich mir, dass die Begleitung durch Therapeut:innen und Coaches in Deutschland ähnlich gut zugänglich und vor allem genauso wenig stigmatisiert wäre wie zum Beispiel in Amerika. Ich verstehe unter der Beschäftigung mit den eigenen Triggern eine Art *Wetterfestmachen* für die Karriere, die vor dir liegt: Resilienz. Egal wie gut die fachlichen

Fähigkeiten, egal wie fleißig, deine Resilienz ist der *make or break factor*. Denn eins ist sicher: Je höher du auf der Leiter steigst, desto rauer pfeift der Wind.

Es wird nicht leichter, die Minen in sich selbst kontrolliert zu zünden, je mehr Zeit vergeht. Gerade wenn Führungsverantwortung dazukommt, geht es nicht nur um einen selbst. Man zieht auch Kolleg:innen in Mitleidenschaft, die nicht wissen können, auf welche Mine gerade getreten wurde, wenn man irrational mit Tränen in den Augen auf die Toilette rennt oder cholerisch wütend wird. An einem Chef oder einer Chefin, der oder die aus nicht nachvollziehbaren Gründen getriggert wird, leiden im Zweifel die Mitarbeitenden. Daher: Zünde zuallererst deine eigenen Minen und reflektiere gut, wenn neue dazukommen. Es kostet Zeit, Energie und vermutlich auch etwas Geld – aber es lohnt sich so sehr.

Finde deinen Drive

Dass wir gerade in den ersten Berufsjahren in die beschriebenen Fallen laufen, lässt sich nicht vermeiden. Sie werden uns, auch wenn wir sie kennen und denken sie durchschaut zu haben, immer wieder begegnen und begleiten. Wir werden immer neue Minen in uns selbst zünden, oder alte sind plötzlich wieder scharf geschaltet.

Selbst in beruflichen Lebensläufen, die objektiv als erfolgreich oder sogar sehr erfolgreich gelten, gibt es zahlreiche Rückschläge. Und bei aller Fehlerkultur und Toleranz, die auch durch berufliche Social Networks wie LinkedIn gestärkt werden, redet niemand gerne darüber, außer es lässt sich direkt mit einem *Zum Glück ist mir das passiert, ich habe so viel draus gelernt!* verbinden. Jede:r erfolgreiche Unternehmer:in, mit dem oder der ich in meinem Leben vertrauter wurde, berichtete mir von Misserfolgen, Rückschlägen, Dingen, die nicht geklappt haben. Meist sogar deutlich öfter als von Dingen, die geklappt haben. Und auch in Angestelltenverhältnissen passieren zahlreiche Dinge, die dich in ein Loch fallen lassen können: Du gehst bei einer Beförderungsrunde leer aus, verstehst dich nicht so gut mit einem neuen Chef oder einer neuen Chefin, oder dein eigener Bereich wird infrage gestellt. Du versemmelst ein Projekt so richtig, kannst nicht einhalten, was du versprochen hattest. Und gerade in Angestelltenverhältnissen ist die gefühlte Selbstwirksamkeit niedriger als bei Unternehmer:innen: Das Konzept der *erlernten Hilflosigkeit* greift und gibt uns das Gefühl, die äußeren Umstände seien so stark, dass wir uns wie ein Häschen aus der Grube nicht selbst befreien könnten. Ich möchte ja, aber ich weiß nicht, wie!

Es hilft, sich bewusst zu machen, dass man immer mal wieder in der Grube landet, gleichzeitig aber auch immer wieder selbst rauskommen kann, auch wenn es kurzzeitig aussichtslos scheinen mag. Und zwar nicht nur einmal, sondern immer und immer wieder. Und genau da kommt das ins Spiel, was wir umgangssprachlich *Drive* nennen.

Drive ist in der Psychologie die *intrinsische Motivation*, die, die aus uns selbst kommt. Der Gegensatz dazu ist die *extrinsische Motivation*, die wir aus externen Faktoren ziehen. Wenn jemand zu mir sagt: »Lauf dreimal um den Block, dann gebe ich dir 50 Euro«, dann mache ich das aus rein extrinsischer Motivation. Ich sehe keinen Sinn darin, um den Block zu laufen und auch nicht dreimal. Der Grund, warum ich es trotzdem mache, ist, weil ich Geld dafür bekomme. Die intrinsische Motivation ist etwas anders: Ich spüre einen inneren Wunsch, mich in einer gewissen Weise zu verhalten. Die intrinsische Motivation ist als Antrieb deutlich stärker als die extrinsische. Wir machen etwas, was wir wichtig und richtig finden.

Im Gespräch mit Simone Menne kommt die intrinsische Motivation der ersten CFO in einem DAX-Unternehmen direkt raus. Auf die Frage, was ihr Motor gewesen sei, um sich 27 Jahre lang als erste und in ihrer Zeit einzige Frau an die Spitze eines Unternehmens zu arbeiten, antwortet sie: »Ich wollte verändern. Ich habe ein sehr klares Wertekonstrukt. Meine Mitarbeitenden haben mir immer signalisiert, dass es gut ist, was ich da mache, und dass ich Dinge zum Besseren verändere.« Der Motor der Aufsichtsrätin war nicht das Geld oder der Status, sondern lag sehr viel tiefer.

Wer in Positionen relevanter Mitbestimmung kommen will, braucht eine starke intrinsische Motivation. Denn man muss dafür einiges in Kauf nehmen. Ins Risiko gehen, in Vorleistung gehen, über die eigenen Grenzen gehen. Manchmal irre Arbeitszeiten, schwierige Auseinandersetzungen, Wochen der Hotelnächte in Kauf nehmen, noch mal und noch mal neu anfangen und aufstehen, bis es gut geht. Dinge, auf die man nicht immer so wahnsinnig viel Bock hat, Personen noch mal und noch mal für sich gewinnen, Projekte durchsteuern, Konflikte aushalten. Ich bin davon überzeugt, wenn ich mir nicht gelegentlich selbst den Glaubenssatz *Jetzt reiß dich mal zusammen!* zugeflüstert hätte, hätte sich mein Kopf irgendwann eingeschaltet und gefragt: Warum tust du dir das hier an? Brauchst du nicht mal eine Pause? Nach dem Abi habe ich beispielsweise nicht wie meine Freundinnen eine Reise nach Mallorca gemacht, sondern ein Praktikum beim örtlichen Radio. In den Semesterferien ebenso. Für mich war es einfach wichtiger, mitzumischen und nach vorne zu kommen, als sechs Wochen Backpacking zu machen.

Ich verstehe jeden und jede, der oder die sagt: Das ist nichts für mich. Ich will nicht über meine Grenzen gehen, ich will nicht Dinge tun, auf die ich keine Lust habe, das Leben ist zu kurz. Gerade für meine Generation der Millennials und die nachfolgende Gen Z hat allen Umfragen zufolge das Thema *Work-Life-Balance* hohe Priorität. Und trotzdem glaube ich, ohne richtig harte Arbeit und den Willen, über die eigenen Grenzen zu gehen, wird es nur schwer klappen mit einer Position relevanter Mitbestimmung – vor allem, weil damit in fast allen Fällen Verantwortung für andere Menschen einhergeht.

Ebenfalls bedeutet *nach oben kommen*, wie wir umgangssprachlich sagen, zumindest aktuell: in einem von Männern für Männer gebauten System Erfolg haben. Leistung als Teamgedanke, also durch Kooperation und weniger durch Konflikt, setzt sich erst in den letzten Jahren im Rahmen verschiedener unter *New Work* versammelten Ansätze durch. Das Alpha-Tier, das alleine nach vorne strebt und Verantwortung auf wenige Schultern verteilt, ist ein Konzept, das in der Theorie nicht mehr wirklich in die moderne Arbeitswelt passt und in der Praxis trotzdem noch erstaunlich verbreitet ist. Empathische Führung, Mitnehmen statt Vorangehen, ist etwas, das sich – je nach Umfeld – nach und nach durchsetzt, da auch Arbeitgeber:innen den Vorteil einer neuen Führungsdefinition verstanden haben.

Und trotzdem bedeutet Führung immer: Verantwortung. Das gilt für die Gemeinderatsvorsitzende genauso wie für den DAX-CEO, für den Schulrektor ebenso wie für die Aufsichtsratsvorsitzende.

Das Maß, in dem wir über die eigenen Grenzen gehen müssen, ist sicherlich unterschiedlich. Und trotzdem heißt Führung immer: Im Zweifel bist du die Erste, die da ist, und die Letzte, die das Licht ausmacht – denn du trägst die finale Verantwortung.

Mein Motor war ganz klar: Ich wollte zu jedem Zeitpunkt das Beste aus mir rausholen. Das Gefühl, weniger gegeben oder erreicht zu haben, als möglich gewesen wäre – weil ich mich nicht genug vorbereitet habe, weil ich zu spät aufgestanden bin –, empfinde ich als sehr unbefriedigend. Ich wollte immer gestalten, auch aus der Überzeugung heraus, dass ich es konnte. Ich hatte und habe einfach großen Spaß daran, Verantwortung zu übernehmen, und nehme andersrum in Kauf, dass ich dafür auch meinen Lebensstil anpassen muss. Als ich für ein Auslandssemester in Washington war, wollte ich ein Praktikum im Weißen Haus machen. Das ist eigentlich nur US-Staatsbürger:innen vorbehalten. Ich schrieb eine emotionale Bewerbung, warum ich trotz fehlender Staatsbürgerschaft eine Bereicherung für das Team wäre. Die schickte ich parallel auch an die deutsche Botschaft und alle Politiker:innen, die ich in Washington so kannte. Bekommen habe ich am Ende zwar nicht das Weiße Haus, aber ein Praktikum bei einer Agentur, die für den ehemaligen Präsidenten und fürs Verteidigungsministerium arbeitete – und durfte auf Veranstaltungen genauso viele tolle Anekdoten einsammeln, wie die Praktikant:innen an der Pennsylvania Avenue.

Alle Frauen, mit denen ich gesprochen habe, haben nachweislich *Drive*: Alle haben es in ihrem Feld an die Spitze geschafft und alle mussten dafür sehr hart arbeiten, viel einstecken und Verantwortung übernehmen.

Judith Williams war erfolgreiche Opernsängerin, als klar wurde: Sie wird diesen Job aufgrund einer Erkrankung nicht ewig machen können. Also ging sie zum Fernsehen und verkaufte im Teleshopping Produkte. Schließlich gründete sie eine Firma, um eigene Artikel herzustellen. Heute hat sie in verschiedenste Firmen investiert und ist mit ihren Produkten für Hautpflege und Kosmetik im deutschlandweiten Handel präsent. Über ihren Motor sagt sie: »Ich hatte ganz fürchterliche Angst, auf der Straße zu landen.«

Über die Bedeutung sozialer Herkunft werde ich später noch mehr schreiben, doch die Sicherheit, die ich als Unternehmertochter in Bezug auf finanzielle Existenz und Netzwerk hatte, kannte Judith als Kind zweier Künstlereltern nicht. Als sie ihr Unternehmen gründete, gab es quasi keine andere Option, als erfolgreich zu werden. »Zum Zeitpunkt der Unternehmensgründung war es bei mir: friss oder stirb. Ich war alleinerziehend, mein Geschäftspartner hatte sein Haus für den Kredit verpfändet, so sehr hat er an mich und an die Idee geglaubt. Das hat in mir einen Push verursacht und der Druck war so groß, nach vorne zu gehen.«

Dieser *Drive* in Richtung Erfolg, diese Alternativlosigkeit, ist etwas, das Männer mehr haben als Frauen, beobachtet Judith Williams.

Je länger ich über die Versorgerrolle, die ich bei meinem Vater beobachtet habe, die Angst und den Druck, die mir viele meiner Interviewpartnerinnen erzählen, nachdenke, desto mehr glaube ich, dass es einen Zusammenhang gibt. Ich glaube, dass ein Grund, warum mehr Männer es in Positionen relevanter Mitbestimmung schaffen, auch ist, dass sie mit mehr *Drive* ins Leben starten. Zum einen, weil das sozial vorherrschende Bild des Versorgers von Anfang an eine Motivation beinhaltet. Und auch die schon beschriebene Freude am Konflikt, die bei Jungen bereits sehr viel früher gefördert wird, hat einen Anteil – auch, weil sie besser zu den vorherrschenden Erfolgsmechanismen der Arbeitswelt passt.

Sheryl Sandberg beschreibt in ihrem Buch »Lean In« die *Leadership Ambition Gap*, die Ehrgeiz-Lücke, die Frauen und Männer trennt. Darin zitiert sie die Autorin Samantha Ettus, die festgestellt hat, dass viele Jungen im Kindergartenalter auf die Frage *Was willst du mal werden?* mit *Präsident* geantwortet haben, was keines der Mädchen tat. »Professioneller Ehrgeiz wird von Männern erwartet, bei Frauen ist er optional – oder sogar etwas Negatives.«[59]

Sie geht auch auf das Argument vieler Männer ein, dass Frauen zwar nicht weniger ehrgeizig seien, aber mehr Wert auf sinnstiftende Tätigkeiten legen, die eben oft eher im sozialen Bereich zu finden sind. Sehr wahrscheinlich liegt das auch an der unterschiedlichen Erziehung von Mädchen und Jungen. Sandberg bezieht sich zum Beispiel auf Kleidung: Aufdrucke wie *Klug wie mein Papa* auf Jungs-Shirts und *Schön wie meine Mama* auf Mädchen-Shirts machen die Grundlagen für Sandbergs *Leadership Ambition Gap* vorstellbar.

Wichtig anzuerkennen ist, dass diskriminierte Gruppen einen viel stärkeren Motor brauchen und sehr viel mehr Hürden überwinden müssen, um in Positionen relevanter Mitbestimmung zu kommen: Das Bild von zwei Sprinter:innen, die dieselbe Strecke vor sich haben, finde ich da sehr treffend: Auf der einen Strecke stehen Hügel, Absperrungen, der Boden ist uneben, ein Teil der Strecke ist Wasser, aus dem ein Krokodil schaut – die andere Strecke ist gerade, ebenerdig und ohne Dinge im Weg. Die Distanz ist die gleiche, steht unter dem Bild. Und es stimmt: Auch wenn die Entfernung die gleiche ist, müssen Menschen, die Diskriminierungsmerkmale haben, einen Hindernisparcours überwinden – und brauchen deshalb sogar deutlich mehr Drive, um ans Ziel zu kommen.

Lou Dellert, heute selbst Unternehmerin und Produzentin, sieht einen weiteren Punkt, der den Ehrgeiz von Frauen und Männern beeinflusst: »Die Angst vorm Scheitern ist bei Frauen viel tiefer verankert als bei Männern. Dieser Druck und die Angst davor, zu versagen, hemmt einen, glaube ich, noch sehr. Deshalb würde ich gerne allen jungen Frauen mitgeben: Wenn du etwas fühlst, wofür du brennst, mach dir keine Gedanken darüber, wer danach was sagen könnte. Hab keine Angst vorm Scheitern.«

Es macht also Sinn, sich direkt zu Anfang der Karriere zu fragen: Was ist mein Motor und wie stark ist er? Wie ehrgeizig bin ich, in eine Position relevanter Mitbestimmung zu kommen, und wie weit bin ich bereit, über meine persönlichen Grenzen zu gehen? Ich glaube, dass sich im Zuge von *New Work* und auch der Überarbeitung vorherrschender Arbeitsmodelle viel tut und auch noch tun wird, was die Vereinbarkeit von beruflichem Erfolg und privaten Bedürfnissen angeht. Und dennoch: Verantwortung übernehmen, vor allem für andere Menschen, bedeutet, dass man sich selbst manchmal zurücksetzen und über die eigenen Grenzen gehen muss. Als Chefin muss man einen Plan haben, vorangehen und wissen, wo der Feuerlöscher steht, wenn es brennt. Daher hilft es, grundsätzlich darüber nachzudenken: Woher nimmst du deinen Drive, und wie stark ist diese Quelle?

Die Mutter-Krux

Mal angenommen also, du holst dich mit deinem Drive immer wieder aus den Fallen und Gruben heraus, schaffst es, in den ersten Berufsjahren eine beachtliche Strecke in Richtung einer Position relevanter Mitbestimmung zurückzulegen. Halbe Miete? Nicht unbedingt. Denn zumindest statistisch gesehen liegt eine große Karriere-Hürde vielleicht noch vor dir: Du kommst in das Alter, in dem du potenziell eine Familie gründen könntest oder wirst.

Deutschland ist besessen von seinen Müttern. Die matronenhaften Statuen, die viele unserer Städte zieren – ich denke nur an die Bavaria auf der Theresienwiese in München, die Germania am Rhein und die Mutter Gottes mit Jesus im Arm –, sind eine schöne Visualisierung für die kollektive kulturelle Obsession, die Deutschland durch die Jahrhunderte begleitet hat. Der Nationalsozialismus bildet hier einen traurigen Höhepunkt: Hitler, der als Ziel der weiblichen Erziehung »unverrückbar die kommende Mutter zu sein« forderte; der Muttertag wurde 1933 zum offiziellen Feiertag; Frauen, die vier oder mehr Kinder geboren hatten, konnten von Ende 1938 an mit dem Mutterkreuz ausgezeichnet werden; für Familien mit mehr als drei Kindern gab es staatliche Unterstützung, verschiedene Organisationen wie das 1934 gegründete Hilfswerk Mutter und Kind unterstützten Mütter bei Kinderbetreuung und Schwangerenvorsorge – gleichzeitig wurde arbeitenden Frauen die Berufstätigkeit untersagt.

Der tief verankerte Glaubenssatz *Ein Kind gehört zur Mutter* ist noch in vielen deutschen Haushalten zu hören. 77 % aller Menschen in Deutschland finden laut einer Studie aus dem Jahr 2015, dass eine Mutter nachmittags Zeit haben sollte, um ihrem Kind beim Lernen zu helfen, und 88 % halten das für die allgemein geltende Annahme.[60] Um noch einmal die Zusammenfassung meiner Kollegin Alexandra Zykunov zu zitieren: Unter den 38 OECD-Ländern tragen die Frauen in Deutschland mit 22,4 % am wenigsten zum Familieneinkommen bei und sind damit das Schlusslicht – in Dänemark sind es zum Beispiel 42 %.[61]

Natürlich hat uns diese crazy obsession mit der Mutterrolle in Deutschland einige Vorteile gebracht: zum Beispiel den Mutterschutz mit vollem Gehalt sechs Wochen vor und acht Wochen nach der Geburt sowie das Recht auf Rückkehr nach der Elternzeit – der allerdings aktuell noch nicht für Selbstständige gilt.

Mit dem Satz »A good mother is always there« fassen die Wissenschaftlerinnen Funke, Suder und Domscheit in einem Artikel aus dem Jahr 2007 den *Mythos Mutter* zusammen. Sie sei »emotional und gedanklich vorrangig mit ihrem Kind beschäftigt«, egal, wo sie sich gerade befindet.[62] Es gibt wissenschaftlich jedoch absolut keinen Beleg, dass die Mutter wirklich der wichtigere Elternteil ist. Anthropolog:innen halten das Thema Mutterschaft, wie wir es heute auslegen, für ein kulturelles Konstrukt. Der Spruch »It takes a village«, um ein Kind großzuziehen, kommt tatsächlich daher: Kinder, die nicht mehr gestillt wurden, wurden ursprünglich von der gesamten Dorfgemeinschaft erzogen – auch von Männern. Alexandra Zykunov zitiert in ihrem Buch verschiedene Quellen, die belegen, dass der dem Vater überlegene Mutterinstinkt und die natürliche Mutterliebe patriarchale Erfindungen sind. Neurowissenschaftler:innen haben diesen Mythos längst widerlegt, schreibt sie: Frauen müssen dieses fürsorgliche Verhalten ähnlich lernen wie Männer.[63] Auch das angebliche Kompetenzdefizit, das der Rolle als Mutter gerne zugeschrieben wird, der Mythos, dass die Energie, die vorher in die Arbeit fließen konnte, nun entweder weg ist oder in die Mutterrolle fließt, lässt sich in keiner Studie belegen. Gerade in Führungspositionen sind Frauen oft trotz Mutterschaft bereit, weiterzuarbeiten. Männliche Manager sehen die Tatsache, dass Frauen Kinder kriegen, oft als eine zwangsläufige

Zäsur in der Karriere von weiblichen Führungskräften. Dabei können Berufsunterbrechungen sogar von Vorteil sein: Laut einer Studie von Carsten Wippermann[64] machen 59% der Männer, die irgendeine Lücke im Lebenslauf hatten, zum Beispiel durch ein Sabbatical oder eine Neuorientierung, Karrieresprünge. Bei Frauen sind es immerhin 52%, wobei hinzuzufügen ist, dass Frauen, die nach der Pause in Teilzeit wieder anfingen, nicht mit eingerechnet sind.

Ich sehe neben dem Erbe des Nationalsozialismus, das die Mutterfixierung der Deutschen bis heute nährt, drei zentrale Probleme: Erstens bringt sie Mütter und Väter in eine Chancenungleichheit. Es gibt keinen wissenschaftlichen Beleg dafür, dass die Mutter – abgesehen von der biologischen Notwendigkeit, das Kind auf die Welt zu bringen und in den ersten Monaten mit Essen zu versorgen – der bessere Elternteil ist. Die emotionale Bindung kann auch mit dem Vater aufgebaut werden. Aber die Tatsache, dass das Mutterbild in Deutschland einer Zeit entspringt, in der der Eingang in die Ehe den Ausschluss aus dem Berufsleben bedeutete, ist bis heute spürbar und problematisch. Das zweite zentrale Problem sehe ich darin, dass die Rollenbilder weitergetragen werden: Die eben zitierte OECD-Studie hat belegt, dass Kinder, deren Mütter berufstätig waren, eher Gleichberechtigung auf dem Arbeitsmarkt erwarten. Söhne berufstätiger Mütter verbringen später selbst mehr Zeit mit der Kinderbetreuung – und Töchter sind erfolgreicher und werden besser bezahlt. Interessant sind an dieser Stelle die im Oktober 2022 veröffentlichten Daten der Bundesagentur für Arbeit zum Gender-Pay-Gap in Deutschland.[65] In den Bundesländern der ehemaligen DDR verdienen Frauen im Schnitt mehr als Männer, wenn auch das Lohnniveau weiterhin niedriger ist als in den alten Bundesländern.[66] In sozialistischen Gesellschaften war die erwerbstätig arbeitende Frau und Mutter die Regel, die Betreuungssituation von Kinderkrippen bis hin zu Schulen und Horten deutlich mehr auf dieses Familienmodell ausgelegt. Der Begriff der *Hort-* oder *Schlüsselkinder* ist Beleg dafür.

Die Sozialisation, mit der unsere Kinder aufwachsen, geht nicht spurlos an ihnen vorbei: Laut einer Studie des Wirtschaftsforschungsinstituts IFO, die meine Kollegin Alexandra Zykunov ebenfalls zitiert, gehen 58 % der jungen Frauen im Teenager-Alter heute davon aus, später für die Familie im Beruf deutlich kürzer zu treten – bei den Jungen sind es 16 %. Ein weiteres Problem ist die bereits angesprochene Rolle, in die die Glorifizierung der Mutter die Männer bringt. Auch wenn es sich auf den ersten Blick attraktiver anhört, sich selbst in der Erwerbsarbeit erfüllen zu dürfen: Sich als Mann dafür auslachen zu lassen, wenn man gerne ein Jahr Elternzeit nehmen möchte, oder beim Kinderarzt gefragt zu werden, ob die Mutter denn auch noch käme, ist auch nicht so prickelnd.

Die Konfrontation mit der deutschen Mutterfixierung kann mitunter absurde Züge annehmen. Kurz nachdem bekannt wurde, dass ich die Geschäftsführung der Podcast-Firma abgebe, um eine größere Rolle im Konzern zu übernehmen, hatte ich eine besonders eindringliche Erfahrung. Eine Kollegin aus dem Unternehmen hatte offen angesprochen, dass sie gerne meine Nachfolge übernähme. Aus verschiedenen Gründen passte es nicht und ich gab ihr recht ausgiebig Feedback, was sie aus meiner Sicht an Fähigkeiten lernen musste, bevor der Aufstieg in eine Geschäftsführungsposition realistischer sei. Die Enttäuschung stand ihr ins Gesicht geschrieben und schließlich fragte ich, was in ihr vorging. Sie fühle sich von mir verarscht, sagte sie. Ich hätte ihr ein Jahr vorher das klare Signal gesendet, bald in den Mutterschutz zu gehen. Sie wollte vor allem deshalb in meinem Umfeld arbeiten, weil sie sich sehr sicher war, dass dort bald eine Elternzeitvertretung frei würde. Auf meine überraschte Frage, welche Signale ich genau gesendet hätte, antwortete sie: Nach der Hochzeit hätte ich die Frage, ob wir Kinder wollen, mit Ja beantwortet. Ich wäre morgens um acht Uhr vermehrt zum Arzt gegangen und hätte mich in einer Runde, in der es um eine aktuelle Berichterstattung zu den Nebenwirkungen der Pille ging, kritisch über hormonelle Verhütung geäußert. Ich war ebenso fasziniert wie schockiert: Sie wusste genauer über meine Arzttermine Bescheid als ich. Freundlich moderierte ich das Gespräch ab und blieb mit dem Gefühl einer absoluten Grenzverletzung zurück. Wie konnte es sein, dass mein Körper Teil einer Karriereplanung geworden war?

Brigitte Huber ist früh Mutter geworden, wenige Monate vor dem Abi fand sie heraus, dass sie schwanger war. »Meine Eltern haben mich massiv unterstützt«, erinnert sie sich. »Die Voraussetzung war, dass ich anfange zu studieren und dass ich nicht heirate. Mein Sohn kam im September auf die Welt und im November habe ich das Studieren angefangen.«

In der westdeutschen Arbeitswelt der Achtziger fehlte ihr vor allem eins: Vorbilder. »Es gab keine Frauen in Führungspositionen mit Kindern. Es gab Frauen über 50, die aber keine Familie hatten. Und die meisten Chefredakteure waren eh Männer.« Heute sieht sie es als Geschenk, dass sie die Wahl für oder gegen ein Kind während des Berufslebens gar nicht treffen musste: »Ich hatte ja schon ein Kind, also konnte ich nicht sagen: Okay, dann kriege ich halt kein Kind, wenn ich es nach oben schaffen will. Also dachte ich: Na gut, dann wird das mit der klassischen Karriere wohl nichts werden.« Nach der Journalistenschule arbeitete Brigitte bei einer Zeitung in München. Dort gab es zwei Möglichkeiten – sich der bestehenden Arbeitswelt anpassen oder eben wieder gehen. »Es war nicht wie heute, dass man irgendwie versucht hat, das vereinbar zu machen. Eine Stunde früher anzufangen und um 17 statt um 18 Uhr zu gehen, damit ich mein Kind von der Tagesstätte abholen konnte, das war schon ein Zugeständnis.«

Miriam Wohlfarth hat erst im Ausland Role Models gefunden. »Als Deutsche dachte ich: Wenn ich ein Kind kriege, ist die Karriere zu Ende. So ist das halt in Deutschland, überall um mich herum war es so. Bei meinem niederländischen Chef habe ich dann beobachtet, wie die Kinder ab zwei Monate in die Day Care gehen. Davon hatte ich noch nie gehört!« Sie sprach mit ihrem Chef über das Thema Kinder. Er ermutigte sie und war beinahe entrüstet von ihrer Annahme, dass ein Kind das Ende der Karriere bedeute. Kurz danach traf sie eine CFO, die hochschwanger war: »Sie sagte ganz selbstverständlich, dass sie nach sechs Wochen zurückkommt und auch schon eine Tagesmutter hat. Nach dem Gespräch mit ihr habe ich mich geöffnet für das Thema Kinder – habe auch sofort wieder angefangen und hatte ein Umfeld, das mich total unterstützt hat.« Sie ist sich sicher: In Deutschland wäre das anders gelaufen. »Man kann nicht offen sprechen über das Thema Familie in Deutschland. Deshalb erzähle ich unseren weiblichen Mitarbeiterinnen immer diese Geschichte und sage: Ich finde es toll, wenn Frauen Kinder kriegen, und wir finden zusammen gute Lösungen, wie man das hinbekommt.«

Eine Erfahrung, die alle Mütter unter meinen Gesprächspartnerinnen gemacht haben, ist die starke Bewertung, vor allem durch andere Eltern. »Ich habe mal eine Kolumne geschrieben, die hieß: ›Warum mein Sohn nie Bundeskanzler wird‹«, erinnert sich Brigitte. »Der Grund war, dass mir alle vermittelt haben: Oje, alleinerziehende Mutter, die so viel arbeitet, aus dem Kind kann ja nichts werden. Die Blicke der Erzieherin, die die Augen verdreht hat, weil ich meinen Sohn immer als Letzte abgeholt habe.«

Miriam Wohlfarth spricht auch mit ihrer Tochter ganz offen über das Thema Arbeit und Beruf: »Meine Tochter schimpft natürlich manchmal mit mir, weil ich oft weg bin. Sie war die Einzige in der Schule, die eben nicht jeden Tag von der Mama gebracht wurde, sondern U-Bahn fahren musste. *Die anderen Eltern haben mehr Zeit!*, hat sie gemeckert. Ich habe ihr dann gesagt: *Ich weiß, das ist doof, aber wenn du älter bist, wirst du es wertschätzen.* Wir reden da viel drüber.« Sie selbst hat von dem Rollenbild, das ihre eigene Mutter ihr vorlebte, profitiert: »Der Trugschluss ist, dass man denkt, man ist nur eine gute Mutter, wenn man die ganze Zeit da ist. Meine Mutter ist eine sehr gute Mutter, obwohl sie oft nicht da war. Ich bin im Nachhinein froh darüber, dass ich nie dieses Bild im Kopf hatte.«

Der *Mythos Mutter* ist eines der absolut tiefsitzendsten und tückischsten Rollenbilder, das Frauen ab einem gewissen Alter ganz natürlich begegnet oder mit dem sie konfrontiert werden. Es ist aufgrund der langen biologischen und *völkisch*-ideologischen Verklärung rund um das Thema Mutter so fest in unserer Tradition verankert, dass es ein längerer Weg sein wird, diese kollektive Obsession abzulegen.

Darüber hinaus habe ich tatsächlich auch in meinem Umfeld bei Frauen, die in heterosexuellen Paarbeziehungen leben, beobachtet, dass der Wunsch nach Kindern und Familie mit der Unterordnung in ein *traditionelles* Rollenbild verbunden ist. Dass Frauen, die jahrelang daran gearbeitet haben, sich in ihrem Feld oder Unternehmen einen Namen zu machen, Promotionen geschrieben, Texte veröffentlicht, Hierarchiestufen überwunden haben, ihren Namen nach der Hochzeit zugunsten dem des Mannes ablegen, *weil ihm das wichtiger war als mir.*

Chancengleichheit bedeutet Wahlfreiheit und damit auch, dass jede Frau ihren Namen abgeben darf, wenn sie das möchte. Und doch kann ich beim Blick in die Zahlen schwer glauben, dass es wirklich immer eine Wahl aus Überzeugung ist: Drei von vier Frauen geben in Deutschland bei der Heirat ihren Namen ab.[67] Auch bei der Verteilung der Care-Arbeit hat sich wenig bis gar nichts getan: Bis heute leisten Frauen mehr als doppelt so viel Care-Arbeit wie Männer, die Lage hat sich, wenn man die Zahlen bereinigt und auch den Anstieg der Frauen in der Erwerbstätigkeit berücksichtigt, seit 1992 sogar noch verschlechtert.[68] Der wichtigste Faktor im berühmten Gender-Pay-Gap: Frauen gehen in Teilzeit, Männer bleiben im Job – und verdienen nicht nur weiterhin voll, sondern machen auch die nächsten Karriereschritte.

Die Tatsache, wie viele Frauen sich trotz Topstudium, Auslandserfahrung, trotz gutem Einstieg ins Arbeitsleben mit dem Punkt der Heirat und Familiengründung in die *Stand by your man* trällernde Hausfrau verwandeln, treibt mich regelrecht in die Verzweiflung. Nicht zuletzt, weil ich es fahrlässig finde, über Jahre hinweg die eigene Erwerbstätigkeit einzustellen oder runterzufahren. Auch wenn ich gerne glauben möchte, dass all diese Frauen es als eine echte Chance begreifen, ihrem Partner im Berufsleben den Vortritt zu lassen, lieber mehr Care-Arbeit zu Hause übernehmen, sich ins Risiko begeben und dies aus freien Stücken tun: In Anbetracht der schieren Masse an gut ausgebildeten Frauen, die sich freiwillig und auf ihre eigenen Kosten aus dem Arbeitsmarkt zurückziehen, fällt mir das enorm schwer.

Sigrid Nikutta fasst ihre Erfahrungen zum Thema Beziehung zusammen: »Im Grunde ist es in jeder Beziehung ähnlich: Das Ideal ist, wenn die Partner sich gegenseitig unterstützen. In der Realität ist es eben nicht so, weil die implizite Erwartung ist, dass sich einer um häusliche Themenfelder kümmert. Das sind implizite Mechanismen, in die viele Frauen reinlaufen. Dass sich gesellschaftliche Muster immer weiter perpetuieren, ist sozial sehr akzeptiert – und sich anders zu verhalten, ist gesellschaftlich weniger akzeptiert. Deshalb ist es so wichtig, dass zumindest der Partner die gleiche Sichtweise auf die Dinge hat, wenn es um absolute Gleichberechtigung geht. Und für mich ist die Situation besonders gut, weil sich jeder an seinen Stärken orientiert und was er am liebsten macht, und mein Mann sagt: Ich kümmere mich in dieser Lebensphase am liebsten um die Familie.«

Der Strom der gesellschaftlichen Erwartungshaltung, der mit Partnerwahl und Familiengründung anfängt, an unseren Lebensmodellen zu saugen, ist extrem stark – und wirkt sich in heterosexuellen, klassischen Paarbeziehungen nicht nur auf die Frauen, sondern vor allem auch auf die Männer aus. Kerstin Erbe hat ähnlich wie Sigrid Nikutta mit ihrem Mann das Modell gewählt, dass er seinen Top-Job als Manager an den Nagel hängt und zu Hause bleibt. Für das Paar selbst eine klare und nachvollziehbare Entscheidung, für das Umfeld allerdings weniger: »Was wir erlebt haben, und deshalb muss man im Nukleus als Paar so stark sein, ist, dass natürlich von außen komplettes Unverständnis da ist, dass ein Mann, der eine Senior-Karriere hatte, sagt, *Ich bleib zu Hause für meine Tochter*. Da braucht man sehr starkes Selbstbewusstsein und sehr starkes Vertrauen in die eigene Entscheidung. Deshalb müssen wir das mehr feiern und mehr Erfolgsgeschichten erzählen.« Für sie sind Dialog und das stete Bewusstsein wichtig, dass man auf Augenhöhe und gemeinsam Entscheidungen trifft: »Wir sind gestartet mit einem ganz klassischen Bild und ganz klassischen Plänen, und dann hat sich das einfach alles anders entwickelt. Schritt für Schritt, man kann ja auch korrigieren, wenn etwas nicht funktioniert, man muss nicht alles im Extrem leben oder alles über den Haufen werfen. Das ist Thema jedes Paares, unabhängig von den Rollenbildern: Wie ist man gestrickt? Für uns war die Augenhöhe das Wichtigste.«

Ich hatte das Glück, schon recht früh im Leben – mit Mitte 20 in der Journalistenschule – den Menschen zu finden, mit dem ich mein Leben verbringen möchte. Worauf er sich einlässt, war ihm klar – und er verliebte sich nach eigenen Angaben nicht *trotz* meiner Ambitionen und Art, Dinge mit einem gewissen Anspruch anzugehen, in mich, sondern gerade deswegen. Jede:r von uns geht beruflich und privat seinen Weg und jede:r hat etwas, in dem der oder die andere stärker ist. Man ergänzt sich eben als Paar. Dennoch mache ich immer wieder die Erfahrung, dass die Fähigkeit eines Mannes, eine Frau auf Augenhöhe auszuhalten, als Schwäche angesehen wird. Muss ein Mann, der eine starke Frau hat, automatisch schwach sein? Und worin besteht eigentlich Stärke oder Schwäche? Ist der Job, der am meisten Geld einbringt, automatisch der anstrengendere? Oder erfordert ein kompletter Tag Care-Arbeit nicht mehr Stärke als ein Bürojob?

Wenn das Thema Kinder und Familiengründung auf deiner Agenda einen festen Platz hat, ist einer der wichtigsten und einfachsten Ratschläge: Augen auf bei der Partner:innenwahl, denn im Familienkonstrukt stellt sich heraus, ob der oder die Partner:in dann auch im Ernstfall auf Gleichberechtigung aus ist und im Zweifel die eigene Sozialisierung über Bord werfen kann. Klare Kommunikation der Erwartungshaltungen aneinander und ein dickes Fell gegenüber all den Stimmen, die eine Meinung dazu haben, sind eine gute Voraussetzung. Sprich offen über Werte und

Vorstellungen und schau, ob du auf Augenhöhe bist. Auch, wenn das Thema hierzulande so aufgeladen ist und unzählige Meinungen darüber existieren: Nur du entscheidest darüber, ob und in welchem Modell du das Thema Familie angehen möchtest.

Zurück in die Schule

Wenn mir befreundete oder bekannte Lehrer:innen von ihrem Alltag erzählen, bin ich immer wieder irritiert, wie weit weg die Themen dort scheinen, die in meinem Leben einen immens großen Platz einnehmen, Politik und Wirtschaft beispielsweise. Und auch, dass gerade die Beschäftigten im Schulsystem, deren *Zielgruppe* wie kaum eine andere mit Technologie und Plattformen in Kontakt ist, sich selbst so wenig damit beschäftigen. Hätte ich eine Person im Team, die sich weigert, sich mit Social Media auseinanderzusetzen, wäre das ein großes Problem. Die zumindest rudimentäre Beschäftigung mit den Dingen, die den Alltag meiner Kund:innen oder Zielgruppe prägen, ist für mich eine Grundvoraussetzung, um gute Arbeit leisten zu können.

Der Beamtenstatus, den viele Lehrer:innen in Deutschland genießen, ist Fluch und Segen zugleich: Zum einen schafft er für das sehr wichtige Berufsfeld Schule eine gewisse Sicherheit und garantiert, dass Bildung im Gegensatz zum Gesundheitswesen nicht den Mechanismen des Kapitalismus unterliegt. Zum anderen nimmt er den Beamt:innen aber jede Form der Motivation, mehr zu machen als erforderlich. Die, die nicht intrinsisch motiviert sind, haben schlicht keinen Anreiz, sich umfassender zu engagieren als der Lehrplan verlangt. Stattdessen berichten mir junge Lehrer:innen oft, dass motiviertes Verhalten im Kollegium beinahe sozial sanktioniert wird. Miriam Wohlfarth bringt auf den Punkt, was auch mich umtreibt: »Wir leben heute immer noch in einem System, das aus früheren Jahrzehnten kommt und nicht überall angepasst worden ist. Unser Schulsystem, unsere Behörden: Was vor 40 oder 50 Jahren etabliert wurde, passt nicht mehr genau so in die heutige Zeit, weil wir ganz anders leben.«

Das deutsche Schulsystem trägt meiner Meinung nach durch drei zentrale Faktoren dazu bei, dass schon vor Beginn der weiterführenden Schule die Grundsteine für strukturelle Chancenungleichheit gelegt werden. Erstens: Was wir lernen. Zweitens: Wie wir es lernen. Und drittens: Wie unflexibel Lehrpläne an die Anforderungen einer digitalen Zeit angepasst – oder eben nicht angepasst – werden.

Goethe, Schiller, E. T. A. Hoffmann, Thomas Mann, Kant, Lessing, Eichendorff. Wenn ich zurückdenke, fällt mir kein einziges Buch aus meiner Schullektüre ein, das von einer Frau geschrieben war. Lediglich in meinem Highschooljahr in Texas las ich »Their Eyes Were Watching God« von Zora Neale Hurston und »Persuasion« von Jane Austen. Auch wir Deutschen hätten mit Herta Müller, Christa Wolf, Juli Zeh Literaturpreisträgerinnen und Autorinnen zu bieten. Auf den festen Lehrplan schaffen es mit wenigen Ausnahmen allerdings immer noch vorwiegend männliche Autoren.

In einem Artikel für die *Süddeutsche Zeitung* geht der Autor Simon Sales Prado möglichen Gründen nach. »Staatliche Bildungseinrichtungen setzen die Unterdrückung weiblicher Stimmen wissentlich fort«, schreibt er, und ich möchte ergänzen, dass staatliche Bildungseinrichtungen eigentlich alle Stimmen unterdrücken, die nicht *weiß*, männlich und cis-geschlechtlich sind. Die Romane, die wir im Deutschunterricht lesen, sind fast ausschließlich aus Männersicht erzählt. Frauen sind keine Protagonistinnen. Die lesenden Schüler:innen müssen sich bei der Interpretation stets in die Motive der Männer einfühlen. Zum Beispiel auch in die Liebe des alternden Wissenschaftlers Dr. Faust zum 14 Jahre alten Gretchen. Dass er die Minderjährige erst schwängert und dann alleine lässt, tut seinem Status als Paradebeispiel des Gelehrten keinen Abbruch. Auch in Texten der Aufklärung sind es die Männer, die interpretieren und deren Gedanken besprochen werden. Für die Recherche hat die *Süddeutsche Zeitung* mit dem Leiter der *Abiturkommission Deutsch* in Baden-Württemberg gesprochen, unter dessen zehnjähriger Führung kein einziges Werk einer Autorin unter der Pflichtlektüre war.

Wenn man seinen Argumenten folgt, ist für die Auswahl der Lektüre wichtig, dass sie zu einem Kanon gehört, also zu einem der Werke, dem in der Literatur eine Zeit überdauernde Stellung zugeschrieben wird – und das passiert, indem das Werk über die Zeit interpretiert und besprochen wird. Erstaunlicherweise sind es hauptsächlich Werke von Männern, die über die Zeit zitiert, übersetzt und besprochen werden. Das habe auch damit zu tun, dass die Schaltstellen in Literatur und Literaturbetrieb nun einmal lange von Männern besetzt wurden.[69]

In ihrem Buch beschreibt Alice Hasters die Erfahrung, als Schwarze Schülerin im Geschichtsunterricht zu sitzen: »Elf Jahre bin ich zur Schule gegangen, ohne auch nur einmal die Verbindung Deutschlands zu Afrika im Unterricht behandelt zu haben«, sagt sie.[70] Mit der Zeit der Aufklärung, in der in Deutschland bis heute als große Denker akzeptierte Menschen wie Immanuel Kant ein Weltbild proklamierten, das auf Rassismus fußte, fand keinerlei kritische Auseinandersetzung statt.[71] Im Gegenteil: Rassistische Begriffe wie das N-Wort wurden mehrfach ausgesprochen, auch von Lehrer:innen. Die Geschichte des Kolonialismus klang in Alice' Erfahrung – wie sie schreibt – eher wie eine Abenteuergeschichte, ein globales Monopoly, in dem sich die Europäer die Welt untereinander aufteilten, in der Afrikaner:innen nicht herumsaßen und mit Speer und Bastrock darauf warteten, dass *weiße* Menschen kamen und ihnen die Zivilisation brachten, zum Beispiel Landwirtschaft, Universitäten, Bibliotheken: All das gab es in Afrika schon lange bevor die Europäer:innen kamen und es durch Sklavenhandel und Kolonialisierung zunichtemachten.[72]

Das Bild, das wir in der Schule vermittelt bekommen, ist untrennbar mit unserem Blick auf Gesellschaft verbunden. Männer sind die Protagonisten, Frauen die Nebendarstellerinnen, in der Wortübersetzung der *Supporting Actress*: die unterstützenden Darstellerinnen. *Weiße* Menschen interpretieren, planen und bauen die Welt, die BIPoC dann dankend annehmen. Alle anderen kommen als Randgruppen vor. Dass genau diese Annahmen schon in sich sexistisch und rassistisch sind und genau genommen auch viele andere Ismen in sich tragen, macht also nachvollziehbar, wo die Grundsteine für unser System der Chancenungleichheit gelegt werden. Wie gesagt, stellte Simone de Beauvoir schon im Jahr 1949 fest: »Die Menschheit ist männlich und der Mann definiert die Frau nicht als solche, sondern im Vergleich zu sich selbst: [...] Er ist das Subjekt, er ist das Absolute. Sie ist das andere.«[73]

Tupoka findet ein schönes Bild dafür, warum es so wichtig ist, dass wir unser Bildungs- und Schulsystem kritisch betrachten: »Kinder brauchen Fenster und Spiegel. Einen Spiegel in Form von Repräsentanz, wo sie sich wiederfinden und sehen: Ah, ich kann Apothekerin sein, ich kann Architektin sein. Und Kinder brauchen ein Fenster, um zu sehen: What else is out there neben mir? Und bei Schulbüchern kommt dazu: Kinder brauchen unterschiedliche Perspektiven.« Deutungshoheit hat unverändert die Perspektive des *weißen* Mannes – aber nur weil das die vorherrschende ist, ist sie nicht objektiv und schon gar nicht neutral: »Die große Lüge, die wir erzählen, ist, dass Gesellschaftswissenschaften, wenn sie von *weißen* Cis-Männern geschrieben werden, neutral seien und pragmatisch und rational. Alle anderen Perspektiven wären *zu betroffen oder emotional*. Das muss dekonstruiert werden. Die Werke müssen nicht grundsätzlich aus dem Lehrplan verschwinden, aber es muss klargemacht werden, das ist eine Position und ein bestimmtes Wissen. Ich habe von der Kinderkrippe bis zum Studium nicht einen Text von einer Schwarzen Person gelesen. Und das will was sagen über unser Bildungssystem.«

Ein weiterer Punkt, der dazu beiträgt, dass strukturelle Chancenungleichheit bestehen bleibt oder sogar wächst, ist die mangelnde Digital- und Medienkompetenz, die in der Schule vermittelt wird. Meine Interviewpartnerin Louisa Dellert schreibt in ihrem Buch »WIR. Weil nicht egal sein darf, was morgen ist.«, dass sie sich Medienkompetenz als eigenes Schulfach wünschen würde. »Zwar gibt es vermehrt einzelne Organisationen und Verbände, die an Schulen kommen und mit Schüler:innen über Medien sprechen, aber einmal kurz auftauchen, quasi als Sondertag, ist in unserer schnelllebigen, digitalisierten Zeit nicht zielführend«, schreibt sie.[74] Eltern und Lehrer:innen dürfen nicht alleingelassen werden damit, dass sich die Medienformen im Internet schneller wandeln, als sie es teilweise mitbekommen können. Und gleichzeitig ist es auch eine Tatsache, dass Kinder, die früh mit zum Beispiel pornografischen Inhalten und frauenfeindlicher Sprache in Kontakt kommen, dafür desensibilisiert werden – ich denke an die Lerntheorie der Habitualisierung, dass uns das, was wir wahrnehmen und was keine Konsequenz hat, irgendwann als gegeben vorkommt. Digitale Gewalt im Internet ist ein großes Thema, wie Lou Dellert als Influencerin selbst immer wieder erfahren muss. Und doch ist das Thema Medienkompetenz in der Schule noch nicht als Kernaufgabe angekommen: »Ich habe mal bei einer Veranstaltung die Forderung an die heutige Berliner Bürgermeisterin Franziska Giffey gestellt, dass wir ein Schulfach Medienkompetenz brauchen«, erzählt sie. »Sie hat das weggelächelt und meinte, das wird doch irgendwie in jedem Fach thematisiert.«

Wie langsam die Mühlen des Bildungssystems mahlen, hat sich in der Corona-Zeit gezeigt. Gerade im ersten Jahr der Krise war immer wieder von einem Versagen des deutschen Schulsystems zu lesen, davon, dass der Lockdown Jahre der Versäumnisse beim Thema digitale Bildung offenlege. Kinder aus Familien mit niedrigem Bildungsabschluss oder mit Migrationshintergrund wurden zusätzlich benachteiligt. Auch die Schere zwischen den Schularten öffnete sich weiter und unter den Absolvent:innen wurde anhand des Abschlussniveaus priorisiert: Jugendliche, die sich auf den Hauptschulabschluss vorbereiteten, erhielten etwa 11,5 (also ein Drittel) der wöchentlich vorgesehenen Unterrichtsstunden in Präsenz, Jugendliche vor einem mittleren Schulabschluss 22,5 Wochenstunden und Abiturient:innen im ersten Quartal 31,5 und später 33,5 Wochenstunden.[75]

Für die Bundestagsabgeordnete Tessa Ganserer ist der Bereich Schule und Bildung zwar ein wichtiger, doch noch lange nicht der einzige, in dem neue Rollenbilder entwickelt und Annahmen überarbeitet werden müssen: »Bei Geschlechtergerechtigkeit müssen wir alle Lebensbereiche anschauen. Das ist nicht mit einer Bundestagsdebatte oder einem Beschluss, mit einem Aktionsplan abgearbeitet. Bei der Ungleichbehandlung von Mann und Frau hat sich, was die rechtliche Gleichstellung angeht, viel getan, aber das waren extrem zähe und harte Kämpfe. Und die gesellschaftliche Entwicklung ist sehr viel zäher. So frustrierend das ist, diese Themen werden uns noch sehr lange beschäftigen, weil: Es ist nicht mit ein paar Maßnahmen getan.« Das gesellschaftliche Bild ist für sie wie ein Mosaik: »Wenn mensch nur einen Stein umdreht, dann fällt die Veränderung überhaupt nicht auf, mensch nimmt trotzdem noch das eine Bild wahr. Bis eine Veränderung auftritt, müssen ganz viele Steine umgedreht werden. Wenn wir hinwollen zu einer geschlechtergerechten Gesellschaft, echte Akzeptanz für geschlechtliche Vielfalt wollen, dann muss die Politik klare Haltung beweisen. Die Gesellschaft muss antreten, wenn es Attacken gibt. Und der Unterricht in den Schulen muss angepasst werden.«

# Alleine geht's nicht

Betrachtet man die allermeisten Karrieren genauer, egal ob in Wirtschaft, Wissenschaft, Politik oder Kultur, sind Netzwerke der absolute Booster. Sie sind wie ein Sicherheitsgurt, der uns nach oben ziehen kann und verhindert, dass wir nach unten abrauschen. Netzwerke bringen uns weiter, sie fangen uns auf, sie trösten uns, sie inspirieren uns, sie motivieren uns, sie ziehen uns mit. Netzwerke ersetzen nicht gute Leistung, sind aber ähnlich wichtig.

Ganz offensichtlich bin ich ein großer Fan von Netzwerken, denn ohne das richtige Netzwerk und Menschen, die mich ermutigt, gesehen, gefördert haben, wäre mein Leben bis hierher ganz anders verlaufen. Und die Forschung zum Thema bestätigt mich darin. In der Studie »Wer führt in (die) Zukunft?« stellt Sonja Bischoff fest, dass Frauen und Männer, die es an die Spitze geschafft haben, die zentrale Bedeutung von Netzwerken für ihren Werdegang betonen.[76]

Vorab müssen wir kurz eine Begriffsdefinition und Abgrenzung machen. Auch wenn Plattformen wie Facebook, Instagram oder auch LinkedIn gerne soziale Netzwerke genannt werden und ja eben den Anspruch des Vernetzens in sich tragen, sind sie im beruflichen Kontext bestenfalls unterstützendes Hilfsmittel. Das analoge Netzwerk selbst ersetzen sie nicht. Christiane Funken unterscheidet in ihrem Buch »Sheconomy« zwischen formellen Netzwerken, also Netzwerken mit Satzung, Leitbild, Vorstand und einem klar definierten Ziel – zum Beispiel Vereine und Gesellschaften –, und informellen Netzwerken. Zweitere sind deutlich exklusiver, weil die Zugangsbeschränkung nicht klar durch einen Prozess geregelt ist: »Die Aufnahmebedingungen und Fördermechanismen informeller Netzwerke sind meist intransparent und exklusiv, der Zugang ist beschränkt«, schreibt sie.[77]

In informellen Netzwerken kommen die vorne angesprochenen Punkte der Loyalität und Solidarität wieder zum Vorschein. Ein informeller Austausch kann aus einem Mentor:innen- oder Förderndengeist heraus entstehen, aus einer strategischen Verbindung oder aus einem gemeinsamen Interesse. Elementar ist meist eine gewisse Statusgleichheit und ein Verständnis davon, was das informelle Netzwerk auszeichnet und was nicht.

Auch wenn es durchaus helfen kann, sich einem formellen Netzwerk, wie einem Verein oder einer Initiative, anzuschließen, sind die wahren *Deal Maker* in Karriereverläufen die informellen Netzwerke. Die Bildung eines informellen Netzwerks kann man zwar unterstützen, aber nicht direkt forcieren. Meine Interviewpartnerinnen machten hier ähnliche Erfahrungen wie ich.

Lou Dellert sagt über ihr Netzwerk: »Ich habe da anfangs keine Strategie verfolgt. Ich gehe gerne auf Veranstaltungen und spreche gerne mit Leuten. Vielleicht habe ich also schon immer unterbewusst genetzwerkt. Heute mache ich das viel bewusster und überlege mir auch, welche Leute ich zusammenbringen möchte.«

Diana zur Löwen nennt ihr Netzwerk die Basis für ihren beruflichen Erfolg. Getrieben von Neugierde ist sie schon früh auf Events gegangen, hat sich an der Uni verschiedenen formellen Netzwerken angeschlossen, aus denen dann informelle Netzwerke geworden sind. Gerade in informellen Netzwerken, die sich während der Ausbildung formen, verschwimmen die Grenzen zwischen beruflich und privat immer mehr: Studienfreund:innen, Menschen, mit denen man mal gemeinsam gearbeitet hat; informelle Netzwerke sind fluide, manche verlassen sie mit der Zeit und andere kommen dazu: »Ein Netzwerk ist viel Arbeit und es ist nicht immer alles rosarot. Man muss auch gucken, wie man in Kontakt bleibt und wo man die Grenzen zieht, auch wenn es darum geht, wen man ins Privatleben lässt.«

Als Politikerin kennt Tessa Ganserer die Bedeutung von Netzwerken in sehr unterschiedlichen Kontexten, sie zitiert das geflügelte Wort, in dem Politiker*innen* zwischen »Freund, Freund und Parteifreund« unterscheiden. Zwischenmenschliche Begegnungen sind in der Politik immer Chancen, sagt sie. Die Unterstützung aus einem Netzwerk kann ganz unterschiedlicher Natur sein, manchmal ist sie genauso wichtig wie eine Stimme bei der Wahl oder eine Unterstützung bei einem Antrag. Auch, um sich mal emotional aufzufangen: »Wenn mensch sich gesellschaftspolitisch engagiert, ist es schwer, als Einzelkämpfer*in unterwegs zu sein. Vor allem, wenn es um höhere Ziele geht, ist es im Team einfacher. Je höher die Ansprüche, desto wichtiger die Netzwerke.«

---

* Tessa Ganserer hat darum gebeten, dass die Sichtbarmachung der Geschlechter in ihren Zitaten mit einem Sternchen anstelle eines Doppelpunkts stattfindet; das Gendersternchen macht klar, dass es nicht nur die weibliche und männliche Form, sondern auch alle anderen Geschlechter inkludiert.

Kolleg:innen ungleich Freund:innen

Jede:r kennt das Bild der olympischen Ringe: Kreise, die sich gegenseitig überschneiden und zusammenhängen. So stelle ich mir das Bild vor, wenn es um die Schnittmenge der Menschen geht, mit denen ich meine Lebenszeit verbringe. Es gibt die, die im Kreis *Beruf* stehen, die, die in *Privat* stehen, und manchmal auch solche, die in der Schnittmenge der beiden Kreise stehen.

Das sind Menschen, die in mehreren Netzwerken gleichzeitig sind: Freund:innen meiner Eltern, die mich unterstützt haben, Praktikumsplätze oder Protagonist:innen für Recherchen zu bekommen.

Studienkolleg:innen, die wichtige Geschäftspartner:innen geworden sind. Partner:innen, mit denen ich in der intensiven Zusammenarbeit Freundschaften geschlossen habe.

Freund:innen, die irgendwann in mein Team gekommen sind.

Enge Vertraute, mit denen ich auch zusammenarbeite.

In Branchen wie dem Medienbereich ist die Überschneidung der Kreise besonders groß – man duzt sich meist sehr schnell, Kreativität setzt das Teilen persönlicher Geschichten voraus, viele Events schaffen Anlass für Begegnung, man trifft sehr oft auf dieselben Leute. Auch, wenn ich den Impuls verstehen kann, die Bereiche trennen zu wollen, überschneiden sich die Kreise *Beruf* und *Privat* in meinem Netzwerk sehr bewusst. Viele meiner engsten Ratgeber:innen, besten Freund:innen und Vertrauten habe ich über die Arbeit oder über gemeinsame Projekte kennengelernt.

Zum einen habe ich für mich persönlich das Modell definiert, dass ich sowohl Beruf als auch Privatleben als Lebenszeit definiere und daher nicht nach einer Balance zwischen beiden Teilen, sondern nach einer möglichst guten Vereinbarkeit suche. Das zeigt sich auch in meinen Arbeitszeiten und -bedingungen, die ich dank einem guten Arbeitgeber so einrichten kann, dass sie zu meinem Lebensmodell passen – und ich würde jede:r Berufseinsteiger:in raten, die Arbeitsbedingungen Zeit & Ort bei der Wahl des Arbeitsplatzes mindestens genauso hoch zu priorisieren wie Gehalt & Vertragslaufzeit.

Diana zur Löwen hat ihr Netzwerk komplett selbst aufgebaut und kennt die Vorteile, aber auch die Schwierigkeiten, die mit einer beruflichen und privaten Überschneidung daherkommen: »Ich habe total viele Menschen bei Events oder auf Panels kennengelernt, mit denen ich ähnliche Interessen geteilt habe. Manchmal ist daraus eine Freundschaft entstanden. Man muss Grenzen aber schnell definieren und sehen, wer der harte Kern ist: Wen kann man um Hilfe fragen und bei wem kann man auch mal Probleme ansprechen?« Die Basis eines guten Netzwerks, privat und beruflich, ist für sie Vertrauen: »Vertrauenspersonen könnten Partner:innen, Mitarbeiter:innen oder auch das Management sein. Wichtig ist, dass man sich gegenseitig auch Freiheiten lässt.«

Diana spricht damit einen sehr entscheidenden Punkt an. Sie gibt nicht jedem Kontakt ihre private Handynummer, und selbst ihre E-Mail-Adresse rückt sie nicht sofort raus. Die Trennung von Kontaktwegen in beruflich und privat kann sehr sinnvoll sein, weil sie zum Beispiel erlaubt, auch Auszeiten zu nehmen und wichtige Zeit zum Auftanken zu finden. Ich hatte zu Beginn meines Berufslebens kein Diensthandy, mit der Konsequenz, dass irgendwann so viele Leute meine private Handynummer nutzten, dass ich es nicht mehr umstellen konnte. Zwar habe ich mir irgendwann eine Prepaid-SIM gekauft, doch haben viele meiner privaten Kontakte nie aufgehört, mich auch auf der alten, dann dienstlichen Nummer anzurufen.

Es macht also durchaus Sinn, sich direkt zu Anfang des Berufslebens und dann immer wieder selbst zu fragen, wie eng man die

Netzwerkkreise *Beruf* und *Privat* überschneiden lassen will. Die Branche und das Umfeld, ebenso wie das Alter und die Lebensphase schaffen hier immer neue Grundvoraussetzungen. Damit einher geht auch, wie eng man seine persönlichen Grenzen setzen will: Soll jede:r direkt Zugang zu Social-Media-Profilen mit privaten Fotos bekommen, soll jede:r im Urlaub anrufen können? Ich plädiere nicht pauschal dafür, besonders harte Grenzen zu setzen – aber dafür, genau zu überlegen und immer wieder nachzujustieren, wie weit die Kreise sich überschneiden.

Tennisplatz-Privilegien und Hinterzimmer-Netzwerke

Die Überschneidung der Netzwerke ist ein wichtiger Faktor, wenn es um das Privileg sozialer Herkunft geht und wie es traditionell für Karrieren genutzt wird. Soziale Herkunft bestimmt nicht nur, welche grundlegenden Annahmen über die Welt wir durch Familie und Vorbilder lernen, sondern vor allem: in welche informellen Netzwerke man quasi hineingeboren wird.

Tijen Onaran erzählt: »Was mir von zu Hause aus gefehlt hat, ist das Netzwerk. Kein Tennisplatz, kein: *Ein Freund von mir ist Geschäftsführer bei XY*. Natürlich hatten meine Eltern Freund:innen, aber das waren keine Leute, über die man einen Praktikumsplatz bekommen hätte.« Freund:innen der Familie, die in Machtpositionen sind und Hintergrundwissen für Entscheidungen oder Verbindungen für Praktika vermitteln können, sind ein riesengroßes Kapital. Allerdings bauen solche Kreise auf Exklusivität auf und zementieren die soziale Ungleichheit weiter.

Doch auch die Netzwerke, in die wir frühzeitig eintreten – ob auf eigene Initiative oder auf die unserer Eltern hin –, spielen eine Rolle. Internate mit hohen Schulgebühren, beispielsweise, sind Orte, an denen sich Kinder und Jugendliche schon sehr früh kennenlernen und über die gemeinsame Zeit informelle und auch formelle Netzwerke gründen. Auch Jugendorganisationen können das sein – wobei hohe Teilnahme-, Studien- oder Schulgebühren massive Zugangsbeschränkungen schaffen.

Mit Anfang 20 schloss sich Tijen der FDP an. Sie engagierte sich im Ortsverband und trat sogar als Kandidatin für den Bundestag an. »Die Leute in der FDP kannten sich alle«, erinnert sie sich. »Da waren welche, deren Eltern schon die Jugendorganisation mitgegründet hatten oder Parteigrößen wie Genscher persönlich kannten. Für mich war das alles total weit weg und machte mir wieder bewusst, dass ich halt anders bin.« Auch wenn Tijen nicht aktiv ausgegrenzt wurde, spürte sie die Macht des informellen Netzwerks: »Es war das Gefühl: Du bist jetzt zu einer Party eingeladen, aber keiner sagt dir, wie man tanzt. Elitenetzwerke wirken wirklich sehr erdrückend auf die, die nicht dazugehören. Ich weiß nicht, wie ich mich verhalten soll, und fühle mich einfach fehl am Platz.«

Eine Studie der Ludwig-Maximilians-Universität aus dem Jahr 2022 stellt fest: Familiäre Herkunft spielt beim ersten Job von Uni-Absolvent:innen eine größere Rolle als Noten. Junge Akademiker:innen, deren Eltern über wenig Ressourcen verfügen, haben eher Probleme beim Jobstart. Für die Studie hat Dr. Fabian Kratz von der Ludwig-Maximilians-Universität München gemeinsam mit zwei Kolleg:innen die Angaben von 26 000 Personen aus Westdeutschland untersucht. Kindern aus Familien mit hoher Bildung verhilft die Herkunft, laut Studie, zu einem guten Berufseinstieg.[78] Absolvent:innen aus bildungsfernen Familien können den Unterschied erst mit zunehmender Berufserfahrung wettmachen. »Lebenschancen werden in Deutschland vererbt«, sagt die LMU in ihrer Mitteilung zur Studie.

Die *Strength of Weak Ties*-Theorie[79] von Granovetter aus dem Jahr 1973, die der sozialen Netzwerkforschung zugeordnet wird, argumentiert, dass Bekannte (*weak ties*) weniger untereinander agieren als enge Freund:innen (*strong ties*). Ein enges Netzwerk entsteht also vor allem unter engen Freundschaften. Dadurch werden diese *Cliquen* automatisch recht homogen – oder kurz gesagt: Lange, gute Beziehungen bilden stärkere Netzwerke als lose Bekanntschaften. Somit haben all jene, die auf Tennisplätzen, in Internaten, Familienurlauben oder anderen Jugendorganisationen groß geworden sind oder noch werden, einen ganz entscheidenden Startvorteil im Leben.

Simone Menne ist die Erste, die den Begriff des *Hinterzimmers* aktiv nennt. Auf die Frage, wie man eben diese starken Beziehungen aufbaut, sagt sie lachend: »Zigarre rauchend im Hinterzimmer!« Um eine gute und möglicherweise dauerhaft enge Beziehung zu anderen Menschen – und, wenn es um die Zirkel der Mächtigen geht, statistisch gesehen zu *weißen* Männern – aufzubauen, rät sie, darauf zu achten, was ebendiese Menschen motiviert. »Man darf nicht vergessen, dass Männer gerne Komplimente hören. Man ist überrascht, wie viel man schmeicheln kann, ohne dass Männer es als schleimig empfinden! Das kann man als Frau durchaus für sich nutzen«, sagt sie.

Als Unternehmerin und Investorin hat Tijen Onaran mehr Freiheit, sich ihr Netzwerk auszusuchen. Sie sieht ganz klar zwei Optionen: »Entweder musst du es schaffen, da reinzukommen, auf die Geburtstagsfeiern eingeladen zu werden, in den Kreis der Menschen zu kommen. Manchmal geht das nicht, weil die eine andere Generation sind oder einfach keinen Bock auf dich haben. Und ich sage dann: Baue dir selbst deine Zirkel, damit sie zu dir kommen müssen.«

Mit *Global Digital Women* hat Tijen eines der ersten und mächtigsten Diversity-Unternehmen gegründet. Anfangs vernetzte das Unternehmen mit Events und Stammtischen erfolgreiche Frauen, dann halfen Tijen und ihr Team Frauen dabei, Sichtbarkeit zu bekommen. Sie bezeichnet sich selbst als einen Menschen, der sehr von Effizienz getrieben ist, und stellt sich daher, wenn ihr die Tür zu einem Netzwerk verschlossen bleibt, die Frage: »Lohnt sich der Aufwand und die Zeit, dass ich versuche, da reinzukommen? Oder ist es nicht besser, an deiner eigenen Marke zu arbeiten, die eigene Positionierung zu stärken, mit dem Ziel: Irgendwann habe ich so eine Power, dass ihr zu mir kommen müsst, wenn ihr Infos wollt.«

Anna-Nicole Heinrich hat erkannt, dass es auch bei *Hinterzimmer-Netzwerken* auf die Zielgruppe ankommt. »Es gibt Räume, in denen ich besser ankomme als die, die in der gediegenen ersten Reihe besser ankommen.« Sie versucht auch, Hinterzimmer-Netzwerke zu durchmischen, ältere etablierte Kolleg:innen zu jungen

Leuten mitzunehmen: »Damit sie sehen: Ich bin objektiv gesehen nicht mehr wert als alle anderen, nur weil ich zum Beispiel ein Bischof bin. Es gibt auf der gleichen Veranstaltung fünf Räume, wo ich gut reinpasse und fünf, wo der Bischof gut reinpasst.«

Wenn wir die Netzwerke, in die ein Mensch kommen kann, biografisch auflisten, sind die Hinterzimmer-Netzwerke die direkten Nachfolgeorganisationen des Tennisplatzes. Formelle Netzwerke, elitäre Organisationen wie der *Rotary* oder *Lions Club* beispielsweise können Türöffner in Hinterzimmer sein. Auch die Zugehörigkeit zu gewissen Unis, den vorhin genannten Studentenverbindungen oder Förderprogrammen in der Ausbildung kann Kontakte schaffen, die sich über die Jahre vertiefen und zu Zugangskarten für Hinterzimmer werden. Aber gerade diese Netzwerke sind ein zweischneidiges Schwert: Allein durch die Tatsache der Zugehörigkeit haben die Menschen darin einen gewissen Grad an Macht, der zur Hybris werden kann, wenn die Agenda des Netzwerks nicht mit der des Unternehmens übereinstimmt.

Der VW-Diesel-Skandal ist vermutlich das bekannteste Beispiel der letzten Jahre: Top-Managern des Konzerns wird vorgeworfen, in inoffiziellen Absprachen die Manipulation von Abgas-Software ermöglicht zu haben, was dem Volkswagen Konzern einen Schaden unvergleichlichen Ausmaßes zugefügt hat.

Eine Welt von Männern für Männer

Ohne zu viel Pessimismus verbreiten zu wollen: Die Arbeitswelt, in der wir uns bewegen, ist nun mal eine, die von Männern für Männer gebaut wurde. Schon Aristoteles behandelte im vierten Jahrhundert v. Chr. in »Von der Entstehung der Tiere« den männlichen Prototypen als Faktum und den weiblichen Nachwuchs als Abweichung.[80] Die Politikwissenschaftlerin Emilia Roig sagt sogar, dass es eigentlich keinen Gesellschaftsbereich gibt, in dem der *weiße* Mann nicht als der Standard angesehen wird.[81] Männer sind das DIN-A4-Blatt, die Norm, der Prototyp, das *Normal* in der Arbeitswelt. Alles andere ist Abweichung. Die aktuelle Herausforderung ist, ob sich die Abweichung an den bestehenden Standard anpasst oder ob wir einen neuen Standard definieren können, der dann mehrere Gruppen miteinschließt. Und da Frauen nun mal keine Männer sind, Schwarze Menschen und PoC nun mal nicht *weiß*, lesbische, schwule und queere Menschen nicht hetero, trans* Personen nicht cis, behinderte Menschen nicht *able-bodied* … ihr wisst, wo ich hinwill: Wir haben keine andere Wahl, als den Standard zu verändern. Alle im DIN-A4-Format ist keine Option.

Dazu müssen wir uns aber erst einmal bewusst machen, wo wir herkommen, wie kurz wir das Problem *Standard und Abweichung* erst als Missstand empfinden und offen ansprechen. Das Buch »Female Choice. Vom Anfang und Ende der männlichen Zivilisation« von Meike Stoverock aus dem Jahr 2021 gibt einen guten Überblick darüber: Ganz am Anfang der Menschheit, als wir noch nomadische Völker waren, gab es einigermaßen gleichberechtigte Zustände zwischen Mann und Frau. Es gab zwar unterschiedliche

Aufgaben in der Gruppe, aber rein statusmäßig waren Frauen und Männer ziemlich gleichberechtigt. In der Archäologie ist genau diese Erkenntnis in jüngster Vergangenheit ein entscheidender Durchbruch: Ausgrabungen in Peru haben bestätigt, dass Frauen auch Jägerinnen waren; in Schweden hat sich ein jahrzehntelang selbstverständlich als Mann angenommener, hochrangiger Wikingerkrieger, dank DNA-Testung als Frau herausgestellt. Trotz der Eindeutigkeit der Ergebnisse entzündete sich daran eine hitzige Debatte in der Archäologie-Szene: denn eine weibliche Kriegerin sei ein Ding der Unmöglichkeit und unvorstellbar, kommentierten zahlreiche Forscher:innen.[82] Und selbst wenn der Großteil der Frauen, wovon die meisten Wissenschaftler:innen weiterhin ausgehen, Sammlerinnen waren, so waren die Beeren und Pflanzen nicht etwa die schlechtere Wahl als die Tiere, sondern sogar die sicherere Bank, wenn es um die Nahrungsversorgung ging – außerdem war das Wissen der Frauen darüber, was giftig war und was man essen konnte, elementar wichtig, um zu überleben. Erst mit der zunehmenden Sesshaftigkeit hat das Patriarchat so richtig an Fahrt aufgenommen, schreibt Alexandra Zykunov.[83] Als vor fünf- bis zehntausend Jahren das Thema Ackerbau und Viehzucht auf die Agenda kam, begannen Männer, das Thema Besitz für sich zu entdecken: Vieh fangen, Häuser bauen, Landbesitz abstecken. Der nächste Schritt waren andere Menschen: Frauen und Kinder wurden Besitz des Mannes, Sklav:innen kamen dazu. Besitz wurde zu Wert und damit Macht. Macht musste verteidigt werden. So begannen Männer, sich mit anderen Männern zu verbünden, sie organisierten sich, bauten Dörfer, formulierten Gesetze, etablierten Strukturen, an deren Spitze sie sich selbst setzten. Daraus entstanden Seilschaften, Stadträte, Zünfte und Vereine, öffentliche Institutionen, Handelskammern, Universitäten. Bis heute ist genau das spürbar: In »Unsichtbare Frauen« beschreibt Caroline Criado-Perez, wie fast alle dieser Lebensbereiche von der Annahme geprägt sind, dass männlich gleich die Norm ist. Die Klaviatur eines Pianos beispielsweise ist anhand der durchschnittlichen männlichen Handspannweite konzipiert. Das bereitet laut einer Studie 87 % der erwachsenen Pianistinnen Probleme. Eine weitere Untersuchung fand heraus, dass Pianistinnen ein doppelt so hohes Risiko für Schmerzen und Verletzungen haben als Pianisten. Schaut man sich die Handspannweite von berühmten Pianistinnen an, stellt man fest: Sie haben glücklicherweise Hände in Männergröße.[84] Software zur Spracherkennung, die von Notfallärzt:innen benutzt wird, hat bei Frauen eine 15-prozentige Fehlerrate. Die Spracherkennungssoftware wird anhand großer Stimmdatenbanken, sogenannter Korpora, geschult: und die enthalten hauptsächlich männliche Stimmen.[85] Das System von Männern für Männer führt zu einer erheblichen Datenlücke, wenn es um die Konzeption von Produkten für Frauen geht. Im Fall der Medizin kann das schwerwiegendere Folgen als den verweigerten Zugang zu Positionen relevanter Mitbestimmung haben: Als Norm für die menschliche Anatomie galt lange der typische Mann von 70 Kilogramm. Eine Analyse von Lehrbüchern der 20 renommiertesten Universitäten Europas, Kanadas und der USA ergab 2008, dass in den 16 329 analysierten Lehrbüchern unter dem Titel »Neutrale Körperteile« dreimal mehr männliche als weibliche Körperteile abgebildet wurden. Und noch im Jahr 2013 wurde ein revolutionäres künstliches Herz entwickelt, das für Frauen leider zu groß war.[86] Bis heute stellen Männer die Mehrheit der Probanden fast aller klinischen Studien, und obwohl wir längst wissen, dass sich männliche und weibliche Körper in Punkten wie Stoffwechsel, Zellteilung, Körperfettanteil und noch viel mehr unterscheiden, bekommen Frauen weiterhin Medikamente in Standarddosierungen verschrieben, die auf Basis männlicher Körper getestet wurden. Bei Narkosemitteln und Chemotherapeutika besteht daher das Risiko der Überdosierung. Frauen leiden laut Berichten der FDA (Food and Drug Administration) häufiger unter Nebenwirkungen wie Hirnblutungen oder Leberversagen als Männer. 2017 wies eine Untersuchung auf eine große Zahl von Medikamenten und medizinischen Geräten hin, die von der FDA vom Markt genommen wurden, weil sie für Frauen größere Gesundheitsrisiken mit sich brachten.[87]

Der Punkt wird klar: Der Mann ist der Protoyp im System, die Frau die Abweichung. So wurden die Männer immer wichtiger und mächtiger, Frauen blieben zu Hause, kümmerten sich um Haus und Hof. Und dann kam, wenn man nach der Evolutionsbiologin Meike Stoverock geht, der absolute Sargnagel dazu: Geld. Das, was die Frau machte, brachte nämlich keins ein: Sie pflegte, ernährte, kümmerte sich, aber sie produzierte nichts. Also wurde sie abhängig vom Mann. Das ganze Modell wurde *normal*.

Die Frau ist zu Hause und hat weder Macht noch Geld, der Mann hat beides und baut fleißig an Strukturen, die ihm noch mehr davon geben. Alexandra Zykunov weist immer wieder auf die Verbindung von Patriarchat und Kapitalismus hin, und spätestens nach den Ausführungen von Meike Stoverock stimme ich mit ein.

Fast forward: Bis zum 20. Jahrhundert durften verheiratete Frauen nicht arbeiten, das *Lehrerinnenzölibat* wurde zum geflügelten Wort und bedeutete: entweder Geld verdienen oder Ehe – und da die Ehe sozial gesehen die sicherere Bank war, entschieden sich die meisten Frauen dafür. Erst 1958 kam ein Durchbruch im BGB: »Sie [die Frau] ist berechtigt, erwerbstätig zu arbeiten, soweit dies mit ihren Pflichten in Ehe und Familie vereinbar ist.« Ob das vereinbar ist oder nicht, musste der Mann entscheiden. Wenn er nicht mehr wollte, dass seine Frau arbeitet, konnte er einfach ihren Arbeitsvertrag kündigen. Und dann dauerte es noch mal knapp zwei Jahrzehnte, bis Frauen ohne Erlaubnis ihres Ehemannes arbeiten gehen durften. Erst 1977 wurde das Gesetz geändert. Da war meine Oma 40 und meine Mutter 14 Jahre alt, beide Generationen vor mir haben also noch eine Welt erlebt, in der es gesetzesmäßig keine Gleichstellung gab.

Wenn wir das Ganze auf einen Zeitstrahl aufmalen und den Punkt den Ungleichstellung vor circa 10 000 Jahren ansetzen und den Punkt der zumindest gesetzmäßigen Gleichstellung auf dem

Arbeitsmarkt 1977, macht das nur einen Wimpernschlag in der Geschichte aus.

Ohne das rechtfertigen zu wollen: Es ist logisch, dass die Gleichberechtigung derart schwerfällig verläuft. Wenn ich mein ganzes Leben über weiß, dass man bei Rot an der Ampel stehen bleibt, und vor circa einer Minute hieß es dann: *Nein, doch nicht, bei Rot gehen und bei Grün stehen* – vermutlich würde ich bei Grün erst mal noch den Fuß heben und bei Rot unsicher sein, ob ich nun wirklich gehen soll. Das Patriarchat und der Arbeitsmarkt als System von Männern für Männer ist tief in uns verankert.

Alice Hasters sagt, Bildung und Wissensvermittlung sind die Schlüssel. Doch wenn nur die, die im aktuellen System diskriminiert werden, diese Schlüssel benutzen, bleiben die Schlösser trotzdem dieselben und werden nicht ausgetauscht. »Die große Schwachstelle in einem System ist, dass die Leute, die davon profitieren, nichts zu wissen, sich auch nicht damit beschäftigen werden. Und wenn sie sich beschäftigen, trotzdem immer noch nicht unbedingt ins Handeln kommen.« Braucht es also Beschleuniger, frage ich sie: »James Baldwin hat mal gesagt: It's taken my grandfather's time, my father's time, it's taking my time now you're asking for my son's time – how much time do you need for your progress? Also: Ich verstehe, dass es menschlich ist, dass Veränderung einen gewissen Prozess braucht. Und Adaption Zeit braucht. Ich verstehe, dass man nicht alles sofort haben kann. Aber das Argument von *Nicht so schnell, sonst überfordern wir die Leute!* war immer schon ein Argument dafür, Bewegungen auszubremsen. Und vor allen Dingen ein Argument von denen, die sich als Verbündete verstanden haben: *Nicht so schnell, wenn wir bestimmte Dinge durchsetzen, bricht hier die große Wut aus!* Und an dieser Argumentation merkt man ja umso mehr, wer die Macht hat. Dass da ein Gewaltpotenzial ist, wenn wir unsere Freiheit verlangen, Angst haben müssen, dass sie uns noch mehr genommen wird.«

Sigrid Nikutta glaubt, wie auch ich, an die Quote als zentralen Antrieb der Beschleunigung. »Du musst Menschen dazu bewegen, freiwillig Macht abzugeben. Anders funktioniert das nicht. Damit würden sich Menschen unlogisch verhalten und gegen ihre eigenen Interessen handeln. Deshalb bin ich eine Verfechterin der Frauenquote. Wir werden den Wandel bekommen, über die Rahmenbedingungen, die eine Geschlechterneutralität herstellen.« Sie nimmt die Emotionalität aus der erhitzten Quotendiskussion, indem sie sagt: »Wir passen uns ja permanent an Rahmenbedingungen an, an CO_2-Richtlinien, an Steuern, dahingehend optimieren wir ja dauernd. Es braucht die Quote, damit die Selbstverständlichkeit kommt. Dann muss man eine Rückfallquote einrechnen und irgendwann ist es ganz selbstverständlich.«

Tupoka Ogette hält die Zeit für den Treiber des Wandels. Jeder Mensch hat eine andere Motivation, Gleichberechtigung voranzutreiben. Manche Menschen bewegt der moralische Aspekt, andere das kapitalistische Argument. Dass der Wandel letztendlich kommt, daran glaubt sie, auch wenn es dauert. Schließlich geht es um die wirksamste aller Drogen, Macht, und daher ist und bleibt es schwer für Menschen, ihre Privilegien aufzugeben. »Rein kapitalistisch argumentiert: Wir wissen, mehr Perspektiven schaffen mehr Innovation, das steigert den Profit. Abgesehen davon: Die Kämpfe, die geführt werden, hören ja nicht auf. Der Weg ist das Ziel.«

Laut dem aktuellen »Global Gender Gap Report« des *World Economic Forum* dauert es noch 132 Jahre bis zur Gleichstellung.[88] Gemessen daran, dass wir vor 10 000 Jahren mit der Ungleichstellung begannen, ist das eine ermutigende Zahl. Und trotzdem frustriert mich der Gedanke, wenn ich an die kommenden Frauengenerationen denke. Und genau deshalb brauchen wir Beschleuniger, um es ein bisschen schneller zu schaffen. Zum Beispiel gesellschaftliche Debatten. Oder Netzwerke, die Frauen gezielt unterstützen.

Boys Clubs

Auch bei Netzwerken gilt: Sie sind in erster Linie von Männern für Männer gebaut. Frauen sind die Abweichung, das Neue, das Spannende, aber in immer noch vielen Kontexten eben auch das Störende.

Bei vielen der Netzwerke, die mächtige Manager und Politiker pflegen, spricht man umgangssprachlich von *Boys Clubs*. Geprägt wurde der Begriff in elitären Ausbildungsstätten in England, die nur für Jungen aus zahlungskräftigen Elternhäusern zugänglich waren und deshalb schon im frühsten Alter ein Tennisplatz-Netzwerk darstellten. Der *Bullingdon Club* ist hier das prominenteste: eine Vereinigung aktueller und ehemaliger Oxford-Studenten, die sich selbst als Tischgesellschaft bezeichnet und mit Geschichten über Alkoholexzesse, Vandalismus und Geschmacklosigkeiten, wie das Verbrennen von Geld vor den Augen Obdachloser, von sich reden machte. Der Spielfilm »The Riot Club« ist von dieser Tischgesellschaft inspiriert. Die Mitgliederliste des *Bullingdon Club* kann sich sehen lassen: Die letzten englischen Premierminister Boris Johnson und David Cameron waren dort aktiv, sogar zur gleichen Zeit, ebenso der spätere Schatzkanzler George Osborne. Die Annahme, dass der Club ebenjene enge Vertrauensbeziehung ermöglicht, die dazu führt, dass man sich gegenseitig fördert, liegt also ziemlich nahe. Wer hier Assoziationen zum Konzept der Studentenverbindungen in Deutschland hat, die in vielen Fällen auch bis heute nur junge Männer aufnehmen, liegt sicher nicht falsch.

Auch in Managementteams kann man immer wieder beobachten, dass Männer gerne unter sich bleiben. »Soziale Homophilie«[89] heißt das Phänomen in der Psychologie, das besagt, dass Menschen gerne Menschen mögen, die ihnen ähnlich sind. Dabei bezieht sich die Ähnlichkeit auf Geschlecht, ethnische Herkunft, sozioökonomischen Status und Bildungsgrad. Oder einfacher gesagt: Gleich und gleich gesellt sich gern.

Der große Vorteil, wenn man Teil einer homogenen Gruppe ist, ist, dass man innerhalb der Gruppe viel leichter kommunizieren kann. Man versteht sich einfach gut, im wahrsten Sinne des Wortes. Der negative Effekt ist jedoch, dass alle sehr ähnliche Ansichten haben. Die Echokammer, Filterbubble oder auch selektiver Informationsgewinn sind die Folgen.[90]

Ein großer Nachteil der sozialen Homophilie ist aber, dass Menschen, die nicht dieselben Merkmale teilen, scheinbar sehr schnell wieder aus der Gruppe rauswollen. Jede zweite Frau, die zwischen 2010 und 2015 in einen deutschen Vorstand berufen wurde, verließ das Unternehmen schon nach zwei Jahren wieder.[91] Wenn eine Gruppe zu mehr als 70 % homogen ist, die Minderheit also unter 30 % liegt, geben die Vertreter:innen ebendieser Minderheit mit hoher Wahrscheinlichkeit auf.

Gerade innovationsorientierte Unternehmen brechen soziale Homophilie also sehr bewusst auf. Die Beratungsfirma *IDEO* im Silicon Valley gilt als einer der Innovationstreiber, wenn es um Design- und Produktentwicklung geht. Die erste *Apple*-Maus – eine minimalistische, weiße, verschiebbare Kachel, die gleichzeitig maximal intuitiv funktioniert – ist eine *IDEO*-Entwicklung. Die Firma nutzt Methoden des Human-centered Designs sowie des Design Thinking, um möglichst innovative und zugleich nützliche Produkte und Designs für ihre Kund:innen zu entwickeln. Dabei setzt sie in der Personalpolitik auf radikal diverse Teams: So wenig soziale Homophilie wie möglich ist das Erfolgsrezept für maximale Innovation.

Boys Clubs und das Konzept der sozialen Homophilie stecken also in einer Zwischenphase. Auf der einen Seite zeigen Forschung und auch die Erfolgsgeschichten aus der Wirtschaft, dass in Filterbubbles nicht die besten Ideen entstehen. Auf der anderen Seite ist es aber einfach so wunderbar angenehm, mit Leuten rumzuhängen, die einem maximal ähnlich und der eigenen Meinung sind. Die kognitive Dissonanz, die entsteht, wenn die eigene Meinung nicht zu dem passt, was man hört oder präsentiert bekommt, ist ein unangenehmes Gefühl.

Fränzi Kühne ist nicht nur Gründerin und Aufsichtsrätin, sondern vor allem auch gut vernetzt in der Start-up-Szene. Sie beobachtet, dass diese Clubs ein sich reproduzierendes System sind, das auch nicht mit der sogenannten *Old Economy*, den etablierten Unternehmen vor der Zeit der Digitalisierung, aussterben wird: »Es gibt keinen Impuls in diesen ganzen homogenen Gruppen, etwas zu verändern. Deshalb pflanzt sich der *Boys Club* ja auch fort. Auch die Start-up-Szene ist genauso männlich dominiert.«

Dass der Impuls für Veränderung, was Diversität in der Führung betrifft, von außen kommen muss, kann man an der Einführung der Quote beobachten. Ende 2014 wurde die verpflichtende Frauenquote von 30 % für Aufsichtsräte beschlossen, die tatsächlich umgesetzt wurde. Zwei Jahre später wurde das Gesetz für die gleichberechtigte Teilhabe von Frauen und Männern an Führungspositionen auch für Vorstände eingeführt. Aufsichtsräte börsennotierter und paritätisch mitbestimmter Unternehmen müssen mindestens 30 % Frauen im Aufsichtsrat haben, Firmen mit mehr als 500 Mitarbeitenden müssen verbindlich eine Zielgröße von Frauen im Vorstand definieren. Der Stand aus dem Jahr 2019 bestätigt Fränzis Eindruck: 58 von 160 DAX-Unternehmen haben die Zielgröße null. Am 12. August 2022 ist das Zweite Führungspositionengesetz für Wirtschaft und öffentlichen Dienst in Kraft getreten: Die Zielgröße null muss begründet werden, bei Neuberufungen in Vorständen von Unternehmen ab 2000 Mitarbeitenden und einem Vorstand von drei Personen an muss mindestens eine Frau und mindestens ein Mann dabei sein.[92]

Während *Boys Clubs* exklusive informelle Netzwerke sind, in denen sich per definitionem ausschließlich Männer mit Informationen versorgen, beratschlagen, unterstützen und austauschen, erklärt der von der *AllBright Stiftung* visualisierte *Thomas-Kreislauf* den Besetzungsprozess von Spitzenposten in Deutschland.

Der im März 2017 veröffentlichte *Allbright*-Bericht stellte fest, dass zu diesem Zeitpunkt 93 % der Vorstandsmitglieder in Deutschland Männer waren, die sich in Alter, Herkunft und Ausbildung stark glichen (im Jahr 2022 sank die Zahl immerhin auf 86 %, in den DAX-40-Unternehmen sogar auf 80 %). Im Jahr 2017 hießen 5 % der CEOs Thomas, und es gab mehr Vorstandsmitglieder, die Thomas oder Michael hießen (49), als Frauen insgesamt (46). Außerdem fand der Bericht heraus, dass Menschen, die in Ostdeutschland ausgebildet wurden, nur 1 % aller Vorstandsmitglieder ausmachten. Das Fazit des Berichts: »Seit Jahrzehnten reproduzieren sich die immer gleichen Führungsmannschaften, sodass viel Innovatives, aber auch sich selbst korrigierendes Potenzial verloren geht.« Unternehmen, die eine Frau als Aufsichtsratsvorsitzende hatten, standen hinsichtlich der Quoten signifikant besser da als der Durchschnitt. Die Geschäftsführenden der Stiftung, Wiebke Ankersen und Christian Berg, schrieben pointiert: »Die Unternehmen rekrutieren, als sei nur ein männlicher 53-jähriger westdeutscher Betriebswirt in der Lage, im Vorstand eines Unternehmens mitzuwirken.«[93]

Im *AllBright*-Bericht März 2017 wurde also das Konzept des *Thomas-Kreislaufs* geboren. Der durchschnittliche deutsche Chef umgibt sich am liebsten mit Spiegelbildern seiner selbst. Den Regeln der sozialen Homophilie folgend, bringt er Menschen, die ihm maximal ähnlich sind, sowohl die meiste Sympathie als auch das größte Vertrauen entgegen. Auch die Tatsache, dass der Chef sich selbst in einem jüngeren Mann sieht und diesen als Nachfolger aufbaut, folgt diesem Prinzip.

Seit ich selbst Führungspositionen vergebe, verstehe ich, wie tricky der Kreislauf ist. Auch wenn ich mir einbilde, ganz klar nach Qualifikation, Einsatz, Talent und Leistung zu entscheiden, wen ich fördere und mit wem ich Zeit verbringe, ist mir vor einigen Jahren aufgefallen, dass auch ich Menschen eher vertraue, die mir in ihrer Art zu arbeiten und ihrer Herangehensweise ähnlich sind. Wenn ich einer Person, die ähnlich tickt wie ich, ein Problem zuwerfe, glaube ich ziemlich genau zu wissen, wie sie es lösen wird – und dass sie es lösen wird. Eine Person, die grundsätzlich anders ist als ich, stellt für mich ein größeres Risiko dar. Wenn sie das Problem nicht löst oder sogar noch ein weiteres Problem schafft, kostet mich das Zeit und Ressourcen.

Vertrauen ist also einer der zentralen Punkte. Wir vertrauen Menschen, die wir einschätzen können. Menschen, in denen wir uns selbst wiedererkennen, glauben wir besser einschätzen zu können als Menschen, die völlig anders ticken.

Kerstin Erbe ist Geschäftsführerin bei einem mittelständischen Familienunternehmen, dem Teil der deutschen Wirtschaft, der sich mit 8 % Frauen in der Geschäftsführung am langsamsten wandelt. Der *Thomas-Kreislauf* ist hier durch Eigentümerfamilien teilweise vom System selbst vorgegeben. Auf die Frage, warum dieser Kreislauf in Familienunternehmen und auch im deutschen Mittelstand so viel langsamer durchbrochen wird als in Konzernen und anderen Unternehmen, antwortet sie: »Der Mittelstand ist sehr langfristig ausgerichtet, auch weil die Gesellschafterstrukturen sehr langfristig ausgelegt sind. Große Unternehmen sind internationaler geprägt, unterliegen auch amerikanischen Einflüssen und Kampagnen, die dazu führen, dass die Themen sehr stark angegangen werden. Der Mittelstand ist da mit einer viel größeren Kontinuität unterwegs. Wenn eine Geschäftsführung das Vertrauen der Eigentümerfamilie genießt, gibt es keinen Grund, sie aufgrund von Gender zu entlassen.« Dennoch kennt sie viele Beispiele von mittelständischen Unternehmen, die sich wandeln und junge Geschäftsführerinnen in die Führung holen: »Es müssen eben auch die geeigneten Familienmitglieder da sein, um die Rollen zu übernehmen«, bemerkt sie und schließt damit den Kreis zur Erziehung, zu dem, was wir lernen und als gegeben betrachten, zu Rollenbildern und tradierten Mustern.

Frauennetzwerke

»Leider gelingt es Frauen bislang kaum, sich auf ähnliche Weise informell zu organisieren und den *Boys Networks* entsprechende weibliche, ähnlich machtvolle Netzwerke entgegenzusetzen«, schreibt Christiane Funken in »Sheconomy«.[94] Während Männer sich vorrangig hierarchisch nach oben netzwerken, suchen Frauen eher die Nähe zu statusgleichen Kolleginnen und Kollegen. Auch das schon angesprochene Verhältnis zwischen Konflikt und Kooperation, was für Männer zusammenpasst, für Frauen jedoch einen Widerspruch darstellt, kommt hier zum Tragen: »Für Männer sind Freundschaft und Hierarchie, Konkurrenz und Kooperation kein Widerspruch«, schreibt Christiane Funken. Für Frauen schon eher, sie glauben, zwischen Freundin und Konkurrentin unterscheiden zu müssen.

Frauennetzwerke sind demnach eher auf einer Ebene und eher mit dem Ziel des Austauschs als des Machtgewinns errichtet. In einer ihrer Studien stellte Funken auch fest, dass Männer überhaupt kein Problem damit haben, Männer aus ihrem Netzwerk für eine Stelle zu empfehlen – der Hintergedanke, dann *einen gutzuhaben*, ist spannend. Frauen gaben an, lieber keine weibliche Bekannte aus ihrem Netzwerk empfehlen zu wollen, denn es könne ja negativ auf sie selbst zurückfallen, wenn die Kollegin die Erwartungen nicht erfüllt. Netzwerke zum Zweck des beruflichen Fortkommens zu nutzen, ist für Männer völlig normal, professionell, für Frauen eher ein Widerspruch und ein unangenehmes Gefühl.

»Ich glaube, dass es relativ wenig bringt, wenn sich Frauen immer wieder untereinander über Probleme unterhalten«, sagt Aufsichtsrätin und Agenturgründerin Fränzi Kühne. »Ich unterstütze

Initiativen, die Mehrwert bringen und Sichtbarkeit schaffen, und deshalb achte ich auch in den Runden, die ich besetze, auf Diversität.« Sie engagiert sich in der *AllBright Stiftung*, in der Frauen und Männer gemeinsam positiven Wandel bewegen wollen.

Diese Erfahrung hat auch Simone Menne gemacht. Sie ist sogar aus Frauennetzwerken ausgetreten, als sie merkte, dass dort wenig aktiver Wandel betrieben wird: »In manchen Frauennetzwerken ging es eher ums Beschweren und ums Jammern. Da habe ich mich sehr schnell wieder ausgeklinkt. Was ich genieße, sind kleine Runden mit Frauen, die sehr ähnliche Beobachtungen machen. Das ist ein Austausch, der mich weiterbringt. Außerdem habe ich natürlich junge Frauen, die ich fördere. Aber sobald ein Netzwerk zu groß ist, bringt es nicht mehr wirklich viel.«

Für Tupoka Ogette sind rein weibliche oder BIPoC-Netzwerke auch *safe spaces*. Selbst wenn kein Netzwerk jemals völlig homogen sein kann, sagt sie mit Verweis auf die Intersektionalität: »Punktuell finde ich, kann es super entlastend sein, bestimmte ›sichere‹ Räume zu haben, Solidarität zu spüren und zu wissen: Ich bilde mir das alles nicht ein, ich bin nicht allein. Gerade wenn du im Mainstream unterwegs bist, wird dir immer wieder gesagt: Das nimmst du falsch wahr, es gibt diese Erfahrungen nicht! Und deshalb sind diese Räume auch überlebenswichtig, weil Menschen sagen: *Ich mache diese Erfahrungen auch.*«

Seit 2010 formieren sich immer mehr formelle Frauennetzwerke, in denen man für teils recht hohe Mitgliedsbeiträge Teil einer Gruppe von Frauen werden kann, die sich trifft, austauscht und gemeinsam Impulse sammelt. *Edition F, Team nushu* oder *Mission Female* sind einige, denen man sich durch Eventtickets oder Mitgliedschaften anschließen kann. Gerade zum Berufseinstieg, als mein eigenes Netzwerk noch nicht so stark war, habe ich mich gerne formellen Netzwerken angeschlossen und dort bis heute immer tolle Kontakte geknüpft. Für mich sind formelle Netzwerke aber vor allem Ausgangspunkt für informelle Netzwerke, die ich mir selbst baue oder in die ich von dort aus eingeladen werde.

Tijen Onaran ist für mich – wie für viele andere Frauen in Deutschland – die absolute Queen des Netzwerkens. Sie hat mit Erfolg ihre eigenen formellen und informellen Netzwerke gebaut. Wenn sie anruft, kommen die mächtigsten Frauen Deutschlands: »Ich habe früh erkannt, dass ich meine eigenen Netzwerke brauche. Du übst eine viel höhere Attraktivität auf Leute aus, wenn sie merken, dass du in einer Position von Stärke bist. Die *FOMO*, wenn man wo nicht eingeladen ist, ist nichts, was viel Energie bekommen sollte.« Tijen hat die Dynamik, dass Frauennetzwerke nicht mächtig sind, umgedreht. Trotzdem sie eine große Medienpräsenz hat, schätzt sie die wirkliche Kraft eines informellen Netzwerks: Die Unsichtbarkeit. »Irgendwann findet die viel spannendere Sichtbarkeit hinter den Kulissen statt. Die wirklich machtvollen Netzwerke sind nicht sichtbar.« Tijen vernetzt gezielt die richtigen Menschen und hat kein Problem, andere Frauen direkt für eine Stelle vorzuschlagen. Sie ist ein Vorbild, das auch ich gerne imitiere, wenn es darum geht, den Namen einer anderen Frau lautstark in den Raum zu rufen.

Die Hürde, sich einem formellen Frauennetzwerk anzuschließen, ist deutlich geringer als die Mission Impossible, in einen *Boys Club* aufgenommen zu werden. Gerade wenn du am Start deines Netzwerks bist, sieh es als Prozess: Aus einem formellen Netzwerk kann ein informelles entstehen. Aus reinen Frauennetzwerken können gemischte Netzwerke entstehen. Hab außerdem keine Angst, dich nach oben zu vernetzen: Wenn du an einem Tisch sitzt mit fünf Leuten, die alle mehr zu sagen haben als du selbst, bist du genau richtig. Und noch etwas: Poste keine Fotos aus einem Meeting, um zu zeigen, mit wem du unterwegs warst. Wirklich mächtige Netzwerke leben von der Unsichtbarkeit.

Keine Angst vor Tabus

Frauennetzwerke sind auch gute Safe Spaces, um über Themen zu reden, die eigentlich No-Gos im beruflichen Kontext sind. Geld ist so eines: Während meine Mutter mir noch *Über Geld spricht man nicht!* eingetrichtert hat, merke ich immer mehr, wie Kolleg:innen der Generationen Y und Z offener werden. Über Geld zu sprechen, wird immer akzeptabler. Dabei geht es vor allem darum, sich selbst zu verorten und zu wissen, welche Ziele und Forderungen angemessen sind.

Je nach Branche und auch Alter gibt es dabei natürlich Unterschiede. Lou Dellert findet, dass Austausch über Finanzthemen für sie enorm wichtig ist: »In der Branche der Influencer:innen ist es bestimmt anders als in vielen Bereichen. Frauen trauen sich inzwischen mehr zu sagen. Über Geld, über Investments, über Aktien und Immobilien. In der Männerwelt war das ja schon immer so, da hat man am Stammtisch darüber geredet. Männer profitieren seit Jahrhunderten davon, dass sie Tipps teilen.« Sie hat die Erfahrung gemacht, dass über Geld sprechen auch eine Form von Empowerment ist. »Wenn es bei mir um Geld geht, habe ich mich viel zu oft unterkriegen lassen. Ich dachte: So viel kann ich doch nicht verlangen? Und erst als jemand zu mir sagte: *Ein Mann würde einfach diese und jene Summe nennen, weil er weiß, dass er es wert ist*, da habe ich es gemacht und es hat natürlich geklappt.« Eine Erfahrung, die auch Content Creatorin Diana zur Löwen teilt: »Man muss den Mut haben, mit seinen Kolleg:innen offener über Geld zu sprechen, auch mit den Männern. Man muss nicht mit jedem seine Preisliste kommunizieren, aber wenn man zwei, drei Leute hat, ist das super wertvoll. Wenn es ums Verhandeln geht, ist es wichtig, dass man weiß, was man wert ist.«

Ich mache oft die Erfahrung, dass bei Geldthemen die Männer in meinem Umfeld angesprochen werden – beruflich und privat. Beim Immobilienkauf bekam ich Angebote standardmäßig an *Sehr geehrter Herr Trunk* geschickt. Auch beruflich, wenn es um Deals mit größerem Investitionsvolumen geht, habe ich schon die Erfahrung gemacht, dass das Gegenüber fragte, ob mein Chef denn auch dazukommen wolle? Geld ist Männersache, diese Annahme ist im Kopf vieler verankert. Und da Geld in vielen Bereichen auch mit Macht zu tun hat, verschließt der Zugang zu Diskussionen rund um Geld auch Netzwerke der Macht.

Ich bin immer wieder erstaunt darüber, wie wenig Frauen in meinem Umfeld sich mit dem Thema Geld, Altersvorsorge und Investition beschäftigen. *Das macht mein Mann!* ist ein absoluter Standardsatz. Eine Studie der UBS Global Wealth Management aus dem Zeitraum 2017 bis 2019 bestätigt meinen Eindruck:[95] Während Frauen die alltäglichen Ausgaben verwalten, bleibt Anlageplanung Männersache. Ganze 74 % der deutschen Frauen gaben an, nie durch ihren Partner darin einbezogen worden zu sein. 63 % aller Millennial-Frauen verlassen sich bei finanziellen Entscheidungen auf ihre Ehemänner und Partner. Aber mehr als die Hälfte aller Frauen in Deutschland fand nach der Scheidung heraus, dass das gemeinsame Geld nicht immer in ihrem Interesse verwaltet wurde.

Verhandeln ist unangenehm – diese Erfahrung kann auch Diana zur Löwen bestätigen. Viele erfolgreiche Frauen möchten nicht über ihre eigene Bezahlung verhandeln oder sich mit dem Thema Geld beschäftigen. »Ich kenne viele, die sagen: Finanzen macht nur mein Mann. Dabei ist es so empowernd, wenn man sich mal damit auseinandersetzt, auch mit Immobilien, mit Start-up-Investments. Ich würde mir wünschen, dass mehr Frauen sich treffen und auch über Gehälter sprechen oder ihre Erfahrungen bei Verhandlungen.«

Gerade Frauennetzwerke können helfen, Themen zu entdecken, die wichtig für den eigenen Weg sein können – oder sich zu trauen, scheinbare Tabubereiche zu erkunden. Frauen müssen sich gegenseitig Sparringspartnerinnen sein, wenn es darum geht, die Codes für Netzwerke zu entschlüsseln und eine eigene Strategie zu finden.

Networking mit Plan

Das Thema Netzwerken ist – klar – vielschichtig, und fast alle meine Interviewpartnerinnen haben wie ich die Erfahrung gemacht, dass es vor allem im Studium völlig okay ist, das Thema einfach auf sich zukommen zu lassen. Spätestens aber, wenn man sich für einen Berufsweg entschieden und den Anspruch hat, in eine Position relevanter Mitbestimmung zu kommen, sollte man das Ganze ein bisschen gezielter angehen.

Der Gedanke an strategisches Netzwerken hat einen unangenehmen Beigeschmack, irgendwie unsympathische *Vibes*. Aber auch hier ist die Trennung von Sach- und Personenebene wichtig und der Blick auf die Beruflich-Privat-Olympia-Ringe. Beim Netzwerken geht es nicht primär darum, Freund:innen zu finden. Beim Netzwerken geht es darum zu beurteilen, wie gut das, was ich an Erfahrungen, Kontakten, Informationen, Ideen und Gedanken mitbringe, zu dem passt, was der andere Mensch braucht oder bietet. Genau wie beim Sprechen über Erfolge oder dem scheinbaren Widerspruch zwischen Kooperation und Konflikt, müssen wir Frauen den Impuls überwinden, uns schlecht zu fühlen, nur weil ein bisschen Strategie dahintersteckt, wen wir anschreiben oder ansprechen.

Ich habe die längste Zeit meines Lebens völlig ohne Strategie genetzwerkt – und hatte Glück, dass mir viele Menschen begegnet sind, denen ich etwas geben konnte und die wiederum mir geholfen haben: indem sie mich zu etwas inspirierten, mir Rat gaben, mich förderten oder mit spannenden Menschen in Kontakt brachten. Außerdem habe ich bis heute die Prämisse, dass ich nur mit Menschen tiefere Beziehungen aufbaue, mit denen ich ähnliche Werte teile. Ich könnte also nie jemanden in mein Netzwerk lassen, der oder die mit einer rechten Partei sympathisiert. Es gäbe keine Gemeinsamkeit, die größer sein könnte als das, was uns trennt. Das Thema gemeinsame Werte ist in meiner Liste der Prioritäten ganz oben angesiedelt, der Status eher weiter unten. Menschen, denen Status wichtiger ist, könnten eher über Grundwerte hinwegsehen, solange der Status passt.

Der Switch hin zu ein bisschen mehr Planung in meinem Netzwerkspiel kam, ehrlich gesagt, aus der reinen Not heraus: Ich hatte einfach keine Zeit mehr, unendlich viele Menschen zu treffen. Ähnlich ging es auch Anna-Nicole Heinrich, deren Netzwerkverhalten sich mit der Leitungsposition in der Kirche änderte: »Ich war schon immer ganz gut im Netzwerken, aber bis zu diesem Amt hatte das wenig System. Jetzt merke ich: Ressourcen und Kapazität sind endlich, deshalb gehe ich das systematischer an.«

Diana zur Löwen schaut auf ihr Netzwerkverhalten zurück: »Im Studium habe ich das noch gar nicht so bewusst durchschaut, wie wichtig das war. Würde ich jetzt noch mal studieren, würde ich viel strategischer rangehen. Zum Beispiel mit Leuten an einer Start-up-Idee arbeiten und nutzen, dass man Zeit hat und nicht so viel Geld zum Leben braucht.«

Miriam Wohlfarth baut sich in ihrer Rolle als Aufsichtsrätin einer Automobil-Tochter gerade ein ganz neues Netzwerk auf: im Unternehmen selbst mit den Mitarbeitenden. Ihr Ziel ist es zu verstehen, wie der Laden tickt: »Ich will mich mehr mit Leuten unterhalten«, sagt sie. »Auf PowerPoint-Folien wirst du nie ein tieferes Verständnis für das Unternehmen entwickeln, das du beaufsichtigen sollst.«

Sinnvoll kann es auch sein, innerhalb des eigenen Netzwerks zu sortieren, mit wem man sich physisch trifft und mit wem man über Social Media in Kontakt bleibt. Tijen Onaran sagt: »Man muss nicht laut sein, um zu netzwerken. Man muss auch nicht auf Veranstaltungen rennen, wo man eh nicht die Zeit hat, mit allen zu sprechen. Social Media ist eine gute Form, Kontakt mit Menschen direkt aufzunehmen und in den Austausch zu gehen. Beim Netzwerken sollte man aber nicht nur überlegen: Warum ist diese Person relevant für mich? Sondern auch: Was kann ich bieten?«

Jede:r hat also eine andere Motivation, die die Strategie bestimmt, mit der man in das jeweilige Netzwerk startet. Es hilft, sich einmal kurz bewusst zu machen, was man braucht und was man geben kann. Und: was die persönlichen Deal Breaker sind sowie die Prioritätenliste, die einen antreibt. Auch der Unterschied zwischen dem beruflichen und dem privaten Selbst ist ganz elementar: Nicht jede:r muss gleich dein:e beste:r Freund:in werden.

Networking Codes und Authentizität

Wie komme ich also in ein Netzwerk, gerade wenn ich nicht das Glück habe, durch Internat, Tennisplatz oder strategisch vernetzte Eltern mit einem guten Startnetzwerk geboren worden zu sein? Formelle Netzwerke sind viel einfacher zu durchschauen als informelle, auch, weil sie sich klarer abgrenzen: Bei einem Verein kann man sich anmelden, bei einem Stipendiat:innen-Programm bewerben, für eine Privatuni oder ein Internat braucht man den entsprechenden Geldbeutel. Informelle Netzwerke funktionieren anders und erkennen sich manchmal nicht selbst als Netzwerk. Man ist dabei oder man ist nicht dabei. Ich wage sogar zu vermuten, dass sich die wenigsten *Hinterzimmer-Netzwerke* selbst so definieren würden. Es ist wie mit allen Privilegien: Wenn man dabei ist, merkt man es nicht. Nur wenn man nicht dabei ist, kriegt man es überhaupt mit.

Wenn man also Teil einer Gruppe werden möchte, sollte man sich genau überlegen, in welches informelle Netzwerk man wirklich rein möchte. Würde ich als Medienmanagerin zum Beispiel meine ganze Energie investieren, um in ein inoffizielles Netzwerk von Hirnchirurg:innen zu kommen, würde mir das beruflich und auch persönlich ziemlich wenig bringen. Informelle Netzwerke sollten Verbindungen sein, die entweder Unterstützung, Ratschläge und Einschätzungen geben oder Informationen und Kontakte.

Hat man also den Bereich gefunden, in dem man gerne Teil von informellen Netzwerken wäre, lohnt es sich, die jeweiligen Codes zu beobachten. Duzt oder siezt man sich? Wie kleiden sich die vermuteten Meinungsführer:innen darin, welche Sprache sprechen sie, welche Statussymbole und Erkennungszeichen haben sie gemeinsam? Ich konnte beispielsweise beobachten, dass sich vor etwa zehn Jahren ein Netzwerk der Männer, die keine Krawatten mehr trugen, bildete, dafür hatten sie plötzlich alle weiße Turnschuhe an. Sie nannten sich mehr oder weniger einstimmig die *Neue Generation Führungsmänner* und hoben sich ab von der vorhergehenden Babyboomer-Generation, die sich anders kleidete, auf repräsentative Büros bestand und einen Dienstwagen samt Fahrer hatte. Legte ein Manager die Krawatte ab und kam mit weißen Turnschuhen, wusste man: Er will gerne vom Krawattenträger-Club ins Weiße-Sneaker-Netzwerk wechseln.

Nicht immer ist es so plakativ. Gerade in der Politik gelten jede Menge implizite Regeln, die man erst einmal lernen muss. Tijen erinnert sich an ihre FDP-Zeit: »Mir hat das Grundwissen gefehlt, wie man sich in solchen Zirkeln verhält, und auch, wie das Hierarchie-Game funktioniert. Ich wusste zum Beispiel nicht, dass der Staatssekretär ein Vorzimmer hat. Also bin ich einfach direkt in sein Büro gelaufen.«

Es hilft also, nicht in Aktionismus zu verfallen und alles zu tun, um in ein Netzwerk aufgenommen zu werden. Beobachte erst einmal: Wie funktioniert, kommuniziert, interagiert das Netzwerk? Was scheinen die Zugangsbestimmungen zu sein? In informellen Netzwerken der Politik und Wirtschaft ist ein Grundverständnis für das aktuelle Weltgeschehen und eine ziemlich gute Allgemeinbildung von Vorteil. Gibt es eine Person, die – ähnlich wie Anna-Nicole Heinrich für den Bischof oder der Bischof für sie – eine Art Türöffner:in sein kann? Auch wenn es selbstverständlich sein sollte: Man kann sich zwar einem Netzwerk anpassen, aber man sollte dabei immer seine eigenen Werte und auch Persönlichkeitsmerkmale schützen. Denn Authentizität ist die Grundlage der Netzwerkarbeit.

Wenn wir über Strategien und bedachtes Vorgehen sprechen, könnte schnell der Eindruck entstehen, dass Netzwerken wahnsinnig kontrolliertes Verhalten braucht. Je nach Branche kann das vielleicht sogar stimmen – doch in meiner Erfahrung siegt Authentizität immer vor Maske.

Auch wenn wir in einem Netzwerk nicht immer Freund:innen suchen: Wir wollen ehrliche menschliche Verbindungen, die teilweise unser ganzes berufliches Leben lang stark bleiben. Die kriegen wir nur, wenn wir als Menschen und nicht als Karriereziel auf zwei Beinen auftreten. Und am besten als die, die wir wirklich sind.

Authentizität ist in erster Linie eine Grundhaltung; die ehrliche Offenheit, mit der man auf sein Gegenüber zugeht. Diana zur Löwen erinnert sich an ihre Anfänge im Netzwerken: »Ich glaube, man muss ein bisschen die Angst verlieren. Früher war ich auch so unsicher, wenn ich alleine auf Events gegangen bin. Ich denke, das Wichtigste ist die Authentizität, dass die Leute merken, dass du Interesse an deinem Gegenüber hast. Fragen kostet nichts, und sich vorzustellen, ist nicht so kompliziert, wie man immer denkt.«

»Niemand mag Perfektionismus«, sagt Tijen Onaran. »Die Leute wollen Realität und Greifbarkeit.« Sie berichtet von den Reaktionen auf ihre Instagram Stories und dass Menschen auf ein unvorteilhaftes Bild mit einem selbstironischen Kommentar deutlich positiver reagieren als auf bearbeitete Bilder.

Diana zur Löwen zeigt sich gerne authentisch. Sie spricht auf ihren Accounts über Mental Health, zeigt sich weinend und spricht offen über Phasen, in denen sie sich nicht gut fühlt. Und auch, wenn etwas schiefläuft, geht sie sehr offen damit um. »Man darf keine Angst davor haben. Ich kann scheitern, ja, dann geht's halt weiter. Ich denke mir dann nicht: Ich muss jetzt erzählen, dass alles erfolgreich ist. Es ist okay, das zu akzeptieren – die Reise geht immer weiter.«

Es ist jedoch eine feine Linie zwischen authentisch sein und vom beruflichen Selbst ins private Selbst wechseln. Obwohl wir ehrlich sind, auch über unangenehme Themen sprechen – wir bleiben im beruflichen Selbst. Judith Williams kennt diese Linie aus ihren Erfahrungen als Sängerin am Theater: »Es ist nicht einfach, authentisch zu bleiben und sich trotzdem irgendwie zu schützen. Es hilft, wenn man sich selbst kennt und Situationen einschätzen kann. Im Theater beispielsweise war ich auf der Bühne offen, habe alles gezeigt. Und in der Kantine dann distanziert. Es schützt auch, wenn Leute sagen: Ich kann die nicht komplett packen, die hat etwas Geheimnisvolles.«

Beruflich authentisch zu sein braucht daher Übung, und auch ich bin gerade in den ersten Berufsjahren oft über die Grenze ins private Selbst hinausgeschossen, habe als Praktikantin Kolleg:innen, die ich kaum kannte, von Ex-Freunden vorgeheult. Was zwar authentisch, aber eindeutig drüber war. Doch zu sagen: *Ich habe ganz schön Respekt vor dieser oder jener Aufgabe!*, das ist authentisch. Oder zuzugeben, dass man aufgeregt ist. Im beruflichen Selbst authentisch zu bleiben, schützt dich auch davor, Masken zu tragen oder Rollen zu spielen, die dir langfristig nicht weiterhelfen. Denn auch in deiner späteren Karriere schenkt dir Offenheit und Ehrlichkeit einen stabilen Boden unter den Füßen. Authentizität bedeutet auch als Führungskraft zuzugeben, dass man manchmal gerade keine schnelle Lösung parat hat oder mal kurz nachdenken muss. Transparenz ist keine Schwäche, im Gegenteil, es kann sogar eine Stärke sein, Menschen auf die eigene Gedankenreise mitzunehmen, statt zu behaupten, immer alles im Griff zu haben. *Ich habe gerade noch keine Ahnung, aber mit etwas Zeit finde ich eine Lösung!* ist manchmal die beste Antwort, denn auch als Chef:in geht es nicht darum, unfehlbar zu sein, sondern darum, einen kühlen Kopf zu bewahren und Verantwortung zu übernehmen, wenn alles anders kommt als geplant.

Zur Authentizität gehört auch das ehrliche Eingeständnis von Fehlern. Sagen zu können: *Das tut mir leid, da habe ich mich verschätzt.* Gerade als Führungskraft kann dir Transparenz in solchen Momenten Sicherheit verleihen: Ich weiß, dass ich gut bin, und deshalb kann ich ehrlich zugeben, wenn ich etwas falsch gemacht habe. Authentizität braucht Selbstbewusstsein und schenkt es. In puncto Netzwerk ist es daher wichtig zu reflektieren: Wann fange ich an, eine Rolle zu spielen? Beziehungen, die man auf einer vorgeschützten Identität aufbaut, können nicht wirklich an Tiefe gewinnen – Ausnahmen bestätigen die Regel.

Authentizität, wenn sie nicht die professionelle Ebene verlässt, zieht an und ist entscheidender Bestandteil der hohen Kunst des Netzwerkens. Meistert man sie, entstehen beständige, tiefe und dauerhaft vertrauensvolle Verbindungen.

Bonding-Probleme

Eine befreundete Vorständin aus der Schweiz erzählte mir einen Monat nach ihrem Amtsantritt, dass ihre Kollegen alle gemeinsam beim Militär waren. Beim Teamausflug – sie war die einzige Frau – wurde spätabends nach einem Gläschen Wein über die alten Geschichten geplaudert. Alle kannten dieselben Lieder, dieselben Leute, hatten ähnliche Erfahrungen gemacht. Sie als Frau war in diesem *Boys Club* ein Alien.

Viele Führungsfrauen erleben Vergleichbares: Eine andere erzählte von einer Geschäftsführungssitzung, in der die fünf Kollegen am Ende sagten, sie gingen jetzt Fußball schauen und Bier trinken, ein Tisch für fünf Personen sei reserviert. Sie wurde nicht eingeladen und fragte auch nicht, weil Fußball und Bier einfach nicht ihr Ding sind. Beim ersten gemeinsamen Ausflug gingen die fünf Männer in die Sauna und danach Nacktbaden im Meer. Als einzige Frau fühlte sie sich nicht wohl dabei. Nicht nur in der Unterzahl, sondern auch in der kulturellen Unterzahl zu sein, ist einer der Gründe, warum so viele Menschen mit Diskriminierungsmerkmalen in Vorständen schnell wieder das Handtuch werfen – diese Erfahrung teilt auch Tijen. Aus ihrer Erfahrung als Beraterin sagt sie: »Viele Frauen spüren: Die Kultur in den Chefetagen lässt mich als Frau nicht so sein, wie ich sein möchte. Und dann gehe ich halt. Das sind nicht die Frauen, die verschwinden, weil sie Familie priorisieren. Die haben einfach das Gefühl, ich komme hier nicht weiter, also mache ich etwas anderes.«

Wenn ich den Geschichten anderer Frauen zuhöre, bin ich oft erschrocken, wie sehr sie Klischees bestätigen: Fußball, Bier und Autos sind scheinbar tatsächlich die liebsten Gesprächsthemen der männlichen Kollegen. Als Frau in der Unterzahl bleibt nur, sich damit zu beschäftigen, um in den *inner circle* zu kommen. Das Bild vom *Girl Next Door*, dem *Mädchen zum Pferdestehlen*, das Bier trinkt und alles über Fußball weiß, mag da für viele der Schlüssel zu einem Platz in der Gruppe sein. Aber wenn dir Bier nicht schmeckt und Fußball egal ist, wird das nie stimmig sein. Du musst einen anderen Weg finden, um eine Verbindung aufzubauen.

Eine Möglichkeit ist die Verbindung über die Sachebene. Warum sind wir hier zusammengekommen? Was vereint uns und ist der Grund, dass wir überhaupt hier sitzen? Fränzi Kühne war die Erste, die mir diesen Rat gegeben hat: »Man merkt bei manchen Männern eine Hemmschwelle, weil sie nicht wissen, wie sie mit mir umgehen sollen. Ich verstehe, dass die verstört sind, dass mich *Gute Zeiten, schlechte Zeiten* interessiert, aber ich bin halt auf meiner Seite verstört gegenüber dem Thema Fußball. Was sind die Themen, mit denen wir uns in diesem Kontext, in dem wir zusammenkommen, beschäftigen? Veränderung, Digitalisierung, Diversität – dann hilft es, den Smalltalk wegzulassen und gleich ans Eingemachte zu gehen, über das Wesentliche zu sprechen.«

Ähnlich macht es auch Miriam Wohlfarth: »Ich bonde mit Leuten in der Sache. Ich tue nicht so, als ob mich Fußball interessiert. Wir haben in der Finanzindustrie ein sehr starkes Thema, das uns verbindet. Wir reden in der Sache und bonden über das Fachthema.«

Und obwohl zwischen der Kirche und der Finanzwelt ein paar Meilen liegen, teilt Anna-Nicole Heinrich dieselbe Erfahrung: »Die Glaubensthemen sind immer der Aufhänger. Darüber kommt man ins Gespräch. Und dann nicht an den funktionalen Fragen hängen zu bleiben, sondern auf die Glaubensfragen zu gehen, das schafft Beziehung. Dafür ist das Thema Glaube sehr dankbar.«

Der zweite Weg ist zu überlegen, was das Gegenüber motiviert. Auch hier macht ein wenig Strategie und Plan wieder Sinn und unterscheidet den Aufbau einer beruflichen zwischenmenschlichen Beziehung von einer privaten. Judith Williams sagt: »Es ist wichtig, wie bei allen Leuten, erst mal zu verstehen: Wie tickt mein Gegenüber und was braucht es? Wenn du jemanden vorgesetzt oder neben dir hast, musst du mit ihm zurechtkommen. Also musst du seine Sprache lernen. Auch Anerkennung kann etwas sein, was man dem Gegenüber geben kann.«

Der dritte und wichtigste Punkt beim Aufbau von Beziehungen ist: Es braucht Zeit und du Geduld. Zwei Jahre Militärdienst lassen sich nicht bei einem Abendessen aufholen. Steter Tropfen führt zu Gewöhnung, ehrliches Interesse dazu, sein Gegenüber besser kennenzulernen, und ein authentisches Auftreten zu wachsendem Vertrauen. Und manchmal klappt es einfach nicht. Anstatt sich zu lange anzubiedern, hilft es dann, den Fokus zu verlegen. Noch mal zu überlegen, was dir wirklich wichtig ist und ob die Menschen, mit denen du bonden willst, überhaupt die Richtigen sind, um dich weiterzubringen. Fränzi Kühne sagt: »Mir ist wichtig, dass ich eine Gruppe habe, die mein engster Zirkel sind. Ich will versuchen, andere Frauen aufzubauen. Das heißt nicht, dass wir die Männer nicht brauchen. Ich habe nur keine Lust, mich um Gruppen zu bemühen, an die ich eh nicht rankomme.«

Geben und Nehmen

Ich bin ein riesiger Fan des Kennedy-Zitats: »Frag nicht, was dein Land für dich tun kann, sondern danach, was du für dein Land tun kannst.« Nicht weil ich eine glühende Patriotin bin, sondern weil ich das Zitat auf das Thema Netzwerken übertrage. Die Frage sollte nicht nur sein: Was können andere Leute für mich tun? Sondern auch und vor allem: Was habe ich zu bieten, um ein spannender Kontakt zu sein? Was kann ich beitragen?

Das muss nicht immer direkt in einer Geschäftsbeziehung oder in einem Gefallen enden, gerade am Anfang des Berufslebens kann ein Beitrag auch sein, neue Ideen oder einen neuen Blick auf ein Thema zu haben. Diana zur Löwen sieht als ihre größte Stärke in Netzwerken ihre Vorstellungskraft: »Ich kann sehr gut Bilder in meinem Kopf erzeugen und einen Drive daraus entwickeln, wie Dinge ausschauen könnten.« Was sie ihrem Netzwerk gibt, ist das Gefühl, nach einem Gespräch mit ihr mehr Energie zu haben. Netzwerke sind keine Business-Transaktionen, und auch in Dianas Erfahrung geht es nicht in erster Linie darum, welche Abschlussnoten man hat oder welches Studienfach. Wichtiger sind Ideen, Neugier und Passion.

Den wohl wichtigsten Rat in meinem Berufsleben habe ich in Sheryl Sandbergs Bestseller »Lean In« gelesen. Sie rät, in Bewerbungsgespräche nicht mit einer Liste an Forderungen zu gehen, was man sich alles vorstellt, sondern eine zentrale Frage zu stellen: Was kann ich für euch tun? Mit dieser Frage fasst sie die Grundlage jedes Netzwerks und generell jeder beruflichen Beziehung zusammen. Es muss interessant für das Netzwerk sein, dass du ein Teil davon wirst. Es muss besser sein, wenn du diese Position ausfüllst, als vorher. Mit der Grundhaltung *What can I do for you?* in berufliche Gespräche zu gehen, sei es beim Aufbau eines Netzwerks oder in einem konkreten Bewerbungsgespräch, ist ein richtiger Game Changer.

Sigrid Nikutta nennt noch einen zentralen Punkt beim Aufbau eines wirklich guten Netzwerks: Es entwickelt sich in der Regel lange bevor man es braucht. »Mir ist es wichtig, mich vor allem mit interessanten Menschen zu treffen, nicht mit Menschen, die mir gerade im Augenblick nützlich sein können.« Ob sie sich mit jemandem trifft, entscheidet sie meist aus dem Bauch heraus. Netzwerke müssen sich entwickeln können, und Geben ist die Grundlage, Nehmen eher zeitversetzt.

Miriam Wohlfarth ergänzt die Liste um einen weiteren wichtigen Aspekt: Man rechnet beim Netzwerken nicht auf, wer was gibt und wer was nimmt. »Ich finde es wichtig zu wissen, wer in meinem Netzwerk für was Expert:in ist. Dann kann man einfach mal anrufen und nachfragen – und wird auch mal angerufen und nach etwas gefragt. Aber nur, weil ich mal jemandem einen Rat gegeben habe, muss ich nicht einen zurückfordern – ich rechne das nicht auf.«

Auch EKD-Präses Anna-Nicole Heinrich weiß, wen sie anrufen kann, und sieht in ihrem Netzwerk unterschiedliche Arten von Austausch: »Auf der einen Seite sind da Menschen, die meist etabliert und selbst gut vernetzt sind, die ich anrufen kann, wenn ich bei etwas sehr konkret Hilfe oder einen Rat brauche. Ich nenne das funktionale Unterstützung. Und dann habe ich eine Schar aus Leuten, die super unterschiedlich sind, mit denen ich alles noch mal besprechen kann. Da geht es eher um den Austausch spannender Gedanken.«

Netzwerken ist also keine direkte Transaktion. Die Dinge, die gegeben und genommen werden, können sehr unterschiedlich sein und auch weit zeitversetzt voneinander passieren. Alice Hasters macht, wie viele Menschen, die im Bereich Aufklärungsarbeit arbeiten, die Erfahrung, dass Menschen in ihrem Netzwerk nicht immer unterscheiden können zwischen dem Beruf und einem privaten Gefallen. Nach dem Motto: *Kannst du mal eben in mein Unternehmen kommen, um über strukturellen Rassismus zu sprechen? Honorar haben wir leider nicht.* »In Zeiten, in denen Privates und Persönliches oft vermischt werden, muss ich gucken, was dahintersteckt, wenn Leute sagen: Wollen wir Kaffee trinken?«, sagt Alice. »Ist das jetzt eine private Sache oder Netzwerken? Ich muss auch immer schauen, was mir wirklich etwas bringt.«

Der letzte Schritt ist also das Nehmen. Denn wenn du in einem Netzwerk nur gibst und nie irgendetwas rausbekommst, dann ist es vielleicht das falsche Netzwerk. Da sind wir wieder beim Verband der Hirnchirurg:innen: Vielleicht könnte ich den Ärzt:innen helfen, ihre Kommunikation aufzubessern und Tipps zur Pressearbeit geben. Sie könnten mir helfen, wenn ich ärztlichen Rat brauche. Da endet aber unser Geben und Nehmen auch schon: Und irgendwann käme ich an den Punkt, wo ich mich frage, ob dieses Netzwerk wirklich das richtige ist – womit wir wieder bei Schritt eins wären, nämlich mit ein bisschen Planung vorzugehen.

Mentor:innen und Allies finden

Eine besondere Rolle im Netzwerk nehmen Mentor:innen ein. Menschen, mit denen man von vorneherein geklärt hat, dass man sich in einem klaren Förderverhältnis sieht: Der oder die Mentor:in gibt, der oder die Mentee nimmt.

Im Wirtschaftslexikon wird Mentoring als »Tätigkeit einer erfahrenen Person, bspw. eines (Ex-)Managers (Mentor:in), die eine lernbereite Person, etwa eine junge, vielversprechende Führungskraft (Mentee), an ihrem fachlichen und impliziten Wissen und ihrer Erfahrungen teilhaben lässt« definiert.[96]

In meiner Erfahrung waren Mentoren absolut ausschlaggebend für Erfolg. Sie sind eine Art Homebase im Netzwerk. Vor allem aber sind sie ein Gütesiegel, das Zugang zu neuen Netzwerken eröffnet. Ich habe in meinem Berufsleben verschiedene Mentoren kennengelernt und übertreibe nicht, wenn ich sage, dass ich meinen ganzen beruflichen Weg maximal fünf Menschen zu verdanken habe, die an mich geglaubt haben.

Den ersten Dienst, den ein:e Mentor:in dir erweisen kann, ist, dass er oder sie dich in deinen Annahmen über dich selbst bestätigt oder widerlegt. Jede:r hat Angst, der Mensch zu sein, der vor die *DSDS*-Jury tritt, nachdem Familie und Freunde ihm gesagt haben, wie toll er singt, und dann schütteln die Zuschauer:innen den Kopf. Ein Mentor oder eine Mentorin ist hier eine Art Vorinstanz: Er oder sie muss dich nicht lieben wie deine Familie, er oder sie hat mehr Ahnung von der Materie als deine Freund:innen, er oder sie hat keinen Grund, nicht ehrlich zu dir zu sein.

Meinen ersten Mentor – damals ehemaliger Russlandkorrespondent und Hörfunkchef des Bayerischen Rundfunks – lernte ich während einer Uni-Veranstaltung kennen. Ich lud ihn in meine

Talkshow beim Studentenradio ein und ab da trafen wir uns öfter zum Mittagessen. Mittlerweile ist er Professor, und wenn er Kontakte oder Infos für seine Student:innen braucht, helfe ich ihm weiter – viele Jahre nach dem Nehmen. Aber zurück zur Ausgangssituation: Ich hielt mich für eine gute Journalistin. Wirklichen Proof of Concept hatte ich, abgesehen von ein paar Praktika, die ganz gut gelaufen waren, allerdings nicht. Mein Mentor bestätigte mir nach der Sendung, dass ich die Sache ganz gut machte, gab mir ein paar Tipps, erzählte mir von seinen Erfahrungen und ermutigte mich, beherzt auf Menschen zuzugehen und das Netzwerken zu lernen. Er hatte seine erste Stelle bekommen, wie er gerne erzählte, weil er den zuständigen Ressortleiter einfach im Aufzug angesprochen hatte.

Ich wusste also, dass ich für den Job, den ich anstrebte, ganz gut geeignet war, und lernte, beherzter auf Menschen zuzugehen. Das gab mir Selbstbewusstsein und ich machte immer mehr berufliche Schritte. Meinen zweiten Mentor traf ich, als ich vom Journalismus ins Management wechseln wollte. Er war Geschäftsführer in einem Verlag. Den Ratschlägen meines ersten Mentors folgend, schrieb ich ihn einfach an und fragte, ob wir uns nicht mal auf einen Kaffee treffen wollten. Wir verstanden uns gut und er signalisierte mir nach ein paar Treffen: Ich glaube auch, dass du für den Weg in eine Führungsposition geeignet wärst.

Er stellte mich seinem Vorstand vor und so traf ich meinen dritten Mentor – und den, der objektiv gesehen den ähnlichsten Lebenslauf wie ich hatte: Auch er war Journalist, der auf die Managementseite gewechselt war. Wir verstanden uns sofort und ich wurde für einige Monate seine Referentin. Dabei eröffnete er mir Zugänge zu völlig neuen Netzwerken und ich lernte viel darüber, wie man mit anderen Menschen im Führungskontext interagiert, während ich ihm zuschaute. Bis heute führe ich einige Verhaltensweisen auf das zurück, was ich mir damals bei ihm abschaute. Er hatte außerdem ein Auge auf meine berufliche Entwicklung und schlug meinen Namen aktiv bei der Besetzung neuer Jobs vor. Dank ihm bekam ich meine erste Geschäftsführungsposition und konnte mich beruflich und persönlich unglaublich entwickeln.

Mein vierter Mentor war mein Chef in der ersten richtig großen Führungsposition. Anstatt mir dauernd vor Augen zu führen, wie wahnsinnig grün ich hinter den Ohren war (womit er durchaus recht gehabt hätte), nahm er sich jede Woche mindestens eine Stunde Zeit für mich. Wenn ich ein Problem hatte oder mich mit irgendetwas unsicher fühlte, dauerte es keine Stunde, bis er mich, egal wie voll der Terminkalender war, anrief. Er erwähnte in wichtigen Runden meine Erfolge, betonte immer wieder, wie gut ich meine Sache machte, und brachte mich in Beförderungsrunden ins Spiel. Dabei trennte er unser hierarchisches Verhältnis von unserem Mentoring-Verhältnis, und auch als das erste irgendwann endete, blieb das zweite bestehen.

Mein fünfter Mentor ist ebenfalls ein ehemaliger Vorgesetzter, der das Unternehmen schon seit einer Weile verlassen hat. Er ist eine Art intellektueller Sparringspartner für mich, der mir einen immer neuen Blickwinkel auf Themen eröffnet. Wir sprechen mindestens genauso viel über Themen aus Gesellschaft und Politik wie über Arbeitsthemen, und je länger wir nicht mehr zusammenarbeiten, desto wichtiger werden Erstere. Wir sind nicht immer einer Meinung und genau das bringt uns beide weiter. Gerade in schwierigen Situationen hilft mir sein Außenblick und lässt mich an seiner jahrzehntelangen Erfahrung teilhaben.

Das Wichtigste, was Mentoren geben können, ist ihre Zeit – und gerade bei Top-Managern ist das auch das Wertvollste. Danach kommen Sichtweisen, Ratschläge, Manöverkritik, Ermutigung. An dritter Stelle stehen die Zugänge, die sie eröffnen: zu Netzwerken und wenn es darum geht, deinen Namen an relevanten Stellen ins Gespräch zu bringen oder aktiv vorzuschlagen.

Hätte ich mir nicht im richtigen Moment ein Herz gefasst und wäre auf sie zugegangen, wäre mein Weg vermutlich ganz anders, zumindest sehr viel langwieriger verlaufen. Auch Tijen findet aktive Mentor:innen, Menschen, die deinen Namen vorschlagen, Werbung machen und Ratgeber:innen sind, enorm wichtig. »Es ist eine Herausforderung, eine:n gute:n Mentor:in zu finden«, sagt sie. Ihr Rat ist, auch hier mit Plan vorzugehen. Und sich zu fragen: »Was brauche ich an einem Mentor, einer Mentorin? Welche Erfahrung, welches Netzwerk muss er oder sie haben? Man sollte auch aktiv kommunizieren, was man von der Person erwartet.«

Wenn Mentor:innen Game Changer in Karrieren sein können, besteht aber auch hier die Gefahr, dass sich strukturelle Ungleichheit weiter zementiert durch Phänomene wie soziale Homophilie und Tennisplatz-Netzwerke. Wenn die mächtigen Mentoren *weiße* Männer sind und das Prinzip der Ähnlichkeit greift, werden sie am ehesten Menschen aktiv fördern, die möglichst viele Merkmale mit ihnen gemeinsam haben. Wer in einem elitären Netzwerk aufwächst oder über Elternhaus und Ausbildung bereits Zugänge zu mächtigen Menschen bekommt, hat bei der Suche nach Mentor:innen einen eindeutigen Startvorteil.

Ingenieurin Katharina Helten fand Mentor:innen sowohl über formelle Prozesse – wie Stipendienprogramme oder Fördernetzwerke im Unternehmen – als auch ganz informell. »Mit der Zeit lernst du, dass du mit deinen Anliegen auf Menschen zugehen kannst. Das ist definitiv etwas, von dem ich sage: Das hätte ich früher wissen müssen. Dass du auf Leute zugehen kannst, dass du sagst, ich finde deine Arbeit spannend, ich würde mich gerne zu einem bestimmten Thema austauschen. Ich hab noch nie erlebt, dass jemand darauf negativ reagiert hat. Vor allem Frauen müssen sich proaktiv und klar artikulieren. Du musst dir im Laufe der Zeit zu Fach- und Führungsthemen ein starkes Netzwerk aufbauen, auf das du dann bei Bedarf zurückgreifen kannst.«

Mentor:innen sind Game Changer in Karrieren und Netzwerken. Schon fünf Begegnungen, wie in meinem Fall, können deinen Weg enorm beeinflussen. Deshalb ist es wichtig, ihnen Wertschätzung zu zeigen, zu sagen: *Danke, das ist nicht selbstverständlich.* Wie bei meinem ersten Mentor beschrieben, kommt irgendwann im

Laufe des Berufslebens auch der Moment, an dem man sich revanchieren kann.

Vielleicht fällt auf, dass ich auf den letzten Seiten nicht gegendert habe: Es waren vor allem *weiße* Männer, die mir auf meinem Weg geholfen haben. Solche, die schon am großen Tisch saßen und ihre Stimme erhoben haben, um mir den Weg zu ebnen. Solche Verbündeten sind nicht nur Game Changer in einzelnen Karrieren, sondern ein ganz zentraler Bestandteil des strukturellen Wandels.

Ally bedeutet übersetzt Verbündete:r. Man beschreibt damit privilegierte Menschen, die Menschen mit Diskriminierungsmerkmalen unterstützen. Männer, die sich für Gleichberechtigung von Frauen einsetzen. Heterosexuelle Cis-Menschen, die für die Akzeptanz queerer Menschen eintreten. *Weiße* Menschen, die die Stimme erheben, wenn BIPoC diskriminiert werden. Dabei sind Allies zu unterscheiden vom eher kontraproduktiven *White Savior Complex*, in dem *weiße* Menschen in Eigenregie BIPoC aus einer Notlage befreien und so suggeriert wird, dass diese außerstande seien, sich selbst zu helfen – ein ähnliches Phänomen ist das patriarchal geprägte Bevormunden. *Allyship* bedeutet, zur Seite zu stehen, nicht zu retten.

Allyship bedeutet, dass Menschen ihre Privilegien nutzen, um Minderheiten zu unterstützen. Bundestagsabgeordnete Tessa Ganserer hält sie für enorm wichtig: »Ohne Verbündete werden wir uns noch 200 Jahre weiter mit diesen Themen beschäftigen, ohne männliche Verbündete werden sich noch Generationen Frauen die Finger mit Büchern und Texten wundschreiben und sich beim Versuch, durch die Gläserne Decke zu kommen, blutige Stirnen holen. Ohne Verbündete werden Frauen weiterhin in diesem Ausmaß sexualisierte Gewalt erfahren. Im Hinblick auf Geschlechtergerechtigkeit ist die Rolle der Männer unentbehrlich.« Tessa betont, dass es nicht alleine die Aufgabe der marginalisierten Gruppe sein kann, sich für ein gleichberechtigtes und diskriminierungsfreies Miteinander einzusetzen. »In unserer Gesellschaft sind alle gefordert, jede einzelne Person im persönlichen Umgang, im gesellschaftlichen Engagement, alle relevanten Kräfte und Gruppierungen.«

Auch Brigitte Huber sagt in Bezug auf Geschlechtergerechtigkeit: »Wir können diesen Marathon nur mit Männern gewinnen. Es reicht nicht, dass sie uns bei Kilometer 28 irgendwo Flaschen zuwerfen. Sie müssen ganz mitlaufen.«

Was kann eine Motivation für privilegierte Menschen sein, zum Ally zu werden? Ganz nüchtern betrachtet passt doch aus ihrer Sicht alles. Tijen Onaran begleitet mit ihrer Beratungsfirma große Unternehmen beim Wandel in Richtung Diversität. Sie beschreibt: »Es gibt unterschiedliche Motivationen für Männer, das Thema Diversität zu unterstützen. Grundsätzlich sind das Leute, die Lust auf Veränderung haben. Die merken, dass sie mit dem Thema gewinnen können. Oder eine persönliche Erfahrung gemacht haben. Zahlen und Statistiken funktionieren nicht, um Männer zu überzeugen.«

Wer sich nun also fragt, wie er oder sie am besten ein Ally sein kann, der sollte zuerst mit der Gruppe sprechen, die im Kontext diskriminiert wird. Wenn es um Geschlechtergerechtigkeit in Unternehmen geht, hier ein paar Ideen an einen Mann: Wenn in einer Gruppe sexistische Witze gemacht werden, lache nicht mit, um dazuzugehören, sondern sag: *Das geht gar nicht.* Wenn es dir schwerfällt, überlege, was es mit dir macht, wenn so über deine Frau, deine Tochter, deine Schwester gesprochen wird. Wenn du merkst, dass es nur eine Frau in der Gruppe gibt: Sprich nicht über Themen, die sie nicht interessieren. Setz dich neben sie und beziehe sie ins Gespräch ein. Wenn am Abend alle Männer aus dem Team etwas trinken gehen und die Frau als Einzige nicht gefragt wird, lade sie ein. Wenn dir eine Frau von einem Problem erzählt, nimm es ernst, auch wenn du nicht davon betroffen bist. Unterstütze Initiativen zur Aufklärung über Diskriminierung. Ally sein ist im Gegensatz zum Mentoring kein großer Aufwand. Aber viele Allies erzeugen Wandel.

Machen macht mächtig

Die Serie »House of Cards« hat das Streaming- und Serienzeitalter begründet, sie war der *lucky shot* des Portals Netflix. »House of Cards« handelt von einem Ehepaar, das Kontrolle über das Weiße Haus gewinnen möchte. Die Hauptfigur ist trotz personeller Veränderungen im Cast immer dieselbe geblieben: Macht.

»House of Cards« zeigt sehr bildlich, dass Macht und Leistung nicht zusammenhängen müssen; dass Kommunikation, Netzwerken und das strategische Verfolgen der eigenen Ziele und Prioritäten sehr viel mehr mit Macht zu tun haben als die Qualität der Arbeit selbst.

Macht im Sinne von »House of Cards« ist etwas Beängstigendes, eine Droge, die Menschen dazu verführt, grausame Dinge zu tun. Sie ist aber auch – wenn richtig eingesetzt – etwas sehr Positives. Macht ist Mitbestimmung, Chance, Stimme. Sie ist Veränderung, Einfluss, Bewegung.

»Macht bedeutet jede Chance, innerhalb einer sozialen Beziehung den eigenen Willen auch gegen Widerstreben durchzusetzen, gleichviel worauf diese Chance beruht«, definiert Max Weber. Er grenzt Macht vom Begriff der Herrschaft ab, der wiederum weniger auf einer sozialen Beziehung als vielmehr auf Disziplin und Gehorsam beruht. Herrschaft erwartet von vornherein, dass sie alles bestimmt. Macht hat, wer sich durchsetzen kann.

Im Kontext von Wirtschaft wird Macht oft auf finanzielle Mittel bezogen: Macht ist die »Möglichkeit von Personen oder Organisationen, eigene Ziele durch Einsatz entsprechender Mittel verfolgen zu können.«[97] Mächtig ist also, wer Budget hat und Ressourcen.

Wenn wir uns zurückbesinnen auf unbewusste Annahmen, ist Macht in der breiten Masse ein sehr männliches Konzept, auch, weil sie oft mit Herrschaft gleichgesetzt wird, was schon im Wortsinn maskulin ist. Nachvollziehbar auch, da wir in einem von Männern für Männer gebauten System agieren und die meisten sichtbaren Machtposten nach wie vor von Männern ausgefüllt werden.

Weiblichkeit und Macht dagegen haben bisher eine eher problematische Beziehung zueinander. Man könnte sagen: *Es ist kompliziert.*

In ihrem Buch »Sheconomy« beschreibt Christiane Funken das schwierige Verhältnis zwischen Macht und Weiblichkeit anhand einer ihrer Studien: »Die erfolgreichen Frauen lehnten Macht zwar nicht ab, hatten diese aber ausnahmslos als etwas Problematisches erlebt. Macht, so schien ihnen, war nichts, das sie selbstverständlich annehmen und genießen konnten.«[98]

Die Theorien zur Macht ähneln denen zum Lernen erstaunlich: Belohnung, Bestrafung, Beobachtung, intrinsische und extrinsische Reize sind Schlüsselbegriffe in beiden. Die Parallele macht klar, dass Macht und Lernen enge Verwandte sind – und dass wir Macht lernen müssen. Sie hat eine eigene Sprache, eine eigene Logik und eigene Regeln.

Simone Menne sagt ganz klar: »Ich mag Macht.« Nach knapp 30 Jahren bei der Lufthansa und vier Jahren als Finanzvorständin zog es sie in Aufsichtsräte, darüber hinaus trat sie in die Partei Bündnis 90/Die Grünen ein. Während unseres Gesprächs über Macht, Politik und Wirtschaft umreißt sie den gemeinsamen Nenner zwischen diesen Bereichen so: »Die Mechanismen sind in der Politik und der Wirtschaft sehr ähnlich. Man muss Menschen dazu bewegen, einen zu unterstützen. Ein:e charismatische:r Politiker:in kann über Parteigrenzen hinweg arbeiten und Menschen hinter sich bringen. Ein:e gute:r Manager:in muss das auch können.«

Macht ist ein Privileg. Macht ist die Möglichkeit, Dinge umzusetzen. Macht funktioniert nicht alleine, und das unterscheidet sie von Herrschaft. Macht muss sozial begrenzt sein, und das setzt voraus, dass Macht immer auf der Bewegung anderer Menschen fußt. Macht schafft und benötigt gleichermaßen sozialen Status. Macht ist etwas Spielerisches und Verantwortung zugleich.

Von allen Themen in diesem Buch ist *Macht* das, bei dem ich am längsten gebraucht habe, um es zu verstehen. In meiner Definition war es immer etwas Negatives, etwas, das Ungleichheit schafft. Bilder von Narzissten, Diktatoren und Monarchen, aber auch von tyrannischen Chef:innen oder einsamen Entscheider:innen kamen mir in den Kopf. Aber mächtig kann auch der Mensch in der Gruppe sein, der sagt: Schluss mit den sexistischen Witzen! Macht kann auch die Person haben, die den Kollegen abmahnt, der so penetrant das N-Wort benutzt, und sagt: So was dulden wir hier nicht. Mächtig kann die Person sein, die ein vielfältiges Team zusammenstellt.

Ich habe Macht immer falsch visualisiert. Karrieren werden gerne als Leitern beschrieben, als vertikale Aufwärtsbewegung. Dieses Bild musste ich erst einmal loswerden. Denn wenn wir von Karriere sprechen, meinen wir damit in der Regel, dass wir an Macht und Einfluss gewinnen. Aber dieser Weg ist weniger eine Leiter als ein Labyrinth, durch das wir uns navigieren müssen. Als Spieler:innen im Machtlabyrinth haben wir eine Art persönlichen Marktwert, der uns weiterkommen oder stecken bleiben lässt. Kompetenz, Erfahrung, Netzwerk, Leistung können den eigenen Marktwert beeinflussen – vor allem hängt er aber ab von der Fähigkeit, sich durch das Machtlabyrinth zu spielen.

Wenn wir ernsthaft Chancengleichheit in Positionen relevanter Mitbestimmung haben wollen, müssen Frauen Macht als etwas Erstrebenswertes definieren. Etwas, für das es sich lohnt, sich wie in einem Computerspiel von Level zu Level zu kämpfen. Die Spielregeln sind jedoch hauptsächlich für *weiße* Männer gemacht, und im Vorbereitungscamp waren auch fast keine Menschen eingeladen, die nicht zur Mehrheitsgruppe gehören.

Die Arbeitsbienenfalle

Wenn ich ehrlich bin, habe ich die geringe Kausalbeziehung zwischen Macht und Leistung bis heute noch nicht verinnerlicht, und ein Teil von mir weigert sich auch weiterhin, sie zu akzeptieren. Dass Fleiß, Klugheit und gute Ergebnisse keine Anzeichen für Machtgewinn sind, hat auch Frustrationspotenzial. So wie mir geht es vielen Frauen – und diese mangelnde Akzeptanz der Spielregeln ist auch ein Grund, der viele davon abhält, richtig gut im Machtspiel zu werden. Aber ohne Macht wird es schwer, die Spielregeln des Systems zu verändern.

Wie funktioniert das Labyrinth also? Marion Knaths benennt in ihrem Buch »FrauenMACHT!« eine der wichtigsten Spielregeln: »Im hierarchischen System gilt, dass die Rangniederste die Fleißaufgaben übernimmt. Ein hierarchisches Team funktioniert in etwa so wie ein Team bei der Tour de France: Es gibt einen, der den Gesamtsieg einfährt [...] und es gibt die Wasserholer. Alle sind wichtig für den Erfolg [...], aber natürlich hat die Person, die den Gesamtsieg einfährt, mehr zu sagen als die Wasserholer im Team.«[99]

Die Annahme, dass Frauen im Team die hierarchisch niedrig Gestellten sind, ist statistisch gesehen leider richtig. Bei den allermeisten großen Unternehmen sieht man beim Blick auf die Gehaltsstufen, dass Frauen am Anfang genauso viel verdienen wie Männer, im unteren Mittelmanagement sogar manchmal mehr; aber ab dieser Stufe dreht es sich um: Die richtig hohen Gehälter nach 20 Berufsjahren oder mehr gehen fast ausschließlich an Männer.

Wenn wir bei Marion Knaths' Bild von der Tour de France bleiben: Der Top-Radler ist mit ziemlich hoher Wahrscheinlichkeit ein

Mann, dafür gibt es deutlich mehr Frauen in zuarbeitenden Berufen, sozusagen als Wasserholerinnen.

»Schreib du an die Tafel, du hast doch die viel schönere Schrift!« Das ist ein einfaches und vermutlich fast jeder Frau bekanntes Beispiel. Die Botschaft dahinter ist: Ich denke von meinem Platz aus und gebe dir die Botschaften durch, du schreibst sie auf. Fleißaufgaben mit viel Arbeit und wenig Sichtbarkeit fallen in der Regel Frauen zu. Die gehen damit häufig in die sogenannte *Arbeitsbienenfalle*.

Tijen Onaran bezeichnet sie als Problem, das einem die Stimme nimmt: »Ich war auf jeden Fall oft in der Arbeitsbienenfalle, aber ich habe das immer relativ schnell gemerkt. Und dann habe ich gelernt, darüber zu sprechen, was ich gemacht habe. Mich selbst öffentlich verantwortlich für meine Erfolge zu machen. Und ja, es ist vorgekommen, dass mich Chefs oder Kollegen kleinhalten wollten – und dann musste ich gegenhalten.« Also, wenn du schon an die Tafel schreibst, denk daran, dass du auch präsentieren kannst.

Ich mache oft die Erfahrung, dass ich um die banalsten Dinge gebeten werde. Ein Geschäftspartner ruft mich an und bittet mich, ihm einen Parkausweis zu besorgen. Meinen männlichen Kollegen auf gleicher Ebene möchte er damit nicht belästigen. Und ich bemerke oft, dass auch das Wort *Unterstützung* im Geschlechterkontext seine Bedeutung verändert. Bei einem größeren Projekt kam ich irgendwann an den Punkt, an dem die Koordination zu aufwendig und kleinteilig wurde. Ein älterer Kollege hatte gerade ein Projekt abgegeben und ich wusste, dass er Zeit hatte. Daher bat ich ihn, mich in dem Projekt zu unterstützen. Was ich mit Unterstützung meinte: Er sollte die Koordination übernehmen und mich entlasten. Was er verstand: Er sollte eine Art Mentorenrolle übernehmen und mir erklären, wie ich das Projekt am besten stemmen konnte. Er versprach, *mir Türen aufzumachen,* und nannte eine andere junge Frau, für die er das auch schon getan hatte. Irgendwann schaute ich ihn an und sagte: *Nein, ich möchte, dass du es machst.* Eine Woche später teilte er mir mit, ich könne nun die Power-

Point-Präsentation bauen, er hätte seine Gedanken lose reingeschrieben. *Mission failed.*

Die Bedeutung des Wortes *Unterstützung* verändert sich offensichtlich mit Gender und Alter. Wenn ein männlicher Manager um Unterstützung bittet, ist klar, dass es irgendwer erledigen soll. Einer Frau wird jemand *zur Seite gestellt,* damit sie es besser erledigen kann. Man muss also sehr explizit in seinen Aussagen sein und Worte wie *Unterstützung* ersetzen, zum Beispiel mit: *Kannst du das bitte für mich erledigen.* Diplomatie ist schön und gut, aber um nicht in die Arbeitsbienenfalle zu fliegen, helfen klare Worte.

Während meines ersten Jobs habe ich zu diesem Thema eine Art Vergleichsstudie durchgeführt. Mein Freund Steffen und ich arbeiteten nacheinander in der gleichen Abteilung, er von April bis September, ich von Oktober bis Februar. Steffen und ich haben beinahe exakt denselben Lebenslauf: Studium im Ausland, gute Abschlussnoten, sogar unsere Interessen sind sehr ähnlich.

Bevor ich den Job antrat, fragte ich Steffen nach seinen Erfahrungen. Er berichtete euphorisch von den vergangenen Monaten. Die Kolleg:innen waren fördernd und wohlwollend und seine Aufgaben spannend. Er hatte die Hauptverantwortung für ein IT-Projekt übertragen bekommen. Zuletzt gab er Workshops, um Kolleg:innen im Umgang mit neuen technischen Tools zu schulen. Mit seiner Chefin hatte sich sogar eine Art Freundschaft entwickelt.

Ich kam also in der freudigen Erwartung an, ein ähnliches Aufgabenspektrum zu übernehmen. Aber gleich in der ersten Woche bat mich meine Vorgesetzte, ein Plakat für eine Mitarbeitendenaktion zu basteln. Auch wenn Basteln nicht meine Kernkompetenz ist (genau genommen bin ich sogar ziemlich schlecht, das Plakat sah aus wie von einer Fünfjährigen), blieb ich erst mal ruhig. In der zweiten Woche baten mich meine Vorgesetzten, kleine Geschenkpakete für Geschäftspartner:innen zusammenzustellen, wofür ich Handcremes besorgte und kleine Kärtchen beschrieb. Als ich in der dritten Woche die Aufgabe bekam, jeden Morgen

Schokoriegel zu kaufen, die ich dann zur Mittagszeit im Foyer verteilte, platzte mir der Kragen.

Noch mal zur Klarstellung: Ich war hier nicht mit Anfang 20 in einem Praktikum, sondern in einem richtigen Job. In Praktika hatte ich ohne zu murren immer wieder die Fleißaufgaben übernommen, aber als Masterabsolventin einer angesehenen Uni mit Praxiserfahrung und einem anderen Job, den ich dafür an den Nagel gehängt hatte, trieb es mich in den Wahnsinn, meine Zeit mit Schokoriegeln, Handcremes und Basteln zu verbringen. Ich rief also Steffen an, der sich kaputtlachte über meine Erzählungen. Solche Aufgaben hätte er in hundert Jahren nicht bekommen.

In meiner vierten Woche beschloss ich das Thema anzusprechen. Trotz Wut und Enttäuschung darüber, wie sich der neue Job entwickelt hatte, versuchte ich sachlich und einigermaßen locker zu bleiben. Die Reaktion meiner Vorgesetzten ließ mich jedoch schlucken. Sie wertete es als ein Zeichen von Egoismus, dass ich mir anscheinend zu fein dafür war, Dinge für andere Menschen zu tun.

Was ich mit meinem Ausbruchsversuch aus der Arbeitsbienenfalle allerdings schaffte: Ich löste eine Dissonanz bei ihr aus, weil ich mich nicht so verhielt, wie sie es offenbar von einer Frau erwartete. Außerdem wehrte ich mich gegen die Schublade, in die sie mich steckte. Beides fühlte sich falsch an und wir kamen in eine ernsthafte Konfliktsituation, die am Ende mit meinem Wechsel in eine andere Abteilung endete.

Ein weiterer Effekt der Arbeitsbienenfalle ist, dass Fleiß tatsächlich am Aufsteigen hindern kann. Eine richtig gute Mitarbeiterin, auf die man sich hundertprozentig verlassen kann, ist bei jede:r Chef:in beliebt. Wenn man keine:n intrinsisch auf Personalentwicklung motivierte:n Vorgesetze:n hat, besteht die Gefahr, dass einem der nächste Schritt nicht angeboten wird, weil man alles so toll wegrockt. Auf die perfekte Arbeitsbiene will man ungern verzichten. Tijen sagt: »Man darf nicht davon ausgehen, dass Menschen das Potenzial und das, was man macht, von alleine sehen.

Ich habe irgendwann angefangen, proaktiv in die erste Reihe zu gehen. Leute anzusprechen und zu sagen: *Bitte habe mich für diese Position, für dieses Projekt im Hinterkopf.* Das Gegenüber signalisiert dir dann schon, wenn es zu viel ist.«

Die Arbeitsbienenfalle steht direkt am Anfang des Machtlabyrinths. Wer in einen Job einsteigt, in dem er oder sie gerne bleiben will, für den oder die ist es hilfreich, diese Falle auf dem Weg zur Macht direkt am Anfang im Blick zu haben. Es ist gerade zum Berufseinstieg sinnvoll, den oder die Wasserträger:in zu geben, um überhaupt ins Team zu kommen: protokollieren, Kaffee kochen und Dienstreisen organisieren – ob in Praktika oder als Referent:in – solange die Lernerfahrung im Gegenzug groß genug ist. Sich ohne Erfahrung oder Netzwerk gegen scheinbar einfache Tätigkeiten zu wehren, kann auch kontraproduktiv sein und wichtige Lern- und Praxiserfahrungen verbauen. Aber: Wenn diese Lernkurve abflacht und du bereit bist für den nächsten Schritt: Hör auf, Kuchen für alle zu backen und dich für die schöne Schrift am Whiteboard loben zu lassen. Übernimm Projekte, die dir Sichtbarkeit geben, und stell sicher, dass du dafür auch gesehen wirst.

Status

Wenn wir uns das Machtlabyrinth als ein Computerspiel vorstellen, kann *Status* unsere Spielfigur in eine Rakete verwandeln – oder in eine Schildkröte. Der Duden definiert *Status* als Stellung in Gesellschaft, Politik, Recht und Wirtschaft.

Status kann aus Abstammung entspringen. Adelstitel oder prominente Nachnamen, beispielsweise, schaffen direkt einen gesellschaftlichen Status. Mit einem familiären Status gehen in der Regel Tennisplatz-Netzwerke mit Menschen einher, die ebenfalls mit einem hohen Status geboren wurden. Status kann man auch durch Heirat erlangen: die Cinderella-Story. Frau ohne gesellschaftlichen Status heiratet Mann mit maximal hohem gesellschaftlichem Status. Boom, alle Türen gehen auf. Und tatsächlich sind die britischen Royals ein ziemlich plakatives Beispiel für die Booster-Wirkung von Status im Machtspiel. Wie viele Menschen würden wohl den Reden und Gedanken von Kate Middleton zuhören, hätte sie einen unbekannten Mann geheiratet? Und andersrum: Wie viele Menschen haben nach seiner Abdankung 1936 noch mal den Reden von König Edward VIII. zugehört?

Status kann man sich erarbeiten. Durch Leistung beispielsweise. Indem man Instanz in einem Bereich wird und in etwas der oder die Erste oder Beste ist. Titel können Status bringen. Wer zum Beispiel einen Titel als Minister:in hat, bekommt automatisch einen Status-Boost. Doktortitel wiederum sind in manchen Umfeldern ein Statusgarant, in anderen allerdings völlig egal. Auch Statussymbole sind enorm abhängig vom Umfeld: Während ein dickes Auto in dem einen Kreis für bewundernde Blicke und einen hohen Status sorgt, wird es in anderen eher abfällig angeschaut und senkt den Status.

Status ist also ein soziales Konstrukt und entsteht durch die Bewertung anderer. Tom Schmitt und Michael Esser haben in ihrem Buch »Status-Spiele. Wie ich in jeder Situation die Oberhand behalte« das Statusmodell aufgemalt, das mir im beruflichen Umfeld sehr hilft. Sie beschreiben horizontal die Beziehungsachse, auf der wir uns von *links = Ablehnung* zu *rechts = Sympathie* bewegen. Wer ganz links steht, über den sagt man: Was ein Unsympath. Ganz rechts: Was ein netter Mensch. Die vertikale Achse reicht von *unten = Nachgiebigkeit* nach *oben = Durchsetzungsvermögen*. Wer also unten steht, sagt immer Ja und gibt in Diskussionen schnell nach. Wer oben steht, setzt sich immer durch.[100]

Den höchsten Status hat nach Schmitt und Esser, wer sich maximal durchsetzt und dafür auch maximale Ablehnung kassiert. Den niedrigsten, wer immer nachgibt und dafür total gemocht wird. Für mich war das Buch der beiden deshalb ein absoluter Durchbruch, weil das Ziel, *gemocht zu werden,* lange tief in mir verankert war. Wir erinnern uns an die *Beziehungsdeals*, die Mädchen als den Weg der Durchsetzung lernen, im Gegensatz zu Jungs. Die Erkenntnis, dass der Versuch, gemocht zu werden und daher oft nachzugeben, um es anderen recht zu machen, zu einem tiefen Status führt, hat meine Perspektive völlig verändert.

Status für sich gibt es nicht, er entsteht immer aus der Konstellation von mindestens zwei Menschen. Und wird, laut Esser und Schmitt, darin auch sofort verhandelt oder geklärt. Es ist nicht möglich, dass zwei Leute denselben Status haben: Eine:r ist immer höher, der oder die andere immer tiefer. Und das kann sich von Situation zu Situation verändern. Status ist nicht in Stein gemeißelt, sondern fluide. Was auch bedeutet, dass man ihn verändern und beeinflussen kann. Genau deshalb heißt ihr Buch auch »Status-Spiele«.

Neben den Achsen *Ablehnung–Sympathie* und *Nachgiebigkeit–Durchsetzungsvermögen* unterscheiden die Autoren noch auf einer zweiten Ebene: der innere Status und der äußere Status, den wir einnehmen. Der äußere Status ist, wie wir uns verhalten. Der innere der, von dem wir überzeugt sind. Wenn wir also nach außen Durchsetzungsvermögen zeigen, aber innerlich nachgeben wollen, hat das eine Wirkung. Ich denke wieder an meinen Bekannten Theo, der das Machtspiel beherrscht wie kaum ein anderer Mensch. Gleichzeitig die Kontrolle über sein Verhalten und seine innere Einstellung zu haben, ist sein Schlüssel.

Nach Schmitt und Esser gibt es also vier Statustypen.[101]

Die erste Kombination ist die Hoch-hoch-Kombination, genannt: der oder die *Macher:in*. Jemand, der einfach ohne Zweifel und Rückfragen macht. Diese Person wird respektiert, wenn auch nicht wirklich sympathisch gefunden.

Der zweite Statustyp ist der, der innerlich einen Hochstatus hat und nach außen tief *spielt*. Er wird respektiert und wirkt trotzdem sympathisch. Ich denke beispielsweise an die CEO, die jederzeit alles durchsetzen kann und auch kein Problem damit hat, wenn Leute sie nicht mögen. Wenn sie sagt: »Ich gebe eine Runde Kaffee aus«, ist das kein Wunsch zu gefallen oder Nachgiebigkeit. Sie ist sich ihrer Sache so sicher, dass sie in diesen scheinbaren Tiefstatus gehen kann. Schmitt und Esser nennen die Kombination *fühle innen hoch, spiele außen tief* den oder die *Charismatiker:in*.

Der dritte Typ kombiniert einen inneren Tiefstatus mit einem äußeren Hochstatus: der oder die *Arrogante*. Ich möchte eigentlich gemocht werden, und die Durchsetzung liegt mir auch nicht so. Um das zu kompensieren, zeige ich nach außen Durchsetzungsvermögen und tue so, als ob es mir egal ist, ob ich gemocht werde oder nicht. Mit dieser Kombination lässt sich weder Respekt noch Sympathie gewinnen.

Die vierte Kombination ist der oder die *Teamplayer:in*: Status innen und außen tief. *Will noch wer einen Kaffee?*, *Klar stehe ich noch mal auf!*, *Ach, das war dein Platz? Kein Problem, ich suche mir einen neuen!* Sympathie und Nachgiebigkeit stehen bei diesem Typ ganz oben auf der Prioritätenliste mit dem Ergebnis, dass diese Person zwar von allen wahnsinnig gemocht wird, im Machtlabyrinth aber nur schwer zur Mitte vordringen kann.

In einem meiner ersten richtigen Jobs begann ich, mich mit dem Thema Status zu beschäftigen. Ich war Projektleiterin für ein Musikevent. Als wir ankamen, hatte das Catering im Backstage die Longdrinks für die Künstler:innen vergessen. Bevor die Stimmung kippte, schnappte ich mir ein Tablett und rannte zur Bar. Das Resultat: Keiner bemerkte, dass ich die Projektleitung war – alle hielten mich für die Kellnerin, irgendwann sogar die Gäste, die mich immer nur mit dem Tablett Longdrinks hin- und herrennen sahen. Nett fanden mich alle, aber so wirklich interessierte ich niemanden.

Was hatte ich also falsch gemacht? Ich war in den äußerlichen Tiefstatus gegangen, ohne vorab innerlich einen Hochstatus zu erreichen. Hätte ich direkt zu Anfang eine kurze Ansage gemacht, mich als Chefin vorgestellt und gesagt: *Das Longdrink-Thema, das nehm ich mal kurzerhand selbst in die Hand!*, wäre ich die Hands-on-Chefin gewesen, die für ihre Künstler:innen sogar noch selbst zur Bar läuft. Kompetent und sympathisch. Hätte ich den Caterer angeschrien, wo zur Hölle die Longdrinks bleiben und dass das doch wohl nicht sein kann, wäre ich die knallharte Chefin gewesen, die niemand nett findet, aber mein Status wäre klargeworden.

Seitdem beobachte ich immer wieder, wie Menschen in meinem Umfeld mit Statusspielen kämpfen. Eine meiner Mentees wollte unbedingt beruflich den nächsten Schritt machen und hatte das Gefühl, sie wird immer übersehen. Also erfüllte sie alle möglichen *Teamplayer*-Aufgaben. Sie brachte ihren Chefs Kaffee, folgte allen privat bei Instagram, um dann sagen zu können: *Du hast einen Hund, ich liebe ja auch Hunde!* Als der Weg über die Sympathieschiene nicht klappte, wollte sie auf den Tisch hauen und sagen: *Ich will aber nun diese und jene Position.* Sie wirkte weder authentisch noch wirklich durchsetzungsfähig, eher arrogant und löste fast schon ein bisschen Mitleid aus. Sie war innerlich so im Tiefstatus, dass der plötzliche Versuch, in einen äußeren Hochstatus zu wechseln, total in die Hose ging.

Gleichzeitig denke ich an meinen Bekannten Theo, den besten Macht- und Statusspieler, den ich kenne. Fast keiner mochte Theo wirklich – außer die Menschen über ihm, für die er manchmal ganz bewusst in den Tiefstatus geht. Aber alle respektierten Theo, und das nicht, weil sein *track record* an Leistungen so gut wäre. Er hat weder olympisches Gold gewonnen noch irgendein krasses Unternehmen gegründet, er hat keinen nobelpreisverdächtigen Roman geschrieben oder irgendeine Denkrichtung begründet. Theo war einfach nur ein exzellenter Statusspieler im Machtlabyrinth. Ihm war es ziemlich egal, ob er gemocht wurde. Hauptsache, er setzte sich durch. Dabei konnte er genau identifizieren, für welche Menschen und in welchen Situationen er der nette Typ sein sollte, der auch mal den Kaffee holt.

Wer bei diesen Beschreibungen an Schauspiel denkt, liegt gar nicht so falsch: Denn so wie ein guter Schauspieler sowohl den Bösewicht als auch den Helden beherrschen sollte, um langfristig erfolgreich zu sein, hilft es, zwischen Hochstatus und Tiefstatus wechseln zu können. Klar, eine Geschäftsführerin kann irgendwann öfter im Hochstatus bleiben als ei:e Werkstudent:in mit Ambitionen. Wichtig ist, die eigenen inneren und äußeren Statushaltungen zu kennen und sie mit ein wenig Reflexion einzusetzen. Derjenige, der nicht ständig Hochstatus spielt, hat die Möglichkeit im entscheidenden Moment alle zu überraschen, und damit Chancen auf Entwicklung.

Im Kapitel *Tradition* habe ich darüber geschrieben, wie wichtig es ist, sich selbst zu kennen und mit sich selbst klarzukommen. Statusspiele sind die Königsdisziplin im Machtlabyrinth. Aber um sie richtig zu beherrschen, müssen wir unseren inneren Status kontrollieren können. Deshalb ist es wichtig, die inneren Minen kontrolliert gezündet oder entschärft zu haben. Es ist schon schwer genug zu lernen, wie man den inneren Status kontrolliert, um damit dann sinnvoll und erfolgreich spielen zu können. Dabei sollten einem die inneren Minen nicht noch im Weg stehen.

Statussymbole

Im Ringen um Hoch- und Tiefstatus können Symbole eine Hilfe sein. Jemand mit dem Titel *CEO* eines großen Unternehmens wird sich nicht extra als Chef:in vorstellen müssen. Er oder sie kommt quasi schon mit einem gewissen Status durch die Tür – und auch, wenn dieser durch Verhalten natürlich wieder demoliert werden kann, verschafft er einen Startvorteil. Spannend wird es, wenn zwei statusgleiche Personen sich treffen und um den höheren Status rangeln: Dann kommen – je nach Umfeld und Branche – bestimmte Symbole ins Statusspiel.

Bundestagsabgeordnete Tessa Ganserer sagt: »Ich glaube, nach außen gelten noch immer Dienstwagen als Machtsymbole. Bestimmte Fahrzeuge werden den höheren Etagen zugestanden. Die Krone und das Zepter haben wir ja schon lange abgeschafft, diese Machtsymbole als Gegenstände gibt es so in dem Sinne nicht mehr. Auch mit Kleidung kann man seinen gesellschaftlichen Rang zum Ausdruck bringen. Und wie viele Follower*innen mensch bei Social Media hat.«

»Bei Influencer:innen sind Statussymbole, wie oft man unterwegs ist und wer welche Immobilie kauft«, sagt Lou Dellert über ihre Branche.

Nicht nur materielle Gegenstände, auch die Position des Parkplatzes kann ein Statussymbol sein, wie Kerstin Erbe erzählt: »Machtspiele sind selten visibel. Wenn du anders gestrickt bist, haben viele Dinge auch keine Relevanz für dich persönlich, die aber eine Wirkung auf dein Umfeld haben. Als ich neu in einen Job kam, wurde ich darüber informiert, dass ich einen anderen Parkplatz als mein Vorgänger bekam – der hatte immer direkt neben dem CEO geparkt. Erst später verstand ich, dass das auch so eine Art Statussymbolik war.«

Bei Statussymbolen gibt es zwei Ebenen der Bewertung: Was mir persönlich wichtig ist und was meinem Umfeld wichtig ist.

Auch wenn es mich persönlich nervt, dass ein Titel für mein Umfeld enorme Wichtigkeit hat, muss ich die Regeln des Machtspiels erst mal akzeptieren. Ändern kann ich sie dann, wenn ich es in eine Machtposition geschafft habe.

Brigitte Huber kennt den Prozess der dauernden Neudefinition in ihrer Branche seit Jahrzehnten: »Man muss sich seine Positionen immer neu erobern. Wenn das Spielfeld sich ändert, Figuren ausgetauscht werden, dann muss man wieder schauen: Wo ist mein Platz? Man muss sich selbst nach innen und außen neu definieren. Das ist kein Selbstläufer.« Denn jede neue Person, die dazukommt, spielt ihr eigenes Statusspiel und bringt Dynamik in das Gefüge, kratzt quasi automatisch an deinem Status oder erhöht ihn – je nachdem.

Neudefinition bedeutet auch, dass sich die Statussymbole selbst mit dem Zeitgeist verändern können. Sigrid Nikutta sagt: »Das wichtigste Statussymbol ist Freiheit. Du entscheidest aus freiem Willen, was du wann machst.« Investorin Tijen Onaran sieht das ähnlich: »Für mich ist der größte Luxus und das größte Statussymbol Zeit und Freiheit. Dass ich mir meine Zeit komplett frei einteilen kann. Dass ich selbst frei entscheide, wo ich Leute treffe und ob ich da hinreisen will.« Die Zeit der Statussymbole ist damit zwar, laut Tijen, nicht vorbei, aber sie entscheidet bewusster, wie sie sie spielt und auch mit wem: »Ich bin nicht frei von diesen Vergleichsgesprächen. Gerade wenn es um Investments geht, fühle ich mich gechallenged. Aber ich denke mir dann immer wieder: Warum willst du von der Person anerkannt werden? Wird die nicht irgendwann mitbekommen, dass ich machtvoll bin? Ich glaube, die Position der Stärke zeigt sich in deinem Netzwerk und darin, wer über dich redet.« Damit macht sie einen wichtigen Punkt: Kontakte und Netzwerke sind wahrscheinlich das zeitloseste Schmuckstück im Statussymbolkästchen.

Sie wirken sich positiv auf den eigenen Status aus, wie Ingenieurin Katharina Helten beobachtet: »Es gibt Leute, bei denen löst es etwas aus, wenn sie mitbekommen, mit wem du im Austausch stehst und per *Du* bist.«

Nähe zu Hochstatus, sprich Macht, kann auf dich selbst abfärben. Der zweite Grund, der ein Netzwerk zum mächtigen Statussymbol macht, ist der Zugang zu Informationen. Anna-Nicole Heinrich beschreibt die besondere Machtposition, die sich in ihrer Erfahrung daraus ergeben kann: »Innerhalb der Institutionen in der evangelischen Kirche ist es nicht der Titel, der die Macht beschreibt, sondern die Dichte an Informationen. Wer am meisten Informationen hat, hat am meisten Macht – im Sinne von struktureller Macht durch Information.«

Informationen sind wie Wegweiser durch das Machtlabyrinth. Zu wissen, wer welche Prioritäten verfolgt und was die übergeordnete Lage ist, spart Zeit und Energie. Weiß ich beispielsweise, dass ein Unternehmensteil verkauft wird, kann ich mir die Zeit sparen, ein größeres Projekt mit diesem Teil in Angriff zu nehmen. Weiß ich, wer grundsätzlich welche Interessen verfolgt, kann ich anpassen, mit wem ich mich vernetze und wen ich verloren gebe.

Informationen sind ein wichtiger Schlüssel zum Erfolg. Nach dem Studium hatte ich einen Wunscharbeitgeber, bei dem ich bereits ein Praktikum gemacht hatte. Mein Abteilungsleiter schrieb mir ein top Empfehlungsschreiben und die Sache schien für mich geritzt. Ich ging also zu unzähligen Bewerbungsgesprächen mit dem Ressortleiter, Chefredakteur, Geschäftsführer. Doch ein Job-Angebot blieb aus. Irgendwann gab ich es auf und zog zu einem anderen Unternehmen. Nach Jahren traf ich den Direktor wieder, der sich bei mir entschuldigte und sagte, sie hätten sich geärgert, mir damals kein Job-Angebot gemacht zu haben. Der Abteilungsleiter, der mich empfohlen hatte, sei bekannt dafür gewesen, junge blonde Frauen zu fördern, teils auch aus einem sehr privaten Interesse heraus. Er hätte gedacht, ich sei nur eine weitere Eroberung, der der Kollege gefallen wollte. Auf meine Frage, ob ich denn in den Gesprächen kein anderes Bild hinterlassen hätte, antwortete er: Doch schon, aber ich hätte so positiv über den Kollegen gesprochen. Hätte ich den Ruf des Abteilungsleiters gekannt: Vermutlich hätte ich es thematisiert oder wäre zumindest in meinen Äußerungen vorsichtiger gewesen. Auch wenn ich heute ganz dankbar dafür bin, nicht in diesem Unternehmen gelandet zu sein: Mir fehlte ein entscheidendes Stück des Films, den die – in diesem Fall rein männlichen – Menschen auf der Gegenseite alle kannten. Sie sahen mein Verhalten durch eine komplett andere Brille – und ein aus meiner Sicht solidarisches Kompliment über meinen ehemaligen Abteilungsleiter wurde ganz anders interpretiert.

Auch wenn spezifische Statussymbole für einzelne Unternehmen und Branchen noch wichtig sein mögen, sehe ich es wie meine Interviewpartnerinnen: Die Zugänge und Informationen, die man hat, sind die allerwichtigsten Statussymbole. Dazu kommt die Freiheit, diese nutzen zu können, wie man es für richtig hält. Es ist wichtig, sich nicht zu früh von Titeln oder Dienstwagen in der Entscheidung leiten zu lassen, welchen nächsten beruflichen Schritt man macht. Auf lange Sicht sind gerade Titel oder Gegenstände vor allem eins: Schall und Rauch.

Kommunikation

Statusspiele zu erkennen und zu beherrschen, ist *eine* Grundlage, um sich durch das Machtlabyrinth zu navigieren. Die andere ist ein grundsätzlich anderes Kommunikationssystem, das darin zur Anwendung kommt. Vor allem für Frauen gilt: Die Sprache, die wir gelernt haben, funktioniert da nicht so gut. Autorin Marion Knaths stellt in ihrem Buch »FrauenMACHT!« deshalb auch die passende Frage: »Sprechen Sie hierarchisch?«

Tatsächlich ist es nämlich so, dass hierarchische Kommunikationssysteme anders funktionieren als nicht hierarchische. »Reine Männergruppen und reine Frauengruppen – ich spreche ausdrücklich nicht von der einzelnen Persönlichkeit – lassen sich diesen beiden Systemen zuordnen«, schreibt Marion Knaths. »Männergruppen, vor allem Organisationen, haben tendenziell hierarchische Kommunikationsstrukturen, Frauengruppen eher non-hierarchische.« Dabei bezieht sie sich auf eine ganze Reihe wissenschaftlicher Forschungsergebnisse.

Der Unterschied zwischen dem hierarchischen und dem nicht hierarchischen Kommunikationssystem ist ziemlich einfach. Das hierarchische ist eine gerade Linie von unten nach oben. Das nicht hierarchische gleicht einem Wollknäuel. Im hierarchischen möchte man gerne von unten nach oben kommunizieren. Im non-hierarchischen geht es kreuz und quer. Kommunikation wird im hierarchischen System eingesetzt, um sich nach unten abzugrenzen – im anderen will man Verbindungen herstellen, statt Grenzen zu ziehen.

Das hierarchische System, das Marion Knaths beschreibt, hat folgende Grundregeln: Es funktioniert über Ebenen, *ranghöher* und *rangnieder* – wie im Statusmodell. *Ranghöher* darf *rangniedriger* ignorieren, unterbrechen und Ideen als gut oder schlecht bewerten. Manche Positionen im System sind klar: Dass der Praktikant weiter unten steht als die Chefin zum Beispiel. Wenn die Chefin präsentiert und der Praktikant geht dazwischen und weist sie zurecht mit den Worten *Da müssen Sie aber noch mal ran!*, ist das keine gute Idee.

Im Macht- und Statusspiel sind die Ebenen dazwischen relevant. Ein einfacher Weg, sich schnell in einen niederen Rang zu bugsieren ist, direkt zu Beginn einer Situation einen Raum zur Bewertung aufzumachen, beispielsweise direkt zur Eröffnung eines Meetings mit Menschen auf gleicher Ebene eine Idee zu präsentieren. Diejenigen, die die Idee ablehnen, sind damit automatisch höher. Deshalb ist es sinnvoll, nicht direkt mit dem Satz *Ich habe eine Idee, was denkt ihr?* in ein großes Meeting zu starten. Erst wenn man das Gefühl hat, dass jede:r ihren oder seinen Platz gefunden hat und das System der hierarchischen Kommunikation etabliert ist, kann man Ideen vorschlagen.

Wir kommen im Alltag nun mal nicht drumherum, Ideen bewerten zu lassen – und das ist auch gut. Keine Initiative und kein Projekt sind jemals besser geworden, wenn wir es nicht mit anderen besprochen haben. Gerade weiblich sozialisierte Menschen machen hier jedoch – aus dem nicht hierarchischen Kommunikationssystem kommend – einen entscheidenden Fehler: Sie präsentieren die Idee der ganzen Gruppe und fragen nach einer Bewertung. Im hierarchischen System wird die Idee aber direkt an die *Nummer eins*, die ranghöchste Person, der jeweiligen Gruppe adressiert.[102]

Mit den unterschiedlichen Kommunikationssystemen liefert Marion Knaths auch eine Erklärung für die Erfahrung vieler Frauen, dass eine Idee, die sie eben vorgestellt haben, zehn Minuten später von einem männlichen Kollegen wiederholt wird und dann vom Chef oder der Chefin als dessen Idee abgespeichert wird. Bei der Vorstellung der Frau nur Schulterzucken, bei der Vorstellung derselben Sache durch den Mann große Euphorie: *Was für eine Idee!* Der Mann hat in diesem Beispiel direkt den Chef oder die Chefin – die Nummer eins der Gruppe – adressiert und sie nicht an alle gerichtet. Die Nummer eins findet sie gut, alle finden sie gut.

Grundlegend ist hier auch das Prinzip der *geteilten Verantwortung* oder *Verantwortungsdiffusion*, das in der Organisationspsychologie erstaunliche Forschungsergebnisse hervorgebracht hat. Ein bildhaftes Beispiel dafür ist der Mord an Kitty Genovese, aus dem der Begriff *Genovese-Syndrom* entsprang: Eine junge Frau wehrt sich in einem Hochhaus mehr als 30 Minuten lang gegen einen Angreifer und wird schließlich ermordet. Obwohl über 38 Menschen ihr Schreien bemerken, dauert es, bis jemand die Polizei ruft: der *Zuschauereffekt*. Das aus dem realen Mordfall abgeleitete Experiment wurde mehrfach wiederholt und belegt: Steht eine Person vor dem Hochhaus, ruft sie unverzüglich die Polizei. Sind es allerdings mehrere Personen, dauert es länger – weil sich keiner unmittelbar in der Verantwortung fühlt.[103]

In der hierarchischen Kommunikation bestimmt die Nummer eins, was gut und erlaubt ist. Unterbrechungen, beispielsweise, funktionieren laut Marion Knaths nur dann gut, wenn die Nummer eins in der jeweiligen Runde genervt ist. Hört die Nummer eins interessiert zu und ich gehe dazwischen, weil ich etwas hinzuzufügen habe oder der Beitrag nicht relevant ist, werde ich dafür abgestraft und rutsche in der Rangordnung ab.

Auch Lob ist eine Form der hierarchischen Kommunikation: Jemand maßt sich an, etwas zu bewerten, auch wenn es gut ist. Dabei kann ein sehr guter Vorschlag, der der Nummer eins in diesem Kontext gefallen hat, genutzt werden, um selbst davon zu profitieren. Wieder das bekannte Beispiel der Wiederholung des vorher Gesagten durch einen Mann und ein Beleg dafür, dass es nicht immer um Leistung oder inhaltliche Qualität geht: Etwas in abgewandelter Form zu wiederholen, das von der Nummer eins bereits für gut befunden wurde, ist ein einfacher Weg, sich einen kleinen Push im System zu holen.

Es ist sinnvoll, realistisch einzuschätzen, auf welcher Position man in einer Situation steht, und sich klarzumachen: Das hierarchische System ist *status*-, nicht *sach*orientiert.

Non-hierarchisch sozialisierte Menschen – wie auch ich – bewerten sehr viel härter, ob das, was sie da gerade beitragen wollen, wirklich Sinn macht und ob es die Redezeit rechtfertigt, die sie sich nehmen. Sie legen eine zu hohe Messlatte an die inhaltliche Qualität ihrer Beiträge und unterschätzen, wie wichtig es ist, überhaupt einen Beitrag im Meeting zu leisten. Denn gar nichts zu sagen, bringt uns nicht etwa irgendwie ins Mittelfeld, sondern nach unten. Der beste Weg ist also, so gut vorbereitet, informiert und *on top of the game* zu sein, dass man immer irgendetwas beizutragen hat. Etwas zu eigenen Gunsten in abgewandelter Form zu wiederholen, sollte allerdings nur eine absolute Notlösung sein.

»Ich kenne die Kommunikationsspielregeln«, sagt *DB Cargo*-Chefin Sigrid Nikutta, die in den allermeisten Fällen inzwischen selbst die Nummer eins im Raum ist, »aber ich beachte sie nur zu einem gewissen Punkt. Ich habe mir fest vorgenommen, immer klar zu kommunizieren. Alles andere sind mir zu viele Umwege. Das gilt auch hierarchieübergreifend.« Auch Unternehmerin Judith Williams setzt die hierarchische Kommunikation wie Sigrid Nikutta mit einer gewissen Klarheit gleich: Linie statt Wollknäuel. »Meine Strategie war immer: Schnell, ohne Firlefanz, Eitelkeiten rechts und links liegen lassen. Dissonanzen aushalten, direkt ansprechen. Wenn etwas nicht geht, musst du vor allem einen anderen Plan haben. Du musst den Weg vorgeben, die Position begründen und auch entscheiden.« Judith glaubt wie ich an gute Vorbereitung, daran, immer eine Ecke weiterzudenken als der Status quo erfordert. Aber sie bezieht noch eine andere Komponente in ihren Führungsstil und die Kommunikation innerhalb ihrer Unternehmen ein: Das Vertrauen ihrer Teams in sie ist eine Grundvoraussetzung für Erfolg. Im Gegenzug übernimmt sie klar die Verantwortung, geht voran und trifft Entscheidungen. »Du musst Menschen lenken und führen, ohne sie zu degradieren – das geht häufig über Wertschätzung –, aber klug denken: Wie kriege ich Menschen in diese Richtung? Am besten ist es, wenn sie das Gefühl haben, das wäre ihre Idee. Aber es gibt auch Situationen, da muss man eine klare Entscheidung treffen, und die Leute müssen dir vertrauen.«

Kommunikations- und Statusspiele sind enge Verwandte und haben viel Überschneidungsmenge. Wer sie richtig durchdringt, kommt zu neuen Schlüssen. Nicht nur dazu, dass zwischen Macht und Leistung kein ausschließlicher Kausalzusammenhang besteht. Sondern auch, dass es oft nicht darauf ankommt, wer in einer Sache recht hat – sondern wer es schafft, seine Themen richtig zu platzieren. Deshalb ist es wichtig, die Art, *wie* wir kommunizieren, zu überprüfen und die soziale Form der Statuszuschreibung neu zu erlernen. Das ist unerlässlich, um im Labyrinth der Macht voranzukommen. Auch hier gilt aber: Wer es, wie Judith Williams, geschafft hat, kann die Regeln durchaus anpassen und verändern. Ein weiterer Punkt, warum mehr Diversität in der Macht eine Notwendigkeit ist – denn sie verändert nicht nur den Status quo, sondern die Spielregeln für die Zukunft. Das *strukturelle* Problem hat die Chance auf eine Lösung: Menschen sehen sich in der Führung repräsentiert, Arbeitskulturen werden inklusiver und Kommunikationssysteme ändern sich. Denn das Machtlabyrinth, die Statusspiele und die hierarchische Kommunikation sind nur der Status quo, nicht das Ziel! Je mehr unterschiedliche Menschen es in Machtpositionen schaffen, desto wahrscheinlicher werden strukturelle Veränderungen.

Frauenzonen

Allerdings ist Führungsposition nicht gleich Führungsposition, wenn es um strukturelle Veränderungen geht. Schaut man sich die Bereiche an, für die Frauen in Vorständen bisher verantwortlich sind, drängt sich der Gedanke auf, dass es so etwas wie *Frauenzonen* in Unternehmen gibt: Von den 86 Frauen, die 2021 in einem Vorstand waren, unter insgesamt 734 Vorstandsposten, waren 24 Finanz- und 22 Personalvorständinnen. Auffällig ist auch, dass der Posten Personalvorstand oft extra für eine Frau geschaffen wird – von den 169 börsennotierten Unternehmen hatten im Jahr 2021 nur vier diese Rolle, was bedeutet, dass 50 % der Personalvorstände in Deutschland Frauen sind.[104] Auch bei den Neubesetzungen zeigt sich dieser Trend: Während die Frauenquote in den DAX-Vorständen von 9,6 % im Jahr 2016[*] auf 20,2 % im Herbst 2022 gestiegen ist, entfällt auch hier knapp ein Viertel der Neubesetzungen auf *Personal/Human Ressources*, gefolgt von *Finance*. Auch die Bereiche *Corporate Social Responsibility/ESG* und *Recht/Legal* waren unter den Neubesetzungen.

Funktionen, in denen Frauen, laut einer Analyse des Beratungsunternehmens Horváth & Partners, seltener gefunden werden, sind die im operativen Betrieb. Auch im Bereich *Vertrieb und Marketing* stehen zwei Frauen 32 Männern gegenüber.[105]

Frauen dürfen also im Vorstandsschiff mitfahren, aber nur selten auf der Brücke stehen. Marion Knaths berichtet in ihrem Buch

---

[*] 2016 wurde die Quote für die DAX30-Unternehmen gemessen, im Jahr 2022 für die DAX40; dies ist begründet durch die Entscheidung der Deutschen Börse aus dem September 2021, den deutschen Leitindex um zehn Unternehmen aufzustocken.

von ihren Erfahrungen in einem Versicherungsunternehmen:[106] Der Vertrieb galt als Herzstück der Organisation, die Verantwortlichen waren alle männlich – mit der Begründung: *Bei uns haben es Frauen im Vertrieb eher schwer. Das liegt den Männern besser, die sind irgendwie verhandlungsstärker.* Wenig später wechselte sie in ein Medienhaus – die Redaktion, das dortige Herzstück, wurde männlich geführt, im Vertrieb waren mehr Frauen. »Zuarbeiten werden uns zugetraut«, resümiert Marion Knaths ihre Beobachtung, dass Frauen öfter in den Bereichen zu Verantwortung kommen, die nicht zum Kerngeschäft gehören, also zum Beispiel Personal und Responsibility.

Kommen wir wieder zum Punkt Sozialisierung: Für Frauen, die Beziehungsdeals und non-hierarchische Kommunikation gelernt haben, Konflikt als unangenehm empfinden und Fähigkeiten wie Empathie stärker ausbilden konnten, sind Bereiche wie *Personal* oder *ESG* natürlich eine sinnvolle Wahl. Diese Bereiche beinhalten durchaus auch eine Form von Macht, sind aber eben nicht die Kommandobrücke des Schiffs. Für *DB-Cargo*-Chefin Sigrid Nikutta wäre der Bereich *Human Ressources* der logische Schritt nach dem Studium gewesen – schließlich ist sie Psychologin. Sie sah das anders: »Für mich war es eine bewusste Entscheidung, nicht in Richtung *HR* zu gehen. Ich habe immer wieder in Unternehmen gesehen, dass mir die Machtstellung von *Personal* eigentlich zu schwach war. Ich habe gesehen, dass im technischen Bereich die Entscheidungen getroffen werden, dass da die Machtpositionen liegen. Deshalb bin ich sehr bewusst in die technische Richtung gegangen.« Wie auch ich sammelte sie nach ihrem Studium gezielt Zusatzqualifikationen im betriebswirtschaftlichen Bereich und fuchste sich in neue Themen ein: »Man kann sich in Feldern entwickeln, egal was man studiert hat. Wer vor 30 Jahren Maschinenbau oder Elektrotechnik studiert hat und im Management arbeitet, hat auch nur noch die Grundlagen. Man muss sein Profil schärfen und auch permanent aktualisieren.«

Auch Lou Dellert hat sich in Bereiche eingearbeitet, die eigentlich als männlich dominiert gelten. Nach ihrem erfolgreichen Einstieg mit Fitness Content hat sie sich in den vergangenen Jahren viel mehr mit politischen Themen, Nachhaltigkeit und Gleichstellung beschäftigt. Dass eine junge Frau plötzlich die politische Debatte mitprägen will und ihre Reichweite dafür nutzt, anstatt Fitnessvideos und Ernährungstipps zu posten, irritierte erst mal: »Als ich angefangen habe, politischere Themen zu besetzen, habe ich gemerkt, dass da eine Grundangst ist bei männlichen Journalisten – dass da jemand kommt und ihnen vielleicht die Jobs wegnimmt.« Sie erzählt von erfolgreichen Männern im politischen Digitaljournalismus, die abfällige Kommentare unter ihren Posts hinterließen oder in ihren eigenen Beiträgen negativ über sie schrieben. Die Tatsache, dass sich eine Frau plötzlich in sogenannte Männerressorts wagt, braucht Gewöhnung, denkt sie: »Es war halt jahrelang einfach Standard, dass Männer die Debatte einordnen und auch prägen. Das wird uns ja auch immer noch so beigebracht. Und wenn jetzt das andere Geschlecht sagt: *Hey, ich will auch mal ein bisschen mehr vom Kuchen haben!*, dann bedeutet das Umstellung.«

Auch der Kapitalmarkt ist klare Männerzone: Nur 1,8 % des Kapitals gingen im vergangenen Jahr an Gründerinnen.[107] Miriam Wohlfahrt, die selbst investiert, sieht die Gründe dafür in verschiedenen Faktoren. Zum einen sind Investoren meist männlich und investieren daher eher in Männer – der unbewusste Bias der Ähnlichkeit, die soziale Homophilie und Hinterzimmer-Netzwerke spielen hier eine Rolle: Thomas investiert lieber in Thomas. Zum anderen begeben Frauen sich auch selbst oft in Bereiche, die für den Kapitalmarkt wenig interessant sind: »Quantencomputer, Tech, solche Themen sind die Unicorns. Und gerade in diesen Feldern sind weniger Frauen. Viel Gründungskapital fließt in diese halbwissenschaftlichen Felder mit Tech-Know-how. Die Produkte, die viele Gründerinnen entwickeln, passen nicht in diese Felder.« Miriam Wohlfarth glaubt, dass Frauen noch die grundlegende Erfahrung fehlt, dass man nicht alles können muss, um ein Unternehmen in dem Bereich zu gründen. »Ich habe ja auch ein Tech-Unternehmen, und wir machen künstliche Intelligenz, und ich bin selbst auch kein Tekkie. Frauen denken oft, *Du musst das alles können!*, und so ist das gar nicht. Wenn du ein Tech-Unternehmen mitgründen willst, kannst du dir ein Team zusammenstellen, das die Kompetenz hat.«

Damit auch am Kapitalmarkt mehr Geld an weibliche Gründerinnen geht, müssen also drei Dinge passieren: Erstens braucht es mehr weibliche Investorinnen, was auch bedeutet, dass mehr Frauen risikobereiter sein müssen und ihr Geld am Kapitalmarkt investieren. Zweitens müssen mehr Frauen in den Bereichen gründen, die für den Kapitalmarkt hochattraktiv sind – entweder, indem sie sich in Gründerteams die benötigten Skills zusammensuchen, oder indem mehr Frauen in MINT-Berufe kommen. Hierfür muss die Attraktivität von MINT-Berufen steigen und die Sichtbarkeit von erfolgreichen Frauen darin größer werden. Und drittens muss der Anteil der Gründerinnen in Deutschland generell größer werden – denn unter den ohnehin wenigen Gründungen in Deutschland liegt der Anteil der *Female Founders* bei unter 20 %. Kurzum: Es liegt zu einem guten Teil an uns Frauen selbst, das zu ändern und mit dieser seltsamen Tradition ein für alle Mal zu brechen. Let's go.

Chancen ergreifen

Nach Status und Kommunikation klingt der dritte Weg, durchs Machtlabyrinth zu kommen, deutlich einfacher, als er ist: Machen. Oder auch: sich ermächtigen. Während *nichts sagen* einen im hierarchischen Kommunikationssystem nach unten katapultiert, führt *nichts machen* dazu, dass man gar nicht erst ins Spiel kommt.

Tijen Onaran und ich sind uns in einem Punkt sehr ähnlich: Wir machen, egal wie die Umstände sind. Sie sagt: »Nehmen wir mal an, ich würde sonntags morgens um sechs Uhr einen Anruf bekommen: *Hier ist die Option deines Lebens! Der ganze Vorstand ist versammelt, du musst in einer Stunde da sein.* Ich würde das hinkriegen, und wenn ich im Schlafanzug im Flieger bin und mich spontan fertig mache. Ich wäre immer bereit.« Machen heißt, Chancen zu nutzen und Chancen zu schaffen. Ich nicke eifrig, als Tijen erklärt: »Für mich gibt es nicht die Option, Chancen verstreichen zu lassen. Klar, manchmal sage ich etwas ab, weil ich dafür etwas anderes mache. In der Generation nach uns sehe ich manchmal, dass das anders ist – dass man sagt: *Dann ziehe ich halt in eine kleinere Wohnung, ich möchte lieber mehr Freizeit haben.* Das kenne ich nicht. Ich möchte nicht noch mal in einer kleinen Wohnung leben.«

Beim *Machen* sind junges Alter und selbst Unerfahrenheit mal ein Vorteil: Denn eine gewisse Naivität oder Angstfreiheit kann Machen einfacher machen. Schon weiter vorne habe ich über die Denkspirale gesprochen, die vor allem Frauen davon abhalten kann. Tijen Onaran sagt: »Ich glaube nicht, dass Naivität per se etwas Schlechtes ist. Es heißt ja nicht, dass du blöd bist, sondern nur, dass du Dinge nicht per se zerdenkst. Und deswegen denke ich manchmal, dass Naivität auch schützt, weil du weniger Angst hast, weil du die Fehler, die du vielleicht machen könntest, noch nicht kennst. Naivität kann auch Selbstvertrauen geben.«

Für Lou war in puncto Machen ihr Vater ein Vorbild. Nicht nur darin, die Angst davor zu verlieren, sondern auch einen guten Umgang mit Fehlern zu lernen: »Mein Papa ist für mich insofern ein Vorbild, als dass ich von ihm die Art habe, einfach mal zu machen und nicht über alles zu viel nachzudenken. Wenn etwas nicht klappt, ist das völlig in Ordnung. Ich lerne daraus und nehme die Erfahrung in die nächste Sache mit, die ich mache. Mein Papa hat mir das vorgelebt, als Dachdecker, mit Insolvenz, Weiterbildung, Neustart.«

Dass Frauen sich mit dem Machen schwerer tun als Männer, ist belegt. Nicht nur das Zerdenken und die Angst vor dem Scheitern halten sie ab. Auch, dass sie sich selbst deutlich härter bewerten, als Männer es tun. Das beginnt schon beim Lesen von Stellenanzeigen und der Tatsache, dass Frauen sich seltener angesprochen oder gemeint fühlen.[108] Die Algorithmen gängiger Job-Plattformen bevorzugen das generische Maskulinum ergänzt um den Zusatz (m/w/d), also dass beispielsweise mit *Projektleiter* auch Menschen angesprochen sind, die sich als Frau oder als divers identifizieren. Trotzdem bleibt die Berufsbezeichnung im Maskulinum. Ändert man die Stellenausschreibung zu *Projektleitung,* bekommt man schon deutlich weniger Bewerbungen, was meiner Vermutung nach daran liegt, dass die Art der Ausschreibung aus der Norm fällt und daher vom Suchalgorithmus nach hinten sortiert wird. Bei *Projektleiter:in* ist der Unterschied noch drastischer. Fühl dich also ausnahmsweise bitte mitgemeint, wenn du Ausschreibungen im generischen Maskulinum liest. Schuld könnte der Algorithmus sein. Die gängige Annahme, dass Männer sich schon bewerben, wenn sie 60 % der erforderlichen Qualifikationen für eine Stelle haben, und Frauen nur bei nahezu 100 %, wurde in jüngeren Forschungsergebnissen zwar nicht widerlegt, aber relativiert. Was jedoch bestätigt wurde, ist, dass Frauen Anforderungen wörtlicher nehmen. Während Männer in einem wissenschaftlichen Experiment im Schnitt 1,17 Sekunden auf eine Anforderung schauten, bevor sie bestätigten, dass sie geeignet sind, schauten Frauen doppelt so lang.[109]

Lou Dellert erzählt mir von Talkshow-Anfragen, die sie abgesagt hat, weil sie sich selbst nicht für die beste Expertin auf dem Gebiet hielt. »Dann sagte die Redakteurin zu mir: *Louisa, ich habe vorhin mit zwei Männern telefoniert, die wollten nicht mal das Thema wissen und haben direkt zugesagt.*«

Ich persönlich handle nach der Devise *Erst mal Ja sagen und dann schauen, wie man es hinbekommt* und bin damit, ehrlich gesagt, noch nie auf die Nase gefallen. Auch, weil es mich interessiert, was passiert, wenn ich es mache. Wenn sich eine Chance bietet, kommt Spannung ins Spiel. Außerdem ist es wichtig, sich bewusst zu machen, dass die Art der Ausgestaltung zu einem großen Teil dir selbst überlassen bleibt. Wenn ich gefragt werde, *Kannst du dieses und jenes präsentieren?*, und das Thema ist nicht gerade mein Steckenpferd, kann ich mein gesamtes Netzwerk um Unterstützung bitten.

Die Unternehmerin und Investorin Diana zur Löwen wagte sich vor einigen Jahren in ein für sie komplett neues Themenfeld: Politik. Aus ehrlichem Interesse und ohne viel darüber zu wissen, betrat sie ein gewagtes Neuland. Aber die Art, wie sie das neue Thema verhandelte, war authentisch und schließlich erfolgreich: »Ich habe die Leute mitgenommen, während ich stets dazugelernt und mich auch entwickelt habe. Während der Europawahlen schloss ich mich einer EU-Gruppe in Köln an, habe mich da engagiert und nach und nach Politik verstanden.« Ihre Zielgruppe ist ihr gefolgt.

Wichtig ist der Unterschied zwischen Angst und Respekt – am Beispiel von Dianas Weg ins Themenfeld Politik: Sie hat sich zwar nicht von der Angst abhalten lassen, aber sehr wohl den Respekt vor der Sache behalten. Sie begab sich auf eine Reise, auf die sie ihre Zielgruppe mitgenommen hat, statt dabei von einem Tag auf den anderen politische Kommentare zu posten. Der Mut, in ein neues Themenfeld zu gehen, war bei ihr begleitet von einem authentischen Lernmoment und der Offenheit, sich Neues anzueignen.

Machen macht mächtig! Das ist ein Schlüsselsatz auf dem Weg durchs Machtlabyrinth, wenn dem Machen ein guter Plan und ein Grundverständnis der Kommunikations- und Statusspielregeln vorausgeht. Sonst kann Machen auch leicht in Aktionismus umschwenken – wir machen einfach irgendwas und diskreditieren uns dadurch selbst.

Das Schlimmste, was dir beim Machen passieren kann, sind übrigens nicht Fehler. Im Gegenteil, Fehler können sogar etwas ziemlich Gutes sein – und das meine ich nicht im Kalenderspruchsinne des Wortes. Wenn wir mit Plan und unter Beachtung der grundsätzlichen Spielregeln Fehler machen, wird uns das nicht allzu großen Schaden zufügen – es macht uns sogar besser. Vorständin Fränzi Kühne sagt: »Du fällst hin, du scheiterst, du stehst wieder auf. Ich kann die Frage nach meinen Fehlern der letzten Jahre gar nicht beantworten, weil ich sie vermutlich verdränge. Meine Eröffnungsrede vor 600 Aktionär:innen bei *Freenet* war furchtbar. In meiner Erwartungshaltung habe ich das richtig schlecht gemacht. Aber dann habe ich gesagt: *Ok, ich habe vor 600 Leuten gesprochen, ich habe eine Hemmschwelle überwunden und jetzt kann ich dran wachsen.*«

Fehler sind meistens nicht das, was uns im Machtlabyrinth stolpern lässt. Nicht machen wiederum schon. Machen und Fehler sind eng miteinander verbunden – viel wichtiger als der Fehler selbst ist, meiner Meinung nach, wie man damit umgeht.

Je mehr Zeit man damit verbringt, sich über einen Fehler zu ärgern, desto weniger hat man, um sich der Lösung zu widmen. Das gilt nicht nur für Dinge, die man selbst versemmelt – sondern mindestens genauso sehr für Fehler von Menschen im Team oder Kolleg:innen. Wer sich offen über Fehler anderer freut oder – noch schlimmer – Menschen für ihre Fehler bloßstellt, erhält das Verhalten in der Regel früher oder später als einen Bumerang zurück.

Wie konnte das passieren?, ist ein Satz, den ich völlig aus meinem Wortschatz gestrichen habe und ersetze mit: *Wie schaffen wir es, dass das nicht mehr passiert?* Ein:e Schuldig:er macht die Sache nicht besser, eine Lösung, sei es als Schadensbegrenzung oder als Lehreinheit für die Zukunft, schon.

Raus aus der Komfortzone

Wenn ich immer in meiner Komfortzone geblieben wäre, wäre ich bis heute Lokalreporterin im Radio, und viele der spannenden Begegnungen, die ich in den letzten fünf Jahren machen durfte, wären nie zustandegekommen.

Wie schon anfangs gesagt: Chancengleichheit bedeutet, dass jede:r machen kann, was er oder sie will. Und deshalb will ich das Leben, das ich eben *nicht* lebe, auch nicht bewerten. Es war nur für mich nicht der richtige Weg. Ich spürte zu viel Neugier in mir. Und die einzige Art, wie ich dem nachgeben konnte, war, meine Komfortzone zu verlassen und herauszufinden, was mein Weg noch zu bieten hat.

In meinem ersten Job nach dem Radio sollte ich einen Business Case für ein neues Geschäftsfeld finanziell kalkulieren. Getreu meinem Motto *Erst mal Ja sagen und dann schauen, wie du es hinkriegst!* googelte ich erst, was ein Business Case überhaupt ist, und rief dann meine Schwester an, die BWL studiert hat, um herauszufinden, wie man so etwas am besten angeht. Außerdem wandte ich einige der bewährten Methoden aus meinem vorherigen Berufsfeld an und interviewte ein paar Leute aus dem Bereich, um zu verstehen, wie sich das Geschäftsfeld überhaupt definiert. Und dann machte ich Online-Schulungen. Ein Kollege aus der Finanzabteilung gab mir einen zehnstündigen Excel-Kurs, den ich unter Qualen durchzog. Ich belegte Online-Seminare zu Business Cases und überhaupt allen Grundlagen der Betriebswirtschaftslehre. Dann suchte ich mir Hilfe von Kolleg:innen aus der Finanzabteilung, die mir halfen, meine Excel-Berechnungen etwas professioneller aussehen zu lassen. Am Ende klappte es.

Insgesamt drei Monate saß ich an dem Projekt. Wäre es schöner gewesen, etwas zu machen, was ich richtig gut konnte? Ja. Hat es weh getan, wie der größte Grünohr-Hase dazustehen und teils wirklich behämmerte Fragen zu stellen? Ja. Hat es mich weitergebracht? Definitiv!

Fast alle meiner Interviewpartnerinnen haben ähnliche Geschichten erlebt. »Stillstand ist blöder als Wachstumsschmerz«, sagt Fränzi Kühne. Nachdem *TLGG* verkauft war, nahm sie eine Vorstandsposition bei *Edding* an und war plötzlich auch für Bereiche zuständig, die außerhalb ihrer Kernkompetenzen lagen. »Meine Denke ist: Irgendwie werde ich es schon hinkriegen, weil ich immer alles hingekriegt habe. Man muss sich Dinge vornehmen, die man noch nicht gut kann, weil man sonst auf der Stelle stehen bleibt. Stillstand ist unbefriedigend und ganz blöd. Deshalb muss ich mir Themen suchen, an denen ich mich strecken muss, an denen ich wachsen kann.«

Eines der stärksten Beispiele für Themen, an denen man wachsen kann, liefert Miriam Wohlfarth. Sie kam aus der Reiseindustrie in die digitale Finanzindustrie, die damals noch nicht mal einen Namen hatte. Ihren gut bezahlten, sicheren Konzernjob hängte sie an den Nagel zugunsten einer Branche, die sich gerade erst entwickelte, und eines Unternehmens, das ganz am Anfang stand. Ihr Sprungbrett raus aus der Komfortzone war ein Mentor: »Ich bin durch Zufall in die Internetbranche gerutscht und habe dort mein größtes Vorbild überhaupt getroffen. Er war sehr charismatisch, hatte menschlich eine coole Art, hatte im Publishing gearbeitet und ist dann Mitgründer eines Internet-Bezahldienstleisters geworden. Und das hat mich fasziniert, weil ich bis dahin geglaubt habe: Wenn du eine Sache gelernt hast und in einer Industrie bist, dann bleibst du da auch erst mal. So ist das ja in Deutschland. Du lernst was, und dann bist du das. Du kannst den Job wechseln, aber nicht die Branche.« Der Gründer war nicht nur Vorbild, sondern ein echter Mentor: »Er war so ehrlich mit allem. Hat mir erklärt, dass er festgestellt hat: Wenn er Leute an seiner Seite hat, die Sachen können, dann ist das gut. Und als ich gesagt habe: *Ich habe keine Ahnung von der Fintech-Branche*, meinte er: *Ja, ich bis vor einem halben Jahr auch nicht. Das hat mich extrem beeindruckt, und ich bin ihm dann auch gefolgt für einige Jahre.*« Ihr Mentor nahm ihr die Angst vor dem Machen, vor dem Wechsel zu etwas Neuem und zeigte ihr den Spaß am Leben außerhalb der Komfortzone. Viele Jahre später folgte sie seinem Vorbild ein zweites Mal und gründete eine eigene Firma.

Mentor:innen und ein Netzwerk, das nach oben zieht, können Zugpferde aus der eigenen Komfortzone sein. Doch auch das Gefühl, etwas für andere zu leisten und dadurch Sinn zu erfahren, kann eine Antriebskraft sein. Als die Unternehmerin Judith Williams Kandidatin bei »Let's Dance« wurde, fragten sie viele, warum sie neben der VOX-Show »Die Höhle der Löwen«, die ihr schon einen großen Bekanntheitsgrad bescherte, *und* ihren gut laufenden Unternehmen, zusätzlich aufs Tanzparkett ging. Denn mit der Teilnahme an Unterhaltungsshows wie »Let's Dance« steigt zwar der Bekanntheitsgrad in der breiten Masse, doch dem Marktwert innerhalb der eigenen Bubble kann ein solcher Move auch schaden. Was wie ein überflüssiges Risiko schien, war für sie intrinsisch motiviert:»Wir müssen Frauen, die Führungsrollen haben, in der breiten Masse unserer Bevölkerung sichtbar machen. Deshalb werde ich immer wieder in diese Unterhaltungsbranche abtauchen. Wir brauchen Sichtbarkeit! Wenn ich in meinem Umkreis bleibe, in den Managermagazinen, dann erreiche ich nicht die Mädels, die wie ich in die erste Reihe wollen – ohne Studium.«

Ich kenne viele Frauen, gerade in großen Konzernen, die die Sicherheit und Planbarkeit ihrer Jobs über die Erfüllung ihrer eigentlichen Träume stellen. Eine lebenslange Freundin von mir arbeitet bei einem Automobilzulieferer. Seit wir uns kennen, sagte sie, sie wolle mal nach ganz oben, in einen Vorstand oder die Geschäftsführung. Ihr erster Job in dem Konzern war nicht erfüllend, also wechselte sie in den nächsten Job, wieder nicht zur Zufriedenheit. Schließlich ging sie zu einer Tochterfirma, was zwar besser war, aber auch nur *okay*. Außerhalb des Konzerns zu suchen, kam für sie allerdings nicht in Frage. Die Idee, die Betriebszugehörigkeit aufzugeben, machte ihr mehr Angst als die Tatsache, dass sie in den Jobs dort einfach nicht die Erfüllung fand, die sie brauchte. Ihr Netzwerk bestand hauptsächlich aus hierarchisch gleichgestellten oder niedriger gestellten Kolleg:innen. Diejenigen, die an ihr vorbei nach oben zogen, fand sie schrecklich und sie machte sie schlecht. Sie absolvierte zwar außerhalb des Jobs verschiedene Zusatzausbildungen, aber langsam wurden ihre Pläne vom Vorstandsposten leiser, bis sie schließlich gar nicht mehr davon sprach. Das Bedürfnis nach Sicherheit und dem Verbleiben innerhalb ihrer Komfortzone hatten alle anderen Triebkräfte außer Kraft gesetzt: Sie blieb im Machtlabyrinth stecken.

Richtig fordern

Frauen haben nicht unbedingt, wie vielfach angenommen, ein generelles Selbstbewusstseinsproblem, sondern setzen oft nur andere Prioritäten als Männer oder gehen anders vor – das ist klargeworden ... Gute Voraussetzung also für die nächste Stufe nach dem Machen: das Weiterkommen einzufordern.

Fordern kann ziemlich nach hinten losgehen, wenn man es zu früh tut oder völlig verrückte Dinge will. Als Praktikant:in zum Vorstand zu gehen und zu sagen: »Ich hätte gerne einen Job auf der ersten Führungsebene«, würde man wohl als *planlos* und *ohne Systemverständnis* bezeichnen. Fordern geht erst, wenn man verstanden hat, wie der Laden läuft, und ein sehr gutes Gefühl für die eigenen Kenntnisse und Fähigkeiten hat.

Nicht oder zu spät zu fordern, kann allerdings auch ziemlich nach hinten losgehen. Entweder bleibt man in der Arbeitsbienenfalle kleben, oder man wird übersehen. Richtiges Fordern beinhaltet also drei Komponenten: Erstens sollte man eine realistische Selbsteinschätzung haben. Kann man die größere Schuhgröße, die man bestellt, ausfüllen? Zweitens sollte man eine gewisse Systemkenntnis haben: Ist die Forderung realistisch, sind die Schuhe überhaupt verfügbar? Und Drittens darf man keine Furcht vor Konflikt haben, denn die Reaktion auf eine Forderung ist selten euphorisch, sondern oft erst einmal bremsend. Fordern bedeutet verhandeln.

Ein Verhandlungsmoment, der gerade im Gender-Kontext viel besprochen wird, ist das Gehaltsgespräch. Laut einer Studie des Meinungsforschungsinstituts YouGov haben fast 40 % der Deutschen noch nie ihr Gehalt verhandelt.[110] Auch von den Männern hat ein Viertel noch nie nach mehr Geld gefragt, insgesamt verhandeln Männer aber doch deutlich öfter als Frauen.

Ich möchte dir damit allerdings nicht den Tipp geben: *Verhandle wie ein Mann!* Denn es gibt, zumindest meiner Erfahrung nach, nicht den *einen*, männlichen Verhandlungsstil. Was meiner Erfahrung nach allerdings stimmt, ist: Männer fordern klarer, was sie wollen, in der Regel mehr Einfluss und auch mehr Geld. Von fünf Jahresgesprächen mit Männern im Team bekomme ich fünf Forderungen nach mehr Gehalt und einer besseren Position, unter den Frauen ist es maximal eine.

Der Hauptgrund, warum so viele Menschen die Gehaltsverhandlung scheuen, ist klar: Jede Verhandlung, egal wie gut die Beziehung zum Chef oder zur Chefin, egal wie gut die Ausgangsposition ist, bedeutet eine Form von *Konflikt*. Es hilft also enorm, das zu akzeptieren. Die beliebte Win-win-Situation, die erlauben würde, den Konflikt direkt mit einer Kooperation zu vereinen, gibt es vor allem im Gehaltsgespräch nicht. Für den oder die Budget-Verantwortliche bedeutet jeder Euro mehr, den er oder sie dem Gegenüber zusagt, eine Form von Stress: entweder woanders einsparen müssen oder mehr Budget beantragen. Damit muss der oder die direkte Vorgesetzte selbst in den Konflikt mit der nächsthöheren Ebene treten, die Entscheidung für die Gehaltserhöhung in anderen Runden begründen, riskieren, dass weitere Menschen nach mehr Geld fragen und so weiter. Hilf dir also und mach dir bewusst, dass jede Verhandlung eine Form von Konflikt ist und dass man zwar zu einer partnerschaftlichen Lösung kommen kann, aber eben nicht damit startet.

Verhandlungen sind ein Lernprozess und einer der Punkte, in denen Erfahrung wirklich über die Jahre wächst. Gerade am Anfang der Karriere hat man diese Routine schlicht noch nicht – woher auch? Verhandlungstrainings können helfen, das richtige Mindset zu entwickeln. Mir persönlich hat es geholfen, bei vielen Verhandlungen anwesend zu sein und zu beobachten, wie die Parteien miteinander interagieren. Natürlich ist diese Möglichkeit, gerade am Anfang des Berufslebens, nicht immer gegeben. Deshalb möchte ich dir ein paar Tipps aus meinen Erfahrungen ans Herz legen. Denn: Konflikt ist gut! Wer hart und angemessen für sich selbst verhandelt, zeigt auch die eigenen Skills und sendet ein wichtiges und richtiges Zeichen in Richtung des oder der Vorgesetzten. Wer hart für sich selbst eintritt, tut das auch für das Unternehmen. Die eigenen Verhandlungskompetenzen sind also auch eine Art Referenz der eigenen Arbeit.

ERSTENS:
Wie in jedem Konflikt ist es notwendig, in derselben Arena zu bleiben. Weiter vorne habe ich beschrieben, wie ich lernen musste zu streiten, mich nicht aus der Fassung bringen zu lassen, wenn ich mit jemandem über die Sinnhaftigkeit einer Frauenquote diskutiere und anstelle eines Arguments einen persönlichen Angriff kassiere. *Das tut nichts zur Sache, zurück zum Thema!* ist da eine hilfreiche Antwort. Ähnlich ist es bei Gehaltsverhandlungen. Wenn die Antwort auf die Frage nach einer Erhöhung ein persönliches Argument wie *Aber du fühlst dich hier doch so wohl!* oder *Aber wir haben doch ein so tolles persönliches Verhältnis!* ist, findet genau derselbe Mechanismus wie im Streitgespräch statt: Die Vermischung von Ebenen und Schauplätzen. Wenn wir gerade bei der Gehaltsverhandlung sind, ist die Diskussion über unser persönliches Verhältnis fehl am Platz. Die Antwort darauf ist: *Das stimmt, tut aber nichts zur Sache, zurück zum Thema!*

ZWEITENS:
In einer guten Verhandlung startet man als Gegner:innen und geht als Partner:innen raus. Nicht zwangsläufig mit einer Win-win-Lösung, aber zumindest mit einer, mit der beide Seiten leben können. Um als Gegner:in auf Augenhöhe zu agieren, braucht es, wie im Sport, eine gute Vorbereitung.

Informationen sind der wichtigste Schlüssel zur richtigen Forderung. Was verdienen andere – egal welches Geschlecht sie haben, wo sie herkommen oder wie sie aussehen – in vergleichbaren Positionen? Was sind die Faktoren, die bestimmen, dass ich den nächsten Schritt fordern kann? Welche Leistungen und Argumente haben sich seit dem letzten Gespräch ergeben, die die Forderung untermauern? Aus den Informationen leitet sich das Ziel ab: Welche Forderung ist auf Basis dessen, was ich gegeben habe und noch geben kann, realistisch? Mir hilft es, sowohl mein Ziel als auch meine absolute Schmerzgrenze aufzuschreiben, bevor ich in die Verhandlung gehe.

DRITTENS:
Wie auch im Statusspiel ist die innere Haltung entscheidend für den Erfolg. Um die zu klären, hilft es mir, vorab mögliche Szenarien durchzuspielen: Bin ich bereit, den Deal notfalls platzen zu lassen, wenn meine Forderung nicht erfüllt wird? Oder erst, wenn das Gegenangebot meine Schmerzgrenze unterschreitet? Auch hier helfen Informationen, um den eigenen Marktwert zu kennen. Eine klare Einschätzung, was den eigenen Wert und die Argumente für die Forderung angeht, ist von Vorteil und gibt innere Ruhe. Und innere Ruhe ist meiner Erfahrung nach die Basis für einen der wichtigsten Verhandlungsmoves: Auch mal schweigen. Den Impuls unterdrücken, den Konflikt sofort aufzulösen, direkt von Gegner:innen zu Partner:innen zu werden und zu sagen: *Ok, ich hab schon eine Lösung!* Die Spannung aushalten, nicht direkt mit einem Angebot kommen, sondern die Ruhe bewahren. Dafür ist auch die Vorbereitung des Settings entscheidend: Zeit, Ruhe und Konzentration sind relevant. Kümmere dich um einen ausreichend langen Termin in ruhiger Atmosphäre. Beim Anstehen in der Kantinenschlange zu sagen, Ich *hätte übrigens gerne mehr Geld!*, ist nicht clever, am Freitagabend nach einer anstrengenden Woche ebenso wenig.

VIERTENS:
Auch das Timing der Forderung ist zentral. Steckt das Unternehmen gerade in einer Krise und werden Kolleg:innen entlassen? Kein optimaler Moment, nach mehr Geld zu fragen! Ist der Chef

oder die Chefin selbst kurz vor dem Absprung in einen neuen Bereich oder ein neues Unternehmen? Auch nicht! Genauso wie ich beim ersten Gespräch mit einer:m neuen Vorgesetzten nicht raten würde, das Thema Geld sofort auf den Tisch zu legen.

Im ersten Corona-Lockdown tigerte ich, wie vermutlich viele, nächtelang umher: Homeoffice-Pflicht, ein noch unbekanntes und nicht einschätzbares Virus, die Märkte brachen ein – das Unvorstellbare war plötzlich Realität. Viele Unternehmen schickten ihre Mitarbeitenden in Kurzarbeit. Ich wollte das nicht, weil ich glaubte, dass unser Geschäftsfeld zu den Gewinnern der Situation zählen konnte und daher eher hoch- als zurückgefahren werden sollte. Ich setzte mich durch, und mein Team wurde von der Kurzarbeitsregelung ausgenommen. Nach langen Nächten der Gespräche und Verhandlungen mit anderen Abteilungen, gemischt mit persönlichen Sorgen und ungeklärten Fragen, bat mich eine Mitarbeiterin am Ende der Woche um ein Gespräch. Sie wollte eine Gehaltserhöhung. Klar, sie konnte nicht aus erster Hand wissen, wie meine Woche ausgesehen hatte, dass ich kaum geschlafen und mit welch hohem Einsatz ich mein Team vor der Kurzarbeit bewahrt hatte. Was bei mir ankam, war: Während Millionen Menschen in Kurzarbeit geschickt werden oder ihre Jobs verlieren, fordert sie mehr Geld – ein Verhalten, das nicht unbedingt zur Verbesserung unseres Verhältnisses beigetragen hat (und auch nicht zu einer Gehaltserhöhung).

Der pauschale Ratschlag, einfach viel mehr zu fordern, als man selbst für angemessen hält, weil Männer das ja auch so täten, ist in meiner Erfahrung also riskant und eher ein Schuss in den Ofen. Realistisch und informiert zu fordern, gut vorbereitet, mit einer stabilen Strategie, Mut und Selbstbewusstsein, klappt sehr viel eher.

Und das gilt auch über Gehaltsforderungen hinaus: Fast alle Frauen, mit denen ich gesprochen habe, sind in mächtige Positionen gekommen, weil sie nicht nur gemacht, sondern irgendwann auch gefordert haben. Simone Menne beispielsweise hat aktiv geäußert, dass sie sich in der Rolle der Finanzchefin ihrer damaligen Firma *British Midland* sieht. Sie war über zwanzig Jahre bei der *Lufthansa*, hatte ein gutes Netzwerk und kannte den Laden in- und auswendig. Sie wusste, dass die Rolle bald neu besetzt werden würde und warf ihren Hut in den Ring.

Auch für *dm*-Geschäftsführerin Kerstin Erbe war Fordern ein entscheidender Booster im Machtlabyrinth. »Ich habe sehr genau kommuniziert, was ich möchte«, sagt sie. »Entscheidungsträger:innen müssen derartige Dinge wissen.« Als es um die Integration einer Neuakquisition ging, trat sie an den europäischen Präsidenten ihrer damaligen Firma heran und machte deutlich, dass sie gerne mitarbeiten würde: »Es ist wichtig, selbst die Hand zu heben.« Und schon rein praktisch hat Kerstin Erbe recht. Eine hochrangige Führungskraft hat, neben den verschiedensten Themen und Problemen, die er oder sie lösen muss, manchmal gar nicht den Blick für alle in Frage kommenden Kandidat:innen. Gleichzeitig sollte man, wenn die Forderung erfüllt wird, aber auch bereit dafür sein: »Man muss mit sich selbst im Reinen sein und dann auch ins Risiko gehen. Für mich kamen mit diesem einen, drei Schritte gleichzeitig: mehr Führung, mehr Hierarchie, Ausland. Das war nicht bequem oder komfortabel, aber der entscheidende Schritt. Also raus aus der Komfortzone, Risiken nehmen und einfach mal machen! In große Schuhe kann man reinwachsen.«

Für Brigitte Huber war es anfangs unangenehm, die Hand zu heben und zu sagen: Ich kann das übernehmen. »Ich habe immer gesagt: Ich bin zufrieden in der zweiten Reihe.« Für sie hatte das auch mit mangelnden Role Models zu tun. In ihrem Umfeld gab es wenige Frauen in Führung, die ihr ähnlich waren und an denen sie sich hätte orientieren können. »Ich war 40, bis ich gesagt habe: Was will ich eigentlich? Gerade am Anfang meiner Karriere hätte ich nie eine Führungsrolle eingefordert. Ich habe dann mehr und mehr an Negativbeispielen gelernt, dass ich es anders machen würde – und dann auch, wie viel Spaß es mir macht, zu entscheiden und Verantwortung zu übernehmen.« Irgendwann ging sie zu ihrem Chef und sagte: »Ich möchte gerne in die erste Reihe.« Mit Erfolg.

Beim Fordern kommt es sehr auf das WAS und WIE und WANN an. Nur weil ein Projekt mal gut geklappt hat, kann ich nicht direkt etwas fordern. Gleichzeitig kann ich mich auch nicht vom Fordern abhalten lassen, weil ich mal was in den Sand gesetzt habe. Es zählt das *bigger picture*: Bin ich bereit und warum? Was ist der Zeithorizont? Viele Menschen machen sich ein jährliches Vision Board, auf dem sie abbilden, was sie sich in ihrem Leben wünschen. Das kann ein Anhaltspunkt sein, wann man welche Meilensteine einfordern möchte. Ebenfalls sollte eine Forderung immer aus intrinsischer Motivation heraus entstehen: »Ich will mehr Challenge, ich will mehr Verantwortung.« Extrinsische Motivatoren wie Geld und Status spielen eine untergeordnete Rolle. Wenn man nicht bereit ist, die neue Rolle auch auszufüllen und nur auf den Gewinn an Status oder Gehalt schielt, kommt es schnell zu persönlicher Überforderung. Auch hilft es laut meinen Interviewpartnerinnen, nicht bitterernst zu fordern oder sich zu verbeißen: Es geht letztendlich nur darum, die eigene Bewerbung möglichst weit oben auf den Stapel für die nächste Ebene zu legen. Das funktioniert am allerbesten mit einer gewissen Lockerheit und Selbstsicherheit: Keine Karriere geht zu Ende, nur weil man mal ein *Nein* hört.

Verdammt harte Arbeit

Der Weg durchs Machtlabyrinth ist kein Ausflug ins Grüne. Trotz der diversen Spiele, die man spielen darf, macht er oft keinen Spaß. Und vor allem ist er eins: verdammt harte Arbeit.

Der Weg zu Mitbestimmung ist auch eine Entscheidung für einen bestimmten Lifestyle. Auch wenn Mental Health und eine gewisse Distanz zur Arbeit wichtig sind, um den Kontakt zu sich selbst zu halten: Der Weg durchs Machtlabyrinth ist anstrengend und erfordert gelegentlich auch, über die eigenen Grenzen hinwegzugehen. Darin besteht der schwierige Balanceakt: sich den Hintern abzuarbeiten und dabei nicht durchzudrehen.

Fränzi Kühne hat mit *TLGG* direkt nach dem Studium eine eigene Agentur aufgebaut. Digitale Markenentwicklung steckte noch in den Kinderschuhen, und gemeinsam mit ihren beiden Mitgründern entwickelte sie nicht nur ihr eigenes Business, sondern trieb ein ganzes Geschäftsfeld voran. »Wenn man am Anfang der Karriere steht, muss man richtig fleißig sein«, sagt sie. »Wenn ich mich an meine ersten sieben, acht Jahre erinnere: Da habe ich nur gearbeitet, da gab es kein Hobby nebenher, ich habe mich nur mit dem Aufbau der Agentur beschäftigt. Mit Leidenschaft und Selbstaufgabe, mit Fokus und Fleiß, mit Dinge umsetzen und Erfahrungen sammeln, die einen weiterbringen. Und dann irgendwann muss man gucken: In welcher Rolle bin ich am stärksten, was kann ich gut?«

Bahn-Vorstandsmitglied Sigrid Nikutta hat eigentlich Psychologie studiert und sich, ähnlich wie ich, sämtliches Finanz- und Managementwissen nebenher angeeignet. Sie erinnert sich: »Wenn ich mich für etwas entschieden habe, war ich schon immer sehr konsequent. Ich habe ein Zusatzstudium gemacht, wo ich in zwei Jahren wirklich alle BWL-Grundkenntnisse gelernt habe: Bilanzen lesen, juristische Basics, ein dreimonatiges Praktikum bei einem ostwestfälischen mittelständischen Unternehmen. Dort habe ich weitergearbeitet und mein Studium bis zum Ende damit finanziert.«

Judith Williams' Weg war geprägt von Orientierung und Neuorientierung. Nachdem sie ihre Karriere am Theater gesundheitsbedingt beenden musste, kam sie zum Teleshopping. In ihrer Erzählung finden sich zwei wichtige Punkte wieder: Einen Plan machen und schauen, welche Probleme man lösen kann. Sie hat sich, egal wo in der Hierarchiekette sie stand, nie in der Position derer gefühlt, die einfach so mitlaufen will, ohne aktiv zu bestimmen: »Ich habe mich immer verantwortlich gefühlt und mich gefragt: Wie schaffe ich es, dass ich in diesem Unternehmen wichtig werde? Und meine Idee war: Ich muss Probleme finden, die niemand anderes lösen kann. Und dann habe ich versucht, die Struktur des Unternehmens zu verstehen: Wo wird Geld eingesetzt, wo wird Wert geschaffen? Und wenn ich ein Problem löse, mich unersetzbar mache, dann habe ich Macht. So habe ich mir durch Kompetenz und durch Fähigkeiten, die kein:e andere:r so an den Tag gelegt hat, eine Position erarbeitet.« Das Mindset, das Sheryl Sandberg in »Lean In« beschreibt: *Löse Probleme und Du kommst weiter!* – hat sich für sie bewahrheitet.

An harter Arbeit führt im Machtlabyrinth kein Weg vorbei. Und damit ist der strukturelle Nachteil von Menschen mit Diskriminierungsmerkmalen real. Es stimmt definitiv, dass Frauen, BIPoC, queere Menschen und Menschen mit Behinderung deutlich härter arbeiten müssen, um sich ihren Weg durchs Labyrinth zu bahnen. Im allerbesten Fall machen Quotenregelungen Hürden nur kleiner. Judith Williams hat sich entschieden, nicht an der Ungerechtigkeit des Systems zu verzweifeln, sondern auf sich selbst und auf die Chancen, die sich ihr bieten, zu schauen: »Was muss ich in mir weiterentwickeln, um eine tragende Rolle einzunehmen? Und dann habe ich gedacht: Die Männer belächeln mich ein bisschen, das ist ein Vorteil, weil sie denken, ich bin nicht gefährlich.« Mit Blick zurück auf die Statusspiele ist das eine clevere Strategie: Auch ein bewusst gespielter Tiefstatus kann eine gute Ausgangsposition sein.

Die traurige Nachricht ist, dass es keine Gerechtigkeit gibt, wenn es um Macht geht. Der Motor, den diskriminierte Gruppen in sich finden müssen, muss deutlich mehr PS haben als der der anderen Menschen. Es erleichtert, wenn man das anerkennt und den Fokus dann auf die eigenen Möglichkeiten legt, um es trotzdem weiter zu schaffen. Denn von *einer Machtposition* aus können strukturelle Hürden abgebaut werden. Ohne harte Arbeit wird es auch dann nicht gehen. Aber zumindest sind die Bedingungen gleicher.

Representation Matters

»Frauen gehören überall dorthin, wo Entscheidungen getroffen werden« – das berühmte Zitat von Ruth Bader Ginsburg ist auf alle Minderheiten im Kontext von Macht in Politik und Wirtschaft übertragbar. Denn es geht nicht nur darum, dass beispielsweise die Frauen, die nach oben kommen, es nur für sich schaffen. Systeme verändert man am einfachsten von oben, und Repräsentanz schafft Vorbilder. Erfolgreiche Menschen können Mentor:innen sein. Diversität ermöglicht bessere Entscheidungen und senkt die Wahrscheinlichkeit von verzerrenden Bias. Und ganz logisch: Wenn möglichst unterschiedliche Menschen entscheiden, wird die Gruppe, die von der Entscheidung profitiert, sehr wahrscheinlich größer.

Für Tessa Ganserer ist es enorm wichtig, dass Frauen in Entscheidungsgremien repräsentativ vertreten sind: »Die Bedürfnisse von Menschen unterscheiden sich aufgrund der unterschiedlich gelebten Geschlechterrollen, nicht aufgrund der Biologie. Das Mobilitätsverhalten, zum Beispiel, ist in den gesellschaftlichen Geschlechterrollen begründet. Auch Städteplanung schaut mit Blick auf die Bedürfnisse von Frauen anders aus. Deshalb ist es auch wichtig zu fragen: Wo gehen die Gelder hin? Männer sehen viele der Punkte ja nicht einmal, weil ihnen der Erfahrungshorizont schlicht fehlt; genauso bei sozialer Herkunft, dass es Familien gibt, die können sich eben kein eigenes Auto leisten. Deshalb ist es wichtig, dass alle Bedürfnisse am Entscheider*innentisch vertreten sind.«

Auch Simone Menne machte als erste Finanzchefin einen Unterschied im Unternehmen: Mehrere Frauen sind aufgestiegen und in mächtige Positionen gekommen, weil sie Vorbild und Förderin zugleich war. Die Arbeitskultur und das Umfeld wandelten sich. Und entgegen dem gängigen Klischee der Stutenbissigkeit berichtet auch Simone Menne: Frauen fördern andere Frauen.

Damit eine wirklich langfristige Veränderung eintritt, in der Art, wie interagiert wird und wie Entscheidungen gefällt werden, reicht es aber nicht aus, wenn *eine* Person am Tisch sitzt, die anders ist als der Rest. Zwischen dem Grad der Repräsentation einer Gruppe und Effekten wie dem Impostor-Syndrom besteht ein Zusammenhang: Erst wenn eine kritische Mehrheit erreicht ist, also niemand der oder die *eine* Vertreter:in einer Minderheit ist, können unterschiedliche Stimmen gleichberechtigt gehört werden.

Sich zu vergleichen kann etwas Toxisches sein und hat nicht unbedingt mit dem ganz normalen Statusspiel zu tun, in dem sich Gruppen untereinander in eine Rangordnung bringen. Gerade jüngere Frauen geben an, sich häufig bis sehr häufig mit anderen Frauen zu vergleichen. Ein Drittel der 25- bis 29-Jährigen gibt an, sich danach schlechter zu fühlen.[111]

Das Narrativ *Frau gegen Frau* ist tief in unserer Gesellschaft verankert. Wer spricht bei der bösen Schwiegermutter im Märchen darüber, dass der Vater seine Tochter in einer ziemlich unmöglichen Situation zurückgelassen hat? In wie vielen Ehen, die aufgrund einer Affäre auseinandergehen, wird auf die neue Frau geschimpft, anstatt den Mann in die Verantwortung zu nehmen? Carolin Kebekus schreibt in ihrem Buch »Es kann nur eine geben« über ihre Erfahrungen in der Unterhaltungsindustrie, in der sie immer wieder abgewiesen wurde mit dem Argument: *Wir haben schon eine Frau!*

Gerade deshalb lehnen immer mehr Mitglieder von Minderheiten ab, irgendwie die oder der *Einzige* zu sein. Frauen und BIPoC wollen nicht alleine auf Panels zwischen weißen Männern sitzen. Die Geschäftsführerin der *AllBright Stiftung* Wiebke Ankersen bestätigt: Unternehmen, in denen bereits mehrere Frauen in Führungspositionen sitzen, haben es einfacher, weitere Top-Frauen zu gewinnen. Diversität ist attraktiv und zieht gute Arbeitskräfte an.[112]

Es macht also Sinn, wenn man sich für ein Unternehmen entscheidet, nicht nur auf die eigenen Möglichkeiten zu schauen, sondern vorab zu checken, ob es dort andere Frauen gibt. In der Minderheit zu sein, ist an sich schon nicht prickelnd, ganz alleine zu sein noch weniger. Deshalb: Schau, ob es da, wo du hinwillst, andere Menschen als *weiße* Männer gibt. Und lass dich, wenn die Gruppe klein ist, nicht zu Vergleichen hinreißen, die dich beispielsweise in Opposition zu anderen Frauen bringen. Und, wenn du es im Labyrinth der Macht weitergeschafft hast: Achte darauf, dass du andere nachholst – du profitierst selbst davon.

Internalized Oppression

Oft genug läuft es allerdings anders: Ein häufig zu beobachtendes Phänomen sind Frauen, die es an die Spitze schaffen und dann nur Männer fördern. Mir fallen auf Anhieb mehrere Beispiele für weibliche CEOs ein, die sich fast ausschließlich mit Männern umgeben. Gerade die erste Ebene, also der direkte Vorstand oder, je nach Konstrukt, die erste Führungsebene, sind hier entscheidend.

Internalized Oppression, oder übersetzt verinnerlichte Unterdrückung, ist in allen marginalisierten Gruppen zu beobachten.[113] Das Konzept beschreibt, wie Vertreter:innen einer Gruppe die Unterdrückungsmethoden, die sie selbst erleben, gegen die eigene Gruppe verwenden.

Internalized Oppression in unserem Zusammenhang wird gerne gleichgesetzt mit dem Begriff der Stutenbissigkeit: Frauen, die über andere Frauen lästern und sich gegenseitig nicht die Butter auf dem Brot gönnen.

Und ja, das ist eine Falle, in die man leicht tappen kann und in die auch ich schon zur Genüge getappt bin. In den ersten Jahren als Führungskraft erlebte ich eine Situation, die mir meine eigenen Denkmuster schmerzlich verdeutlichte: Eine Kollegin, nur ein paar Jahre älter als ich, kam gleichzeitig mit mir in eine höhere

Führungsposition. Oft wurden wir verglichen, als *die zwei Power Ladies*. Aber es klickte einfach nicht zwischen uns. Auch nicht, wenn wir uns zum Essen trafen und zumindest ich es ernsthaft versuchte. Sie fand mich nervig, ich fand sie langweilig. Wir hatten nicht die Voraussetzungen für eine Freundschaft. So weit, so alltäglich. Was jedoch zwischen uns passierte, war, dass wir uns mit jedem beruflichen Schritt, den die andere machte, kritischer beäugten. Wir lästerten übereinander, was das Zeug hielt. Wenn ich ein Projekt erfolgreich geschafft hatte, behauptete sie in ihrer Abteilung, ich hätte das nicht selbst gemacht. Wenn sie eine neue Initiative startete, redete ich sie schlecht. Wir vermischten Sach- und Personenebene immer mehr – zur Freude der männlichen Kollegen. Irgendwann bemerkte ich, wie viel Spaß sie daran hatten, wie wir ihr Klischee bestätigten, weil wir uns nicht leiden konnten: Der Grund, warum keine Frauen in Führungspositionen sind, seien die Frauen selbst. *Ihr beißt euch ja gegenseitig weg!*, hörte ich, oder: *Frauen sind untereinander die schlimmsten Gegnerinnen.*

Hätte ich gegen einen Mann, den ich nicht sympathisch fand, auch so geschossen wie gegen sie? Hätte es dieselbe Emotion in mir ausgelöst, wenn ein Mann schlecht über mich geredet hätte? Hätte ich so dermaßen die Ebenen vermischt, wenn es sich um einen Mann gehandelt hätte? Die Antwort lautet: Vermutlich nicht, denn es ist mir vorher und auch nachher nicht mit einem Mann passiert. Die Kollegin und ich triggerten uns gegenseitig in unseren Annahmen darüber, wie eine Frau zu sein hatte. Während wir beide auf unsere ganz eigene Art Stereotype aufbrachen, unsere Themen formten und Führung übernahmen, irritierten wir uns gegenseitig so sehr, dass wir regelmäßig die Fassung verloren. Getreu dem erlernten Denkmuster *Entweder du bist meine Freundin oder meine Feindin!* schlossen wir Kooperation und Konflikt komplett aus. Dass wir zwei Menschen sein konnten, die sich persönlich nicht übermäßig zugetan waren und trotzdem gut in der Sache zusammenarbeiten konnten, konnte ich erst mit Abstand erkennen.

Deswegen fasste ich den grundsätzlichen Entschluss, nicht mehr schlecht über andere Frauen zu reden. Egal, ob ich sie persönlich mag oder nicht. Die Trennung von Sach- und Personenebene hilft auch, die eigenen Muster der Internalized Oppression aufzudecken. Wenn dich eine Person wirklich aufregt und du emotional wirst, sagt das in der Regel mehr über dich selbst aus als über die Person.

Und auch hier kommt wieder das Thema Repräsentanz ins Spiel. Carolin Kebekus schreibt in ihrem Buch über eine Studie des Instituts für Medienforschung der Uni Rostock 2007: In den rund 2700 untersuchten Einzelprogrammen der Sender *Kika, Super RTL, Nickelodeon* und *Disney Channel* waren 72 % der Protagonist:innen männlich, Tierfiguren in Cartoonproduktionen sogar zu 87 % und selbst Fantasiepflanzen zu 88 %. Alex Zykunov führt die Liste in ihrem Buch weiter: *Eine* Schlumpfine unter den Schlümpfen, *eine* Hermine in der Harry-Potter-Gang, *eine* Gabi bei TKKG. Und wenn mal ein weiteres Mädchen dazukommt, dann streiten sie sich untereinander.

Männer werden dazu erzogen, Konflikt und Kooperation zu vereinbaren und sich mit Konkurrenten zu verbünden. Und nicht nur das: Männer finden andere Männer auch generell echt super. Sie lernen in der Schule, wie Frauen auch, dass die großen Denker, Künstler, Literaten männlich sind. Sie bejubeln gerne andere Männer im Sport. Getreu dem Konzept der *Homosozietät* orientieren sich Männer grundsätzlich an anderen Männern, denn das sind in der Regel diejenigen, die Macht haben und Macht vergeben können. Die Gender-Forscherin Franziska Schutzbach schreibt in ihrem Buch »Die Erschöpfung der Frauen«: »Wenn Frauen sich mit Männern identifizieren und an deren Urteil orientieren, geht dies auf Kosten von Frauenbeziehungen. Mit der Folge, dass Frauen sich ihren Selbstwert oft an männlichen Maßstäben erarbeiten, ein unmögliches und erschöpfendes Unterfangen, weil sie in der Welt der Männer nicht ankommen können, nicht als Gleichrangige.«[114]

Internalisierte Unterdrückung ist also so etwas wie der Endgegner im Machtlabyrinth. Du hast es durchgeschafft, Statusspiele und hierarchische Kommunikation gelernt, bist nicht in der Arbeitsbienenfalle kleben geblieben, vielleicht in einer Frauenzone gelandet, vielleicht auch nicht, auf jeden Fall bist du am Ziel: Und dann hast du auf dem Weg dahin so viele kack Stereotype verinnerlicht, dass du das System gar nicht mehr verändern willst. Es klingt nach einem bösen Harry-Potter-Fluch, aber es ist wahr: Der Grad der Anpassung, den du auf dem langen und schwierigen Weg durchs Labyrinth lernen musstest, und dein durch das Privileg *Macht* verklärter Blick haben dich selbst zu einem alten, *weißen* Mann werden lassen, der das System nicht ändert.

Der Endgegner namens *Internalized Oppression* kann übrigens nicht nur Mitglieder marginalisierter Gruppen treffen, sondern auch Allies. Mehr als einmal habe ich beobachtet, wie sich Männer auf der zweiten oder dritten Ebene noch für Chancengleichheit einsetzten. Kaum waren sie am Steuer, wurde das Thema plötzlich zur Randnotiz.

Alice Hasters hofft, dass *Internalized Oppression* eine Generationenfrage ist, die irgendwann endet. Sie sagt: »Respekt an die Frauen, die es nach oben geschafft haben. Aber viele von denen sind entweder keine Feministinnen oder vertreten einen Feminismus, der sehr auf das Individuum baut und weniger die Strukturen kritisiert. Das sind die Leute, die gerade erfolgreicher sind.«

Obwohl Anna-Nicole Heinrich am Anfang ihres Berufslebens steht, beobachtet sie bei sich selbst, wie sehr sie Annahmen verinnerlicht hat: »Ich kann das Thema auch sehr selbstkritisch beobachten. Wir haben eine Veranstaltung geplant zu einem Thema, auch mit Leuten außerhalb der Kirche. Ich habe die Gästeliste gemacht und mein Referent hat angemerkt, dass da zehn Männer draufstehen. Und ich konnte ihm aus dem Stand zehn Frauen nennen, die auch dazupassen. Und dann hat er gefragt: *Und warum hast du keine davon draufgeschrieben?* Ich habe gesagt, die anderen sind mir halt zuerst eingefallen. Und dann meinte er: *Oder ist es, dass du merkst, dass du unter zehn Männern mehr herausstichst?* Wenn man im *Driver's Seat* sitzt, guckt man unterbewusst, dass man möglichst gut dort sitzen bleibt. Und es ist wichtig, dass man das immer wieder selbstkritisch reflektiert.«

Auch Unternehmerin Judith Williams schaut sehr reflektiert auf das Thema. Gerade in der Schönheits- und Unterhaltungsindustrie kommt zur *Internalized Oppression* noch die Vergleichsfalle hinzu: »Ich hatte in der beruflichen Welt auch Situationen, wo die *Queen Bee*, die sich das hart erarbeitet hat, sich natürlich bedroht fühlt, wenn da irgendeine Neue kommt, die nicht schlecht ist. Und ich glaube, das hat auch damit zu tun, dass Frauen es, wenn sie älter werden und dann eine Jüngere kommt, als Bedrohung empfinden. Das ist unterbewusst eine Energie, die immer mitschwimmt. Die nächst Hübschere nimmt mir meine Stellung weg.« Sie hat eine ganz klare Empfehlung für den Umgang mit solchen Situationen: »Mit diesen Frauen ist es ganz wichtig, dass man versucht, sie zu gewinnen, und sich mit ihnen verbündet, auch wenn es schwer ist, weil Ängste getriggert werden. Wenn du Schwestern hast, die du mitnimmst, dann stehen die für dich ein. Dann wirst du selbst auch erfolgreicher sein. Auf der unteren Ebene sind alle Frauen Schwestern, das muss bleiben, wenn eine nach oben geht. Es geht immer wieder darum, Menschen zu verstehen und ihnen die Angst zu nehmen.«

Solidarität ist das wirksamste Gegenmittel, wenn die eigenen Stereotype drohen, das Ruder zu übernehmen. Ich habe mit keiner Frau gesprochen, die alleine an der Spitze steht, alle Frauen, die ich für Interviews angefragt habe, haben nachweislich andere Frauen gefördert oder umgeben sich mit Frauen. Miriam Wohlfarth hat ihre Nachfolge bei *Ratepay* sogar so aufgebaut, dass das Unternehmen eine rein weibliche Geschäftsführung hat – eine absolute Seltenheit in der Fintech-Branche. Die Ingenieurin Katharina Helten spürt unter Frauen in ihrer Branche eine besondere Solidarität – die Entscheidung für den MINT-Bereich sei in den allermeisten Fällen eine sehr bewusste, mit hohen schulischen Leistungen in

Mathe und den Naturwissenschaften. Die *Andersartigkeit* beginne demnach schon in der Schule: »Du musst die Mechanismen früher kennenlernen. Und bist weniger naiv.«

Das Tückische an *Internalized Oppression* ist, dass sie so tief sitzt und zusätzlich getriggert wird, je weiter man im Machtlabyrinth Richtung Ziel kommt. Da hilft nur die ständige Reflexion der eigenen Verhaltensmuster und der generelle Beschluss, solidarisch zu sein. Sich selbst zu ertappen, ist nichts Schlimmes. Es sollte nur passieren, bevor man als einzige Frau an der Spitze sitzt und merkt, dass man sich selbst nur mit Männern umgibt.

Generationswechsel

Die gute Nachricht ist, dass *Internalized Oppression* ausstirbt. Darin sind sich fast alle meiner Interviewpartnerinnen einig. Es gibt ein Umdenken.

»The kids are alright«, sagt Tupoka Ogette: »Es gibt so viele coole Kinder, die kritisch sind.« Auch Brigitte Huber erzählt von ihrem Sohn, der ihre Hinweise, gendergerecht zu sprechen, früher peinlich fand und sie heute korrigiert mit: »Mama, du genderst nicht richtig!«

Kerstin Erbe spricht allerdings einen Punkt an, den auch alle Studien belegen: Das Frauenbild, das jungen Mädchen derzeit auch über soziale Medien vermittelt wird, ist keines, das Chancengleichheit zwangsläufig fördert. »Da ist nichts mit Fintech und bei den *Big Guys* mitspielen«, sagt sie. »Wir müssen tolle Vorbilder zeigen.« Auch wenn gerade in der Generation Z eine positive Veränderung in Sachen Körperbild und Offenheit gegenüber Vielfalt erkennbar ist und sie sich laut einer Studie aus dem Jahr 2021 als die »queerste Generation aller Zeiten«[115] identifiziert, ist in Bezug auf die Rollenverteilung zu Hause nur ein langsamer Fortschritt zu erkennen. Es gehen zwar mehr Männer in Elternzeit, die Gesamtarbeitszeit der Frauen aus Beruf und Care-Arbeit reduziert sich dadurch aber nicht.¹¹⁶ Dass der arbeitende Elternteil abends nach Hause kommt und die Füße hochlegt, während der andere Teil sich um Haushalt und Kinder kümmert, scheint nur im Modell *arbeitender Mann* zu funktionieren.

Wenn wir es schaffen, dass die erwerbstätige Arbeit gleichberechtigt aufgeteilt wird – sprich genauso viele Väter wie Mütter in Elternzeit oder Teilzeit gehen –, und mehr Frauen in MINT-Berufe kommen, wird sich auch das Gender-Pay-Gap drastisch verringern. Wobei die Betonung auf *verringern* liegt, denn wie eine Wissenschaftlerin der Uni Bamberg nachgewiesen hat, sinkt das Gehaltsniveau in einer Branche, je mehr Frauen dort arbeiten: Für 10 % mehr Frauen geht das durchschnittliche Gehaltsniveau um 4 % nach unten. Rollenbilder, Teilzeitfalle und *Unconscious Bias* entfalten auch in MINT-Berufen ihre Wirkung.¹¹⁷

Anna-Nicole Heinrich gewinnt im System Kirche einen ganz besonderen Blick auf das Thema Generationswechsel. Sie weist darauf hin, dass es manchmal nicht die direkte Folgegeneration ist, die Wandel bewirkt, sondern die übernächste: »Die Leute, die jetzt 50 sind und eigentlich in die Verantwortung gehen würden, sind natürlich auch geprägt von 20 Jahren Arbeit im System. Wir haben also immer die Entscheidung einer direkten Nachfolgegeneration, die geprägt ist vom System, oder wir überspringen eine Generation und holen Leute, die frisch im System sind oder von außen kommen.« Vielleicht waren auch deshalb viele ihrer Unterstützer:innen nicht nur eine, sondern zwei Generationen älter als sie: »Viele Babyboomer sind so ein bisschen selbstkritisch und traurig: *Wir hatten so lange Verantwortung, hätten gestalten können, aber irgendwie ist es schlechter als vorher!* Viele aus dieser Generation haben mich sehr unterstützt, als ich zur Wahl angetreten bin.«

Alle meine Interviewpartnerinnen sind der Meinung, dass sich die Entwicklung generell in die richtige Richtung bewegt, auch wenn es dauert. Gerade Brigitte, die in derselben Branche wie ich arbeitet und mir oft erzählt, dass sie vor 20 Jahren schon exakt dieselben Gedanken wie ich hatte, ist positiv gestimmt. Auf meine

Frage, wie es sein kann, dass wir immer wieder dieselben Diskussionen mit denselben Erkenntnissen führen, antwortet sie: »Natürlich, es gibt so Momente, wo ich denke: Shit, warum dauert das so viel länger, als wir gedacht haben? Der Punkt ist, dass junge Frauen bis zum Eintritt in den Job denken, die Welt sei gleichberechtigt. Und dann kriegen sie in kleinen, schwer verdaulichen Häppchen beigebracht, dass das nicht so ist. Und bis sie das richtig realisiert haben, sind schon wieder ein paar Jahre vergangen. Trotzdem merkt man, dass sich was verändert, die Aufschreie sind größer. Ein DAX-Konzern, der als Ziel für Frauen *Null* setzt, kriegt einen Shitstorm.«

Social Media und Personal Branding

Nachdem wir das Machtlabyrinth, seine Herausforderungen und Fallen intensiv beleuchtet haben, kommen wir zur letzten Karte im Spiel: *dem Joker*. In den vergangenen zehn Jahren eröffnete die Entwicklung von sozialen Medien auch im beruflichen Kontext durch Netzwerke wie LinkedIn oder Xing eine Art Parallelwelt, die im Machtlabyrinth zunehmend an Bedeutung gewinnt. Wie viele Leute man mit seinen Botschaften erreicht, wird nicht mehr dadurch reguliert, ob man sich zu einem Thema im Fernsehen äußern darf oder eine:n Pressesprecher:in mit einem soliden Verteiler hat. Man kann sich auf eigene Faust zu Themen positionieren und eine eigene Marke finden – die sich wiederum auf den Status auswirkt.

Tijen Onaran ist für mich die *Queen of Personal Branding*. Ihr Buch »Nur wer sichtbar ist, findet auch statt« war ein absoluter Bestseller. Sie ermutigt und unterstützt Frauen darin, eine eigene Marke für sich zu finden und sichtbar zu werden. Inzwischen hat Tijen über 100 000 Follower:innen auf LinkedIn, ihre Beiträge erreichen teilweise Millionen Menschen aus dem Business-Kontext. Auch auf Netzwerken wie Instagram ist Tijen aktiv, dort oft mit privaterem Content für ihre Zielgruppe.

Um die eigene »Personenmarke« zu finden, empfiehlt Tijen, sich erst einmal klarzumachen, wofür man stehen will. Die Schnittmenge aus Selbst- und Fremdwahrnehmung bildet dann den eigenen Markenkern. In ihrem Buch lernt man Stilmittel wie Emotionalität, Tonart, Provokation und Prägnanz bewusst einzusetzen. Sie prägt dabei den Begriff des *Social Me*, da es eben nicht darum geht, sich selbst oder irgendein Produkt zu verkaufen, sondern eine Marke zu prägen und aufzubauen. Dabei ist Kontinuität das Allerwichtigste. »Die Kunst der Positionierung ist, über Jahre hinweg präsent zu sein. Nicht einmal einen Peak zu haben, sondern die Leute an deiner Weiterentwicklung partizipieren zu lassen.« Tijen selbst hat ihre Entwicklung aktiv geteilt und trotz der sehr persönlichen immer die Sachebene beibehalten. »Ich war erst die Netzwerkerin. Dann wurde ich als Unternehmerin und jetzt als Investorin wahrgenommen. Die Kunst ist, dass Leute eine Entwicklung sehen, und das setzt eine bewusste Entscheidung zu deiner *Brand* voraus. Konsistenz ist wichtiger als Lautstärke.«

Tijen hat vielen Frauen geholfen eine Personenmarke, ihr *Social Me* zu finden und sich eine Community aufzubauen. Dabei liegt der Fokus nicht immer auf den puren Zahlen von Reichweite und Likes, sondern vor allem auf der Qualität der Interaktionen. Tijen findet wie ich: Social Media kann ein Game Changer im Machtlabyrinth sein: »Durch Social Media haben sich die Spielregeln der Macht etwas verändert. Man kann sich eine eigene Stimme nehmen, aber auch anderen eine geben. Das ist nicht zu unterschätzen.«

Sigrid Nikutta hat die Wirkung von Kommunikation in den letzten Jahren verstärkt gespürt. Zum einen hat die *BVG* unter ihrer Führung einen erheblichen Image-Wandel hingelegt: Sie holte Agenturen für Marketingkampagnen ins Boot, die teilweise mit Guerilla-Aktionen fast schon Glitzerstaub auf das Image der Berliner Verkehrsgesellschaft hauchten. Mit der #weilwirdichlieben-Kampagne nahm die *BVG* sich selbst aufs Korn und das Image der Hauptstadt Berlin gleich mit. Sigrid Nikutta erzählt: »Ich kannte die Wirkmächtigkeit von Kommunikation und Marketing nur in Ansätzen, bevor ich zur *BVG* kam – wenn man zum Beispiel auf einer Betriebsversammlung vor hundert Mitarbeitenden eine Strategie vorgestellt oder Entscheidungen kommuniziert hat. So wie es dann bei der *BVG* war – dass Kommunikation und Marketing nicht nur den Image- und Wertewandel eines Unternehmens, sondern auch harte ökonomische Zahlen beeinflussen, also Fahrgastzahlen, Unterstützung durch das Bundesland – das hatte ich so noch nicht wahrgenommen mit all dieser Kraft.«

Die Erkenntnis über die hohe Wirksamkeit von Kommunikation und sozialen Medien hat Sigrid Nikutta von der BVG zum Güterverkehr bei der Bahn mitgenommen. Die Wahrnehmung, dass die DB Cargo das permanente Sorgenkind sei, beeinflusste auch die Mitarbeitenden. Parallel dazu lernte sie ihre eigene Personenmarke zu nutzen. Ihr LinkedIn-Account ist inzwischen einer der erfolgreichsten unter den deutschen Manager:innen: »Meine Positionierung auf LinkedIn ist im ersten Schritt wesentlich für das Unternehmen, denn der Güterverkehr der Bahn hat damit ein Gesicht und auch eine Bekanntheit erreicht. Ich nutze diese Bekanntheit dafür, dass ich mich für Themen, die mir wichtig sind, positioniere – soziale Gerechtigkeit zum Beispiel. Und man merkt, dass das ein wichtiges Instrument ist, wenn so ein Post innerhalb von zwei Stunden 150 000 Ansichten hat. Ich weiß nicht, ob ich es Macht nennen würde, aber da ist noch eine neue Öffentlichkeit, noch ein neues und sehr schnelles Kommunikationsmedium.«

Auch in der Politik spielt Social Media eine Rolle – die Zahl der Follower*innen ist ein modernes Statussymbol. Tessa Ganserer sagt: »Ich würde Social Media weniger als Macht, sondern eher als Einfluss bezeichnen. Um das Vertrauen der Wähler*innen zu gewinnen, ist Kommunikation wahnsinnig wichtig. Ein zunehmend großer Teil der Bevölkerung wird immer weniger erreichbar über die klassischen Medienkanäle. Mediennutzung hat sich geändert, und um Mehrheiten zu gewinnen, ist Kommunikation wahnsinnig wichtig. Deshalb müssen Politiker*innen dem Kommunikationsverhalten der Bürger*innen folgen.«

Auch in der Bedeutung von Social Media macht sich ein kleiner Generationenwechsel bemerkbar. Je jünger die Menschen in entscheidenden Positionen werden, desto wichtiger wird die soziale Präsenz. Wer länger auf Social Media ist, merkt aber auch: Man muss eine dicke Haut haben. Je mehr Leute in einem Netzwerk dabei sind, desto rauer wird der Ton.

Für Lou Dellert und Diana zur Löwen war Social Media der Beginn ihrer Karriere. Aufgrund ihrer Reichweiten von bis zu einer Million Menschen, können sie sich mittlerweile aussuchen, wen sie zum Interview einladen, müssen aber genauso vorsichtig sein, wem sie eine Bühne bieten. Lou Dellert sagt: »Ich verstehe, was es bedeutet, Reichweite zu haben: dass ich eine Vorbildfunktion habe, dass ich aufpassen muss, wie ich etwas formuliere, und dass ich auch wirklich positiv Dinge verändern kann. Auf der anderen Seite ist es auch ein krasser Druck, der die Unbeschwertheit nimmt, weil ich etwas sage und danach vielleicht einen Shitstorm bekomme.« Und Diana zur Löwen bestätigt: »Leute von außen oder auf Social Media – das können toxische Umfelder sein. Da warten viele nur darauf, dass man irgendwelche Fehler macht, damit sie es einem vorhalten können.«

Sowohl Lou als auch Diana haben es geschafft, zusätzlich zu ihrer Arbeit als Influencerinnen im Netz Unternehmerinnen zu werden: Diana als Investorin und Gründerin, Lou mit ihrer eigenen Produktions- und Beratungsfirma. Zwei Formen von Macht, die in der Kombination gut zusammenpassen, findet Diana: »Der Einfluss als Investorin ist ein anderer als als Influencerin. Ich unterstütze damit Start-ups, die Dinge machen, die ich selbst cool finde, aber nie alleine machen könnte. Aktiv etwas verändern geht durch Unternehmertum, als Influencerin kann ich Leute inspirieren. Deshalb mag ich die Kombi.«

Personal Branding und Reichweite in den sozialen Medien verleihen Status und Macht. Wenn Menschen dem zuhören, was du zu sagen hast, egal auf welchem Kanal, hast du die Chance, sie zu etwas zu bewegen, was du für richtig hältst – womit wir bei Max Webers Machtdefinition wären: »Macht bedeutet jede Chance, innerhalb einer sozialen Beziehung den eigenen Willen auch gegen Widerstreben durchzusetzen, gleichviel worauf diese Chance beruht.« Es hilft also, sich frühzeitig zu platzieren und mit *Personal*

Branding zu beschäftigen – die eigene Personenmarke zu finden, Themen festzusetzen und sich selbst sichtbar zu machen.

Auch hier gilt: Machen macht mächtig. Es lohnt sich, nicht darauf zu warten, dass jemand kommt und dich fragt, denn es kommt vielleicht niemand.

Liebe *weiße* Männer

Wenn ihr bis hierhin gekommen seid, dann ist es sehr wahrscheinlich, dass ihr euch selbst schon als Allies oder sogar Mentoren begreift – oder auf dem sehr guten Weg dahin seid, welche zu werden.

Viele der Dinge, die ich beschrieben habe, habt ihr vielleicht zum ersten Mal bewusst gelesen. Manches habt ihr wiedererkannt, manches stellt ihr infrage. Bei manchem habt ihr vielleicht gegoogelt, ob das wirklich stimmt. Bei manchem seht ihr Parallelen und denkt: *Das kenne ich auch!* Aber nein, tut ihr nicht. Und das ist auch ok.

Liebe *weiße* Männer, ihr seid die Norm, der Standard, an dem alles und alle anderen gemessen werden. Ihr seid das Zünglein an der Waage. Ihr seid die Mächtigen. Ohne euch geht es nicht. Solange ihr nicht aufsteht, solange ihr euch nicht bemüht, strukturelle Ungleichheit zu sehen, wird sich nichts verändern. Solange ihr euch nicht an die Seite derer stellt, die anders sind als ihr, wird sich nichts an der Tatsache ändern, dass schon vor der Geburt feststeht, welche Chancen ein Mensch hat oder nicht.

Wenn ihr an einem Tisch mit Entscheidern sitzt und rechts, links und gegenüber sehen alle aus wie ihr selbst: Sagt etwas.

Wenn ihr in einer Chat-Gruppe seid, in der – neben den Fußballergebnissen – wichtige Dinge besprochen werden, und in der alle so aussehen wie ihr selbst: Sagt etwas.

Wenn ihr mitbekommt, wie abfällig über Frauen oder andere diskriminierte Gruppen gesprochen wird: Steht dafür nicht zur Verfügung und sagt etwas.

Wenn ihr hört, dass jemand Witze über eine Frau macht, sie auflaufen lässt oder klein macht: Sagt etwas.

Wenn ihr seht, dass eine Frau oder eine andere diskriminierte Gruppe ausgegrenzt wird: Sagt etwas.

Wenn ihr in einem Club oder irgendeiner Vereinigung sitzt, in der nur Männer zugelassen sind: Sagt etwas.

Wenn ihr euer Netzwerk baut und merkt, dass es nicht vielfältig ist: Ändert es.

Wenn ihr junge Talente entdeckt: Fördert sie, egal ob sie euch ähnlich sind oder nicht.

Wenn ihr Strukturen baut: Fragt auch Menschen, die anders aussehen, einen anderen Hintergrund haben als ihr, ob sie für sie passen.

Wenn ihr eure Kinder erzieht: Überlegt auch im Hinblick auf strukturelle Ungleichheit, was ihr ihnen vorlebt und welche Werte ihr ihnen mitgeben wollt.

Wenn ihr seht, dass jemand Leidtragende:r irgendeiner Form von *Unconscious Bias* ist oder als Mitglied der Minderheitengruppe weniger ernst genommen wird: Setzt euch neben ihn oder sie und stärkt ihr oder ihm den Rücken.

Wenn ihr merkt, dass jemand diskriminierende Sprache benutzt: Sagt etwas. Streicht sie aus eurem eigenen Wortschatz.

Wenn ihr Familien gründet und überlegt, wer die Care-Arbeit übernimmt: Beschäftigt euch mit den Ursachen traditioneller Familienmodelle.

Eckt an. Überwindet euch. Seid schwierig. Zeigt, dass ihr etwas verstanden habt. Wandel kommt nicht ohne einen gewissen Schmerz aus. Teilt ihn mit denen, die auf der Verliererseite von Diskriminierung stehen.

Liebe *weiße* Männer, ihr habt die Macht. Nicht jeder von euch hat sich das ausgesucht, aber es liegt an euch, ob wir 132 Jahre oder weniger brauchen, bis wir so etwas Ähnliches wie Chancengleichheit haben. Nutzt eure Zeit, eure Energie und eure Ressourcen. Es gibt viele große Krisen auf dieser Welt, aber nicht alle davon liegen so sehr in unserer Hand wie diese.

Ein paar Gedanken zum Schluss

Nicht alle Menschen haben die gleichen Chancen, aber wer sich mit den Gründen für strukturelle Chancenungleichheit und Diskriminierung auseinandersetzt, kann etwas daran ändern.

Sprache, Tradition, Netzwerk und Macht sind aus meiner Sicht die vier Bereiche, die wir angehen müssen, um den Wandel zu schaffen.

Eine neue *Sprache* zu finden, die bestehende zu ergänzen und neu zu definieren hilft uns, von einem Gefühl in einen Zustand zu kommen, eine Diagnose zu finden, die wir alle verstehen und gemeinsam bewältigen können.

Die innere Landkarte der *Tradition*, mit der wir aufgewachsen sind und die wir fraglos richtig finden, ist nicht unveränderbar. Wir können unsere internalisierten Rollenbilder und Denkmuster hinterfragen und gemeinsam neue prägen.

Indem wir *Netzwerke* bilden, können wir uns gegenseitig stärken, einander fördern und Zugänge eröffnen. Wenn wir lernen, zwischen Person und Sache, zwischen beruflichem und privatem Netzwerk zu unterscheiden, fällt es uns leichter, auch Kooperation und Konflikt in Einklang zu bringen.

Macht ist die höchste Disziplin und Inbegriff von Mitbestimmung. Wenn wir die Spielregeln der Macht verstehen und nutzen, können wir sie langfristig verändern.

»Es geht nur gemeinsam!« nennt Jutta Allmendinger ihre Streitschrift aus dem Jahr 2021. Und sie hat recht: Struktureller Wandel kann sich nicht nur in Nischen abspielen. Auch wenn einzelne Gruppen ihn anstoßen können, muss er sich weiter durch die Gesellschaft bewegen. Und gleichzeitig sind unsere Privilegien so tief mit Identität verwoben, dass es Anstrengung kostet, sie gemeinsam ab- und aufzubauen, gemeinsam in eine Richtung zu arbeiten.

Mit diesem Buch hoffe ich das Dickicht der strukturellen Diskriminierung ein bisschen zu lichten. Wenn euch etwas fehlt, ergänzt es – auf den zahlreichen Plattformen, die uns zur Verfügung stehen. Wir müssen die Debatte immer weiterführen, lauter und konstruktiver aufklären, erklären, auch wenn es müde macht und frustriert.

Ich kann nur wenig daran ändern, dass die blauen und die roten Kugeln, von denen ich spreche, so rollen, wie sie das tun. Aber ich hoffe, ich konnte ein paar Erklärungsansätze liefern. Mathematiker:innen nennen es *bedingte Wahrscheinlichkeitsrechnung*, wenn auf Ereignis X nicht automatisch Ereignis Y folgt, sondern ein weiteres Ereignis zwischengeschaltet ist. Das zwischengeschaltete Ereignis heißt strukturelle Ungleichheit und ist eher ein riesiger Berg als ein kleines Ereignis. Ihn zu erkennen, hilft ihn abzutragen. Ihn abzutragen ist wahre Macht.

Biografien
der Interviewpartnerinnen

Louisa Dellert
Louisa »Lou« Dellert wurde 1989 in Niedersachsen geboren. Nach dem Abitur schloss sie eine Ausbildung zur Kauffrau für Bürokommunikation ab und montierte im Unternehmen ihres Vaters Photovoltaik-Anlagen auf Dächer. 2013 meldete sie sich bei Instagram an und wurde eine der erfolgreichsten Fitness-Influencerinnen. Nach einer Herzoperation wendete sie sich den Themen Nachhaltigkeit, Politik und Feminismus zu. Über ihre diversen Social-Media-Kanäle bei Instagram, LinkedIn und TikTok erreicht sie über eine halbe Million Menschen. Heute arbeitet sie auch als Podcasterin und Moderatorin, berät Unternehmen, Politiker:innen, NGOs und Verbände im Bereich Social Media & Kommunikationsstrategien und ist Mitgründerin der Produktionsfirma *bright + bolder media*. Ihr Buch »WIR. Weil nicht egal sein darf, was morgen ist.« erschien 2021 bei Komplett Media und wurde ein Bestseller.

Kerstin Erbe
Kerstin Erbe ist seit 2016 in der Geschäftsführung der Drogeriemarktkette *dm* für das Ressort Produktmanagement zuständig. Außerdem verantwortet sie mehr als 270 dm-Märkte in Hessen, Teilen von Niedersachsen und Nordrhein-Westfalen. Kerstin Erbe hat an der Universität Münster Betriebswirtschaftslehre studiert. Sie stieg bei *Colgate-Palmolive* als Brand-Managerin ein. Nach Stationen in Frankreich und der Schweiz war sie Marketing-Verantwortliche für Deutschland, bevor sie zu *Johnson & Johnson*

wechselte, um für die Märkte Europa, Mittlerer Osten und Afrika den Bereich Strategic Marketing Operations zu leiten. Sie engagiert sich in ihrer Rolle bei *dm* und auch privat für die Themen Nachhaltigkeit und Gleichstellung.

Tessa Ganserer
Tessa Ganserer wurde 1977 in Zwiesel geboren. Nach dem Hauptschulabschluss 1995 absolvierte sie eine Ausbildung zur Forstwirt*in. Danach ging sie auf die Berufsoberschule, absolvierte den Zivildienst und arbeitete im Garten- und Landschaftsbau. 1998 trat sie in die Partei Bündnis 90 / Die Grünen ein, und ab 2001 studierte sie an der Fachhochschule Weihenstephan Wald- und Forstwirtschaft und schloss als Diplom-Ingenieur*in ab. Von 2005 bis 2013 war sie Mitarbeitende für den Landtagsabgeordneten Christian Magerl, 2008 kandidierte sie das erste Mal selbst für den Bayerischen Landtag. 2013 zog sie in den Landtag ein und 2021 in den Bundestag. Sie ist eine von zwei offen lebenden trans*geschlechtlichen Abgeordneten im deutschen Bundestag und sitzt als ordentliches Mitglied im Ausschuss für Umwelt, Naturschutz, nukleare Sicherheit und Verbraucherschutz.

Alice Hasters
Alice Hasters wurde 1989 in Köln geboren. Sie studierte im Bachelor an der Sporthochschule Köln und im Master an der Deutschen Journalistenschule in München. Danach arbeitete sie für verschiedene Redaktionen, unter anderem für die »Tagesschau« und den RBB. 2016 startete sie mit ihrer besten Freundin Maxi den Podcast »Feuer und Brot« und veröffentlichte 2019 bei hanserblau ihr erstes Buch »Was weiße Menschen nicht über Rassismus hören wollen aber wissen sollten«, das ein Bestseller wurde. 2020 wurde sie als »Kulturjournalistin des Jahres« ausgezeichnet. Alice Hasters ist als Speakerin, Moderatorin, Autorin und Podcasterin aktiv.

Anna-Nicole Heinrich
Anna-Nicole Heinrich ist 1996 in Schwandorf geboren. Seit 2021 ist sie Präses der Synode der Evangelischen Kirche in Deutschland und damit die jüngste Präses in der Geschichte der EKD. Sie stammt aus einem nicht christlichen Elternhaus und wurde als Schulkind auf eigenen Wunsch hin getauft. Von 2015 bis 2019 studierte Anna-Nicole Heinrich an der Universität Regensburg Philosophie im Bachelor. Derzeit macht sie ihren Master in Menschenbild und Werte sowie in Digital Humanities. Neben ihrem Ehrenamt und dem Studium arbeitet sie als Wissenschaftliche Hilfskraft bei der Lehrstuhlinhaberin für Pastoraltheologie in Regensburg. Sie ist verheiratet und lebt mit ihrem Mann in einer Vierer-Wohngemeinschaft.

Dr. Katharina Helten
Dr. Katharina Helten studierte an der RWTH Aachen Maschinenbau und promovierte anschließend an der TU München. Nach der Promotion stieg sie bei *Continental* im Bereich Elektromobilität ein. Bei *Vitesco Technologies*, dem Spin-off der ehemaligen Antriebssparte von *Continental,* leitet sie derzeit weltweit die Produktgruppe Thermal Management Actuators, die Schlüsselkomponenten für das Thermomanagement elektrifizierter Antriebsstränge herstellt. Sie gilt als eine Expertin und Vordenkerin in Sachen E-Mobilität und wurde unter anderem vom Magazin *Capital* zweimal unter die »Top 40 unter 40« gewählt. Neben ihrer Tätigkeit ist Dr. Katharina Helten als Lehrbeauftragte an der TU Darmstadt tätig. Sie engagiert sich außerdem bei *Femtec.Alumnae e.V.*, einem Verein von mehr als 900 weiblichen Fach- und Führungskräften, der Frauen in MINT-Berufen stärker sichtbar machen und fördern will.

Brigitte Huber
Brigitte Huber wurde 1964 in Trostberg in Oberbayern geboren. Sie ist Chefredakteurin der Zeitschriften *Brigitte*, *Barbara*, *Guido* und *Eltern*. Kurz nach ihrem Abitur wurde sie Mutter eines Sohnes und studierte in München Neue Deutsche Literatur, Anglistik und Kommunikationswissenschaften. Ab 1986 absolvierte sie ihre journalistische Ausbildung an der Deutschen Journalistenschule in München. Danach arbeitete sie bei der Münchner *Abendzeitung*, schrieb für die Zeitschrift *Freundin* und verfasste Ratgeberliteratur. 2003 wurde sie stellvertretende Chefredakteurin bei *Brigitte*, 2015 folgte der Titel *Barbara*, 2018 *Guido*. Unter Brigitte Hubers Führung wurden verschiedene Formate wie *Brigitte Live* gegründet, wo die Journalistin unter anderem Angela Merkel und Olaf Scholz interviewte. Mittlerweile hat sie zwei Söhne.

Fränzi Kühne
Fränzi Kühne wurde 1983 in Berlin-Pankow geboren und wuchs in Marzahn auf. Sie studierte Lebensmitteltechnologie an der Technischen Universität Berlin und wechselte dann für ein Jurastudium an die Freie Universität Berlin. 2008 brach sie das Studium ab, um gemeinsam mit zwei Freunden die Digitalagentur *TLGG (Torben, Lucie und die gelbe Gefahr) GmbH* zu gründen. Die Agentur war die erste Social-Media-Agentur in Deutschland und entwickelt digitale Marketingstrategien für Unternehmen und Führungskräfte. 2015 verkauften die drei Gründer:innen *TLGG* an den amerikanischen Konzern *Omnicom*, blieben aber in der Geschäftsführung bis 2020. Ende 2016 wurde Fränzi Kühne in den Aufsichtsrat von *Freenet* berufen und war damit die jüngste Frau in einem deutschen Aufsichtsrat. Außerdem übernahm sie ein Aufsichtsratsmandat bei der *Württembergischen Versicherung AG*. Seit März 2018 engagiert sie sich im Stiftungsrat der *AllBright Stiftung* für mehr Frauen in Führungspositionen. Ihr Buch »Was Männer nie gefragt werden. Ich frage trotzdem mal.« erschien 2021 im Fischer Verlag und wurde ein SPIEGEL-Bestseller.

Simone Menne
Simone Menne wurde 1960 in Kiel geboren. Sie war von 2012 bis 2016 Chief Financial Officer der *Lufthansa AG* und die erste weibliche CFO in einem DAX-Unternehmen. Simone Menne ist Aufsichtsrätin in diversen Unternehmen wie *Henkel, Deutsche Post AG, Johnson Controls International* und betreibt eine Kunstgalerie in ihrer Heimatstadt. Sie begann ihre Karriere 1987 in der Revisionsabteilung der *ITT Corporation*. 1989 wechselte sie als Revisorin zur *Lufthansa*. 1992 zog sie nach Westafrika und leitete dort das Rechnungswesen für die Region. 2010 wechselte Simone Menne als CFO zur damaligen *Lufthansa*-Tochter *British Midland* und begleitete deren Verkauf an die *International Airlines Group*. Von dort wurde sie 2012 in den *Lufthansa*-Vorstand berufen. Simone Menne setzt sich aktiv für die Frauenquote ein und ist seit 2021 Mitglied der Partei Bündnis 90/Die Grünen. Sie ist außerdem Gastgeberin des STERN-Podcasts »Die Boss«, in dem sie Gespräche mit erfolgreichen Frauen führt.

Sigrid Nikutta
Sigrid Nikutta wurde 1969 in Szczytno/Polen geboren und wuchs im ostwestfälischen Enger auf. An der Universität Bielefeld studierte sie Psychologie mit Schwerpunkt auf Arbeits-, Betriebs- und Organisationspsychologie und promovierte 2009 an der Ludwig-Maximilians-Universität München. Nach drei Jahren im Management eines mittelständischen Unternehmens in Bielefeld startete sie 1996 ihre Karriere im Bildungsbereich bei der *Deutschen Bahn*. Schnell wechselte sie in den Güterverkehrsbereich, der als komplexester Bereich der *Deutschen Bahn* gilt. Hier war sie unter anderem für alle Streckenlokomotiven und Lokführer verantwortlich, bis sie als Vorstand Produktion zur *DB Cargo Polska* wechselte. Im Jahr 2010 wurde sie zur Vorstandsvorsitzenden der *Berliner Verkehrsbetriebe (BVG)* berufen und war die erste Frau an der Spitze des Unternehmens. Zum Januar 2020 wurde sie als Vorstand Güter-

verkehr in den Konzernvorstand der *Deutschen Bahn AG* berufen und Vorstandsvorsitzende der *DB Cargo AG*. Sie ist außerdem Mitglied im Aufsichtsrat der *Knorr-Bremse AG* und Kuratoriumsvorsitzende des Deutschen Instituts für Wirtschaftsforschung.

Tupoka Ogette
Tupoka Ogette wurde 1980 in Leipzig geboren und wuchs in Westberlin auf. Sie ist Bestseller-Autorin, Trainerin und Beraterin und arbeitet als Vermittlerin für Rassismuskritik. Tupoka machte ihren Magister in Afrikanistik und Deutsch als Fremdsprache an der Universität Leipzig, studierte von 2007 bis 2009 an der Graduate School of Business in Grenoble, Frankreich, und schloss mit einem Master in International Business ab. Bis 2012 arbeitete sie als Lektorin in Grenoble und lehrte dort auch Deutsch als Fremdsprache sowie interkulturelle Kompetenz und interkulturelles Management. 2012 machte sie sich als Beraterin und Trainerin selbstständig. Im März 2017 erschien ihr Buch »exit RACISM – rassismuskritisch denken lernen«, das ein Bestseller wurde, im März 2022 folgte ihr zweites Buch »Und jetzt du. Rassismuskritisch leben«. Als Trainerin arbeitet Tupoka mit Unternehmen und Einzelpersonen: Sie leitet Workshops zu Rassismus und dessen Auswirkungen auf die deutsche Gesellschaft. Seit 2021 bildet sie auch Trainerinnen aus.

Tijen Onaran
Tijen Onaran wurde 1985 in Karlsruhe geboren. Sie ist Autorin, Investorin, Unternehmerin und Kommunikationsexpertin. Mit 20 Jahren kandidierte sie im Rahmen der Landtagswahlen in Baden-Württemberg für die FDP. Von 2007 bis 2011 leitete sie das Wahlkreisbüro von Silvana Koch-Mehrin in Karlsruhe, 2009 koordinierte sie die Social-Media-Aktivitäten im Wahlkampf für Guido Westerwelle. Von 2011 bis 2012 war sie im Bundespräsidialamt tätig. 2016 rief sie die Community *Global Digital Women* ins Leben, die digitale weib-

liche Führungskräfte branchenübergreifend vernetzt und sichtbar macht. Seit 2018 moderiert Tijen Onaran verschiedene Podcasts, unter anderem »How to Hack« von *Business Punk* (bis 2021) und seit 2022 ihr eigenes Format »Aufsteiger:innen«. Sie hat als Kolumnistin für das *Handelsblatt* und die *Wirtschaftswoche* geschrieben. Mit ihrer Beratungsfirma *ACI* unterstützt Tijen Onaran Unternehmen dabei, diverser zu werden. Als Investorin investiert sie in von Frauen gegründete Start-ups.

Judith Williams

Judith Williams wurde 1971 in München geboren. Ihre Eltern sind US-Amerikaner. Schon mit vier Jahren stand sie zum ersten Mal gemeinsam mit ihrem Vater auf der Bühne. Sie studierte in Köln klassischen Gesang und Ballett an der Londoner Royal Academy of Music. Als Sopranistin trat Judith Williams an vielen Häusern in Europa auf. Mitte der 1990er-Jahre musste sie sich einer Hormonbehandlung unterziehen, die sie stimmlich sehr beeinträchtigte. 1999 wechselte sie als Moderatorin zu QVC und später zu HSE, dem ersten Teleshopping-Sender Deutschlands. Seit 2007 vertreibt sie dort auch ihre eigene Kosmetik-, Mode- und Schmucklinie, während sie außerdem ihre eigene Firma gründete. Seit 2014 ist sie Investorin bei VOX für »Die Höhle der Löwen«. 2018 belegte Judith Williams in der Fernsehshow »Let's Dance« den zweiten Platz.

Miriam Wohlfarth

Miriam Wohlfarth hat 2009 das Fintech-Unternehmen *Ratepay* gegründet, dessen Geschäftsführerin sie bis 2021 war. 2020 gründete sie das Fintech-Unternehmen *Banxware* und stieg dafür bei *Ratepay* aus. Das *Manager Magazin* zählt sie seit mehreren Jahren zu den »Top 100 der einflussreichsten Frauen der deutschen Wirtschaft«. Sie ist Aufsichtsrätin bei der *Mercedes-Benz Mobility AG*, der *talentsconnect AG* und folgte 2022 auf Fränzi Kühne bei *Freenet*. Begonnen hat Miriam Wohlfarth ihre Karriere bei *Hapag-Lloyd* – 2000 verließ sie die Reisebranche, um in die digitale Finanzbranche einzusteigen. Miriam Wohlfarth ist im Vorstand des Bundesverbands Deutsche Startups und Mitglied des Beirats Junge Digitale Wirtschaft im Bundesministerium für Wirtschaft und Klimaschutz sowie Mitglied des Digital Finance Forum des Bundesministeriums der Finanzen.

Diana zur Löwen
Diana zur Löwen wurde 1995 in Gießen geboren. Sie ist eine der erfolgreichsten deutschen Content Creatorinnen und arbeitet als »Business Angel«. Mit ihren über eine Million Follower:innen auf Instagram spricht sie über politische Themen, aber auch über Investments, Immobilien und Start-up-Beteiligungen – gemischt mit Fashion- und Lifestyle-Themen. Angefangen hat Diana zur Löwen schon während der Schulzeit auf der Plattform Youtube. Während ihres BWL-Studiums in Köln hat sie ihre Followerschaft ausgebaut und sich zu einer der einflussreichsten deutschen Influencerinnen entwickelt. 2018 gründete Diana zur Löwen die Innovationsberatung *CoDesign Factory* mit, 2020 ihren Onlineshop *Melationship* und 2021 *Rawr Ventures*. Ebenfalls 2021 startete sie eine Petition zu mentaler Gesundheit, die auch in den Koalitionsvertrag aufgenommen wurde.

Danksagungen

Auf diesen Teil habe ich mich besonders gefreut: Die Danksagungen sind so etwas wie das Bonbon nach getaner Bucharbeit. Deshalb verzeiht mir, wenn ich mich hier nicht beschränken kann.

Ich möchte zuerst meinen Freundinnen Alice und Mäggi danken, die mir bei einem Winterspaziergang klargemacht haben, dass es völlig in Ordnung ist, ein Buch über sich selbst zu schreiben. Ihr seid wunderbar, und ich bin froh, euch zu haben.

Danke auch an meine Agentin und Freundin Bettina Breitling. Ich weiß, wie viele Anrufe mit Erst-Buch-Ideen du abwimmeln musst. Danke, dass du es bei mir nicht getan hast.

An meinen Buchverlag Penguin, meine Lektorin Elisabeth Schmitten, an Karen Guddas und Britta Egetemeier, an Thomas Rathnow. Danke, dass ihr an dieses Buch glaubt.

An meine begleitende Lektorin Annegret Bauer. Selten hat mich ein Mensch, den ich nicht persönlich getroffen habe, so direkt so gut verstanden. Danke, dass du mich als Grünohr-Autorin so an die Hand genommen hast, danke für die Bestätigung und Bestärkung und dass du mir immer wieder die Vogelperspektive gezeigt hast.

Danke an meine Mutter Ute, die mir gestattet hat, für die heiße Phase dieses Buches wieder bei ihr einzuziehen, mir erlaubt hat, mich zeitweise wie ein Teenager zu verhalten und nicht die Augen verdreht hat über meine diversen Berlin-Mitte-geprägten Ansprüche wie »bitte nur noch Hafermilch«. Es ist ein großes Glück, eine Mama zu haben, die mich so bedingungslos unterstützt und an mich glaubt.

Danke an meine Oma Rosemarie, die mich abends mit Roséwein auf der Terrasse erwartet hat und auch nachdem sie feststellte, dass dieses Buch kein Liebesroman sein wird, um Leseproben gebeten hat.

Danke an meine Freundinnen und Freunde, die mir ein ganzes Jahr lang verziehen haben, dass ich so wenig Zeit hatte. Dass ich Babys zu spät kennengelernt, Mädelswochenenden abgesagt und vermutlich viel zu selten gefragt habe, wie es so geht. Danke für eure Nachsicht und eure Freundschaft.

Danke an alle Gegenleser:innen, Christian Schalt und Mäggi Gallersdörfer für euren kritischen Blick und eure ehrliche Bestätigung.

Danke an meinen Chef Matthias, der sich inzwischen selbst als Feminist bezeichnet. Du bester Ally, der immer zuhört und seine eigenen Meinungen hinterfragt, der Unconscious Bias aufdeckt und, wenn es nötig ist, etwas dagegen sagt. Danke, dass du nie infrage gestellt hast, dass ich es schaffe, neben allem dieses Buch zu schreiben.

Danke an meinen Mentor und Kollegen Schmitti. Du warst der Erste, dem ich von der Buch-Idee erzählt habe und wärst der Einzige gewesen, der sie mir hätte ausreden können. Danke, dass du es nicht versucht hast, obwohl du wusstest, dass es mich an den Rand meiner Kräfte bringen würde.

Danke an meine Mentoren: Johannes Grotzky, Stephan Schäfer, Alexander Schwerin, Oliver Radtke; an Karin Storch und an Gerd Helbig. Ihr seid die DSDS-Jury, die mich immer wieder in den nächsten Recall geschickt hat, und das Publikum, das mich dabei angefeuert hat.

Danke an Jan Köster, der als Agile Coach meine Teams und als eine Mischung aus Freund, Therapeut und Berater mich selbst begleitet. Keine Krise, die wir nicht am Telefon lösen könnten.

Danke an meine Kollegin Jenny von Zeppelin, die mir eine Sparringspartnerin in der Recherche für das Buch war und einen großen Teil der Frauen, die ich als Interviewpartnerinnen angefragt habe, vorgeschlagen hat.

Danke an alle, die mit mir über das Thema streiten. Unsere Gespräche haben die Gedanken für dieses Buch besser gemacht.

Danke an meine Freundinnen Tijen Onaran und Lou Dellert, die vor mir Bestseller geschrieben haben, was mich nur minimal unter Druck setzt. Ihr seid Vorbilder und Wegbegleiterinnen, die ich nicht missen möchte.

Danke an die Frauen, die mir für dieses Buch Interviews gegeben und mir damit die spannendsten Stunden des Jahres geschenkt haben. Jedes einzelne Gespräch war eine Bereicherung.

Danke an meinen Arbeitgeber RTL, an Frank Thomsen und an Konstantin von Stechow. Dass ihr es nicht nur erlaubt, sondern sogar aktiv ermutigt, Fragen zu stellen und sich öffentlich Gedanken zu machen, zeigt, dass die Werte, die an der Tür stehen, auch drinnen gelebt werden.

Danke an meine Teams, an meine Stellvertreterin Marie-Fee Taube, an Louisa Mayoch, Ulrike Penz, Leon Ohligschläger, Kevin Wehmeier, Kinga Slota, Verena Hodapp, Sophie Rymarczyk, Emmi Kääriäänen, Peter Weiß. Dass ihr hinter dieser Idee standet, hat sehr geholfen.

Danke an meine gute Seele und Assistentin Julia Lukaszewicz. Ich rechtfertige mein Chaos gerne damit, dass nur keiner außer mir mein Ordnungssystem versteht. Du tust das, und dafür bin ich sehr dankbar.

Ich weiß nicht, ob man sich auch bei Tieren bedanken kann, aber ich mache es trotzdem. Coco, mein Herz in flauschiger Coton-Form: Jede Krise wird leichter, wenn das süßeste Tier der Welt meine Fußknöchel ankuschelt. Ohne dich hätte ich mich vermutlich wochenlang nicht aus dem Haus bewegt.

Und last, but not least (aber wer mich kennt, weiß, wer nach dem Hund kommt, steht ganz oben): Danke an meinen Mann Bastian. Du hast mir mal am Altar versprochen, dass du mich immer so annimmst, wie ich bin, und mir auch dann Kaffee kochst, wenn du keine Zeit dafür hast. Beides hast du eingehalten. Ich weiß, dass dieses Projekt auch dich viele Nerven gekostet hat und bin sehr dankbar, dass du, trotzdem, immer mein Zuhause sein willst. Was für ein Glück, dass ich dich gefunden habe. God only knows what I'd be without you.

Leseempfehlungen

Marion Knaths: FrauenMACHT! Die besten Wege, zu überzeugen und erfolgreich zu sein. Berlin Verlag 2021.

Jutta Allmendinger: Es geht nur gemeinsam! Wie wir endlich Geschlechtergerechtigkeit erreichen. Ullstein 2021.

Christiane Funken: Sheconomy. Warum die Zukunft der Arbeitswelt weiblich ist. C. Bertelsmann 2016.

Alexandra Zykunov: »Wir sind doch alle längst gleichberechtigt!« 25 Bullshitsätze und wie wir sie endlich zerlegen. Ullstein 2022.

Sheryl Sandberg: Lean In. Women, Work and the Will to Lead. WH Allen 2015.

Carolin Kebekus: Es kann nur eine geben. Kiepenheuer & Witsch 2021.

Fränzi Kühne: Was Männer nie gefragt werden. Ich frage trotzdem mal. Fischer 2021.

Isabel Allende: Was wir Frauen wollen. Suhrkamp 2022.

Alice Hasters: Was *weiße* Menschen nicht über Rassismus hören wollen aber wissen sollten. Hanserblau 2019.

Frederike Probert: Mission Female. Frauen. Macht. Karriere. Frankfurter Allgemeine Buch 2020.

Louisa Dellert. WIR. Weil nicht egal sein darf, was morgen ist. Komplett Media 2021.

Boris von Heesen. Was Männer kosten. Der hohe Preis des Patriarchats. Heyne 2022.

Meike Stoverock: Female Choice. Vom Anfang und Ende der männlichen Zivilisation. Tropen 2022.

Tijen Onaran: Nur wer sichtbar ist, findet auch statt. Werde deine eigene Marken und hol dir den Erfolg, den du verdienst. Goldmann 2020.

Doris Lessing: Das goldene Notizbuch. Fischer 1989.

Kristina Lunz: Die Zukunft der Außenpolitik ist feministisch. Wie globale Krisen gelöst werden müssen. Econ 2022.

Tupoka Ogette: exit RACISM. Rassismuskritisch denken lernen. Unrast 2019.

Tupoka Ogette: Und jetzt du. Rassismuskritisch leben. Penguin 2022.

Rafia Zakaria: Against White Feminism. Wie *weißer* Feminismus Gleichberechtigung verhindert. Hanserblau 2022.

Caroline Criado-Perez: Unsichtbare Frauen. Wie eine von Daten beherrschte Welt die Hälfte der Bevölkerung ignoriert. btb 2020.

Lisa Jaspers, Naomi Ryland, Silvie Horch (Hrsg.): Unlearn Patriarchy. Ullstein 2022.

Chimamanda Ngozi Adichie: We Should All Be Feminists. Fourth Estate 2014; Deutsch: Mehr Feminismus! Fischer 2016.

Rebecca Solnit: Men Explain Things to Me. Granta Publications 2014; Deutsch: Wenn Männer mir die Welt erklären. btb 2017.

Simone de Beauvoir: Das andere Geschlecht. Sitte und Sexus der Frau. Rowohlt 2000.

Virginia Woolf: Ein Zimmer für sich allein. 1929.

Margarethe Stokowski: Untenrum frei. Rowohlt 2018.

Jens van Tricht: Warum Feminismus gut für Männer ist. CH. Links Verlag 2019.

Roxane Gay: Bad Feminist. btb 2019.

Mary Beard: Frauen & Macht. Fischer 2018.

Pierrot Raschdorff: Schwarz. Rot. Wir. Mosaik 2022.

Reni Eddo-Lodge: Why I'm No Longer Talking to White People About Race. Bloomsbury 2017; Deutsch: Warum ich nicht länger mit Weißen über Hautfarbe spreche. Tropen 2019.

Anmerkungen

1. Kracke, N., Buck, D. und Middendorff, E.: Beteiligung an Hochschulbildung. Chancen(un)gleichheit in Deutschland. Deutsches Zentrum für Hochschul- und Wissenschaftsforschung GmbH: 2018. Abgerufen unter: https://www.dzhw.eu/pdf/pub_brief/dzhw-brief_03_2018.pdf
2. Ankersen, W., Berg, C., Erhardt, R., Schibel, L., von Strück, M.: Kampf um die Besten Köpfe. Die Konkurrenz um Vorständinnen nimmt zu. Herbstbericht der AllBright Stiftung 2022. Abgerufen unter: https://static1.squarespace.com/static/5c7e8528f4755a0bedc3f8f1/t/636cd28c2b66efoe3ad9991d/1668076186314/AllBright+Bericht+Herbst+2022+.pdf
3. Zwischenstand März 2022. Bericht der AllBright Stiftung 2022. Abgerufen unter: https://static1.squarespace.com/static/5c7e8528f4755a0bedc3f8f1/t/62266a4fc64d8106a76eofbe/1646684752055/Allbright-Frauentag-2022-1.pdf
4. Herbstbericht der AllBright Stiftung 2022. Abgerufen unter: https://static1.squarespace.com/static/5c7e8528f4755a0bedc3f8f1/t/636cd28c2b66efoe3ad9991d/1668076186314/AllBright+Bericht+Herbst+2022+.pdf
5. Ankersen, W., Berg, C., Schibel, L., Erhardt, R.: Stillstand. Familienunternehmen holen keine Frauen in die Führung. AllBright Stiftung 2022. Abgerufen unter: https://static1.squarespace.com/static/5c7e8528f4755a0bedc3f8f1/t/6285ed58d2d2700b13058d69/1652944237388/Allbright+Bericht+Frühjahr+2022_.pdf
6. Stillstand: AllBright Stiftung 2022. Abgerufen unter: https://static1.squarespace.com/static/5c7e8528f4755a0bedc3f8f1/t/6285ed58d2d2700b13058d69/1652944237388/Allbright+Bericht+Fru%CC%88hjahr+2022_.pdf
7. Frauen in den Länderparlamenten. Landeszentrale für politische Bildung Baden-Württemberg (Stand November 2022). Abgerufen unter: https://www.lpb-bw.de/frauenanteil-laenderparlamenten
8. Statistisches Bundesamt: Internationales. Frauen in den Parlamenten: Deutschland mit 35 % weltweit auf Platz 42. Abgerufen unter: https://www.destatis.de/DE/Themen/Laender-Regionen/Internationales/Thema/allgemeines-regionales/frauenanteil-parlamente.html
9. Stoverock, Meike: Female Choice. Vom Anfang und Ende der männlichen Zivilisation. Tropen Verlag: 2022

10 Bundesministerium für Familie, Senioren, Frauen und Jugend: Das Einkommen der Hochaltrigen in Deutschland. 2022. Abgerufen unter: https://www.zwd.info/altersarmut-ist-weiblich-1.html
11 Allmendinger, Jutta: Es geht nur gemeinsam! Wie wir endlich Geschlechtergerechtigkeit erreichen. Ullstein: 2021.
12 Bundesministerium für Familie, Senioren, Frauen und Jugend: Gewalt gegen Frauen – Zahlen weiterhin hoch, Ministerin Giffey startet Initiative »Stärker als Gewalt«. 2019. Abgerufen unter: https://www.bmfsfj.de/bmfsfj/aktuelles/presse/pressemitteilungen/gewalt-gegen-frauen-zahlen-weiterhin-hoch-ministerin-giffey-startet-initiative-staerker-als-gewalt--141688
13 Fries, S. & Schröttle, M. für Bundesministerium für Familie, Senioren, Frauen und Jugend (Hrsg.): Diskriminierungs- und Gewalterfahrungen im Leben gehörloser Frauen. Ursachen, Risikofaktoren und Prävention: 2014. Abgerufen unter: https://www.bmfsfj.de/resource/blob/93542/d74f3ab178a3009f7ba974a3985e0bd3/diskriminierungs-und-gewalterfahrungen-im-leben-gehoerloser-frauen-endbericht-data.pdf
14 World Economic Forum: Global Gender Gap Report 2022. Abgerufen unter: https://www.weforum.org/reports/global-gender-gap-report-2022
15 Zykunov, Alexandra: »Wir sind doch alle längst gleichberechtigt!« 25 Bullshitsätze und wie wir sie endlich zerlegen. Ullstein: 2022.
16 Die Diversity Dimensionen – Für Diversity in der Arbeitswelt, Charta der Vielfalt. Abgerufen unter: https://www.charta-der-vielfalt.de/diversity-verstehen-leben/diversity-dimensionen/
17 Redaktion BR24: Beatrix von Storch empört mit Aussagen über Tessa Ganserer. 2022. Abgerufen unter: https://www.br.de/nachrichten/deutschland-welt/beatrix-von-storch-empoert-mit-aussagen-ueber-tessa-ganserer,Sxilq9x
18 Dore, Rebecca: Children's racial bias in perceptions of others' pain. https://bpspsychub.onlinelibrary.wiley.com/journal/2044835x, https://bpspsychub.onlinelibrary.wiley.com/toc/2044835x/2014/32/2 p. 218–231: 2014
19 Dasgupta, Nilanjana: Implicit Ingroup Favoritism, Outgroup Favoritism, and Their Behavioral Manifestations. Social Justice Research, 17, 143–169: 2004
20 Harvard University: Implicit Association Test. Abgerufen unter: https://implicit.harvard.edu/implicit/iatdetails.html
21 Reuter, Julia: Geschlecht und Körper: Studien zur Materialität und Inszenierung gesellschaftlicher Wirklichkeit. transcript Verlag: 2011
22 https://de.statista.com/statistik/daten/studie/662931/umfrage/frauenanteil-in-vorstaenden-der-mdax-unternehmen-in-deutschland/
23 Frank, C. & Weiß, H. (Hrsg.): Projektive Identifizierung. Ein Schlüsselkonzept der psychoanalytischen Therapie. Klett-Cotta: 2007

24 Fritzsche, Lara: Frauenlauer. 2016. Veröffentlicht im *SZ Magazin*, abgerufen unter: http://larafritzsche.de/frauenlauer/
25 Tannen, Deborah: The Power of Talk: Who gets Heard and Why. Harvard Business Review: 1995. Abgerufen unter: https://hbr.org/1995/09/the-power-of-talk-who-gets-heard-and-why
26 Funken, Christiane: Sheconomy. C. Bertelsmann Verlag: 2016.
27 https://www.academia.edu/3377165/The_Meaning_of_Angry_Black_Woman_in_Print_Media_Coverage_of_First_Lady_Michelle_Obama Volume 6: 2013
28 ZEIT Podcast »Alles Gesagt?«: Alice Hasters, was sollten *weiße* Menschen über Rassismus wissen? 2020. Abgerufen unter: https://www.zeit.de/gesellschaft/2020-06/alice-hasters-rassismus-interviewpodcast-alles-gesagt
29 Gluck, Mark A., Mercado, Eduardo, Myers, Catherine E.: Lernen und Gedächtnis – Vom Gehirn zum Verhalten. Springer Verlag: 2010.
30 Zakaria, Rafia: Against White Feminism. Wie *weißer* Feminismus Gleichberechtigung verhindert. HanserBlau: 2022. S. 1
31 Against White Feminism. S. 68
32 Wrenn, Eddie für *Daily Mail*: The great gender debate: Men will dominate 75 % of the conversation during conference meetings, study suggests. *Daily Mail Online*: 2012
33 Patel, Dev: In HLS Classes, Women Fall Behind. The Harvard Crimson: 2013. Abgerufen unter: https://www.thecrimson.com/article/2013/5/8/law-school-gender-classroom/
34 Krupnick, Catherine G.: Women and Men in the Classroom: Inequality and Its Remedies. *On Teaching and Learning*, Volume 1: 1985. Abgerufen unter: http://ddi.cs.uni-potsdam.de/HyFISCH/Informieren/WomenMen ClassroomKrupnick.htm
35 https://www.aauw.org/files/2013/02/how-schools-shortchange-girls-executive-summary.pdf. Myra & David Sadker: Failing at Fairness. How Our Schools Cheat Girls. Simon and Schuster: 2010.
36 Robb, Alice: Women Get Interrupted More - Even By Other Women. *The New Republic*: 2014. Abgerufen unter: https://newrepublic.com/article/117757/gender-language-differences-women-get-interrupted-more
37 Jetzt.de: Diese App soll messen, wie oft Männer Frauen unterbrechen. 2017. Abgerufen unter: https://www.jetzt.de/feminismus/app-gegen-maennliches-unterbrechen
38 Guentherodt, I., Hellinger, M., Pusch, L. F. & Trömel-Plötz, S.: Richtlinien zur Vermeidung sexistischen Sprachgebrauchs. *Linguistische Berichte*. 1980
39 European Commission: Communication from the Commission to the European Parliament, the Council, the European Economic and Social

Committee and the Committee of the Regions. A renewed EU strategy 2011–14 for Corporate Social Responsibility. 2011. Abgerufen unter: https://eur-lex.europa.eu/legal-content/EN/TXT/PDF/?uri=CELEX:52011DC0681
40 Kemp, Stefanie: Wettbewerbsvorteil CSR. Zwei Drittel aller Konsumenten sind bereit, sich von Marken ohne aufrichtiges Engagement zu trennen. In: *Handelsblatt*, 2022. Abgerufen unter: https://live.handelsblatt.com/csr/
41 Nedwed, Viktoria: Bekommt ein Manager eine Tochter, stellt er mehr Frauen ein. In: Sheconomy. 2022. Abgerufen unter: https://sheconomy.media/bekommt-ein-manager-eine-tochter-stellt-er-mehr-frauen-ein/
42 von Heesen, Boris: Was Männer kosten. Der hohe Preis des Patriarchats. Heyne Verlag: 2022. S. 124
43 Knaths, Marion: FrauenMACHT! Die besten Wege, zu überzeugen und erfolgreich zu sein. Berlin Verlag: 2021. S. 96.
44 Daum, M. & Gampe, A.: Die Rolle von Vorbildern in der sozial-kognitiven Entwicklung. *Psychologie und Erziehung*: 1.16. Abgerufen unter: https://www.psychologie.uzh.ch/dam/jcr:7d10171c-4c81-4e08-adba-6f1a32c4e8ca/2016Nr1_Psychologie und Erziehung_Die Rolle von Vorbildern in der sozial-kognitiven Entwicklung.pdf
45 Marcia, J. E.: Identity in Adolescence. In: J. Adelson (Hrsg.), Handbook of Adolescent Psychology. Wiley: 1980.
46 Criado-Perez, Caroline: Unsichtbare Frauen. Wie eine von Daten beherrschte Welt die Hälfte der Bevölkerung ignoriert. München: 2020
47 Sarkeesian, A. & Petit, C.: More Video Games Featured Women This Year. Will It Last? In: Feminist Frequency / WIRED: 2020. Abgerufen unter: https://feministfrequency.com/2020/10/15/gender-breakdown-of-games-in-2020/
48 Sievert, Stephan & Kröhnert, Steffen: Schwach im Abschluss. Warum Jungen in der Bildung hinter Mädchen zurückfallen – und was dagegen zu tun wäre. Berlin-Institut für Bevölkerung und Entwicklung: 2015
49 Clearfield, M. W., & Nelson, N. M. (2006). Sex Differences in Mothers' Speech and Play Behavior with 6-, 9-, and 14-Month-Old Infants. Sex Roles: A Journal of Research, 54(1–2), 127–137
50 Mondschein, E. R., Adolph, K. E., & Tamis-LeMonda, C. S. (2000). Gender bias in mothers' expectations about infant crawling. *Journal of Experimental Child Psychology*, 77(4), 304–316
51 Mitchell, G. et al.: Reproducting Gender in Public Places. Adults' Attention to Toddlers in Public Places. Sex Roles 26, nos. 7–8: 1992. 232–330
52 Funken, C: Sheconomy. S. 78
53 McGinn, Kathleen & Tempest, Nicole: Heidi Rozen. In: Harvard Business School: 2000. Case 9–800–228, 1–17

54 Clance, P. & Imes, S. (1978): The impostor phenomenon in high achieving women: Dynamics and therapeutic intervention. In: *Psychotherapy. Theory, Research, & Practice*
55 Watzlawick, Paul: Anleitung zum Unglücklichsein. Piper Verlag: 1983
56 Keller, J. & Molix, L. (2008). When women can't do math: The interplay of self-construal, group identification, and stereotypic performance standards. *Journal of Experimental Social Psychology, 44*, 437–444. / Keller, Johannes (2012). Differential gender and ethnic differences in math performance: A self-regulatory perspective. *Zeitschrift für Psychologie, 220*, 164–171. / Keller, Johannes (2007). Stereotype threat in classroom settings: The interactive effects of domain identification, task difficulty and stereotype threat on female student's maths performance. *British Journal of Educational Psychology, 77*(2), 323–338
57 Eagly, Alice & Karau, Steven (2022): Role Congruity Theory of Prejudice Toward Female Leaders. In: *Psychological Review*, 109(3), 573–598.
58 Meifert, Matthias: Alles Verhandlungssache. Männer verhandeln (nicht immer) besser als Frauen. HR Pepper: *Personalführung*. 2017. Abgerufen unter: https://hrpepper.de/wp-content/uploads/2017/09/07_Maenner-verhandeln-nicht-immer-besser-als-Frauen.pdf
59 Sandberg, Sheryl: Lean In. Women, Work, and the Will to Lead. London: 2015. S. 17
60 Diabaté, Sabine: 13 Mutterleitbilder: Spagat zwischen Autonomie und Aufopferung. In: Schneider, N., Diabaté, S., Ruckdeschel, K. (Hrsg.): Familienleitbilder in Deutschland. Kulturelle Vorstellungen zu Partnerschaft, Elternschaft und Familienleben. Opladen, Berlin, Torono: 2018
61 Zykunov, Alexandra: »Wir sind doch alle längst gleichberechtigt!«, S. 67
62 Funke, C., Suder, K., Domscheit, A: A Wake-Up Call for Female Leadership in Europe. McKinsey & Company: 2007
63 Zykunov, Alexandra: »Wir sind doch alle längst gleichberechtigt!«, S. 139
64 Wippermann, Carsten: Frauen in Führungspositionen? Die »Gläserne Decke« in der Wirtschaft. Universität Regensburg. 2016. Zitiert in: Funken, Christiane: Sheconomy. S. 62.
65 Bundesagentur für Arbeit, Statistik: Sozialversicherungsflichtig Vollzeitbeschäftigte der Kerngruppe mit Angaben zum Bruttomonatsentgelt nach ausgewählten Merkmalen. Stand Juni 2022. Abgerufen unter: https://www.arbeitsagentur.de/datei/entgelte-2017-2021-nach-geschlecht-bund-und-laendern_ba147561.pdf

66 SPIEGEL *Wirtschaft*: Frauen im Osten verdienen in Vollzeit mehr als Männer. 2022. Abgerufen unter: https://www.spiegel.de/wirtschaft/gender-pay-gap-frauen-im-osten-verdienen-in-vollzeit-mehr-als-maenner-a-0e99763a-3d9c-4a74-ada6-5a9f55ad7895
67 *Süddeutsche Zeitung*: Nur sechs Prozent aller Paare entscheiden sich für den Namen der Frau. 2018. Abgerufen unter: https://www.sueddeutsche.de/leben/ehe-heirat-name-1.4259290
68 Zykunov, Alexandra: »Wir sind doch alle längst gleichberechtigt!«, S. 22
69 Prado, Simon Sales: Warum in der Schule nur männliche Autoren gelesen werden. In: *Süddeutsche Zeitung*. Mai 2020. Abgerufen unter: https://sz-magazin.sueddeutsche.de/literatur/frauen-literatur-schullektuere-88783
70 Hasters, Alice: Was *weiße* Menschen nicht über Rassismus hören wollen aber wissen sollten. HanserBlau: 2019. S. 52
71 Hasters, Alice: Was *weiße* Menschen nicht über Rassismus hören wollen aber wissen sollten. S. 54
72 Hasters, Alice: Was *weiße* Menschen nicht über Rassismus hören wollen aber wissen sollten. S. 57
73 de Beauvoir, Simone: Das andere Geschlecht. Sitte und Sexus der Frau. Rowohlt Taschenbuch: 2000. S. 12
74 Dellert, Louisa: WIR. Weil nicht egal sein darf, was morgen ist. Komplett Media: 2021. S. 172
75 im Brahm, Grit & Reintjes, Christian: Wieso die Bildungsschere bei Abschlussklassen weiter aufgeht. Das Deutsche Schulportal. 2022 Abgerufen unter: https://deutsches-schulportal.de/expertenstimmen/grit-im-brahm-christian-reintjes-zwei-jahre-pandemie-wieso-die-bildungsschere-besonders-bei-abschlussklassen-weiter-aufgeht/
76 Bischoff, Sonja: Wer führt in (die) Zukunft? Männer und Frauen in Führungspositionen der Wirtschaft in Deutschland – die 5. Studie. DGFP-PraxisEdition Band 97. Bielefeld: 2020. S. 89
77 Funken, Christiane: Sheconomy. S. 97
78 Grätz, M., Pettinger, B., Kratz, F. (2022): At Which Age is Education the Great Equalizer? A Causal Mediation Analysis of the (In-)Direct Effects of Social Origin over the Life Course. In: *European Sociological* Review
79 Granovetter, M.: The Strength of Weak Ties. In: *American Journal of Sociology*. https://www.jstor.org/stable/i328994, pp. 1360–1380. The University of Chicago Press: 1973
80 Criado-Perez, Caroline: Unsichtbare Frauen. S. 17
81 Buttjer, Carmen: Emilia Roig: »Die medizinisch-gesellschaftliche Norm ›gesund‹ basiert auf dem Standard des weißen, nicht-behinderten, cis-geschlechtlichen Menschen«. Interview: *Vogue Germany*. 2021

82 *NZZ magazin* (2019): Der falsche Wikinger: Eine DNA-Analyse entlarvt einen Krieger als Kriegerin – das gefällt nicht allen Archäologen. Abgerufen unter: https://magazin.nzz.ch/wissen/archaeologie-die-wikinger-hatten-ein-weibliches-militaergenie-ld.1470911?reduced=true

83 Zykunov, Alexandra: »Wir sind doch alle längst gleichberechtigt!«, S. 139

84 Criado-Perez, Caroline: Unsichtbare Frauen. S. 218

85 Criado-Perez, Caroline: Unsichtbare Frauen. S. 126

86 Criado-Perez, Caroline: Unsichtbare Frauen. S. 283

87 Criado-Perez, Caroline: Unsichtbare Frauen. S. 290

88 World Economic Forum: Global Gender Gap Report 2022. Abgerufen unter: https://www.weforum.org/reports/global-gender-gap-report-2022/digest/

89 McPherson, M., Smith-Lovin, L. & Cook, J. M. (2021): Birds of a Feather: Homophily in Social Networks. In: *Annual Review of Sociology*, 27. 415–444

90 Cohen, Jere M. (1977). Sources of Peer Group Homogeneity. In: *Sociology of Education*. Vol 50(4). 227–241

91 Probert, Frederike: Mission Female. Frauen. Macht. Karriere. Frankfurter Allgemeine Buch: 2020. S. 14

92 https://www.bmfsfj.de/bmfsfj/aktuelles/alle-meldungen/gesetz-fuer-mehr-frauen-in-fuehrungspositionen-tritt-in-kraft-164124

93 Ankersen, Wiebke & Berg, Christian: Ein ewiger Thomas-Kreislauf? Wie deutsche Börsenunternehmen ihre Vorstände rekrutieren. AllBright Stiftung: März 2017. Abgerufen unter: https://www.allbright-stiftung.de/aktuelles/2019/6/17/der-neue-allbright-bericht-ein-ewiger-thomas-kreislauf-

94 Funken, Christiane: Sheconomy. S. 104

95 UBS Global Wealth Management, zitiert von Dembowksi, A.: UBS Studie zeigt: Frauen kümmern sich zu wenig um Finanzfragen. In: Fonds Frauen. (2018). Abgerufen unter: https://fondsfrauen.de/ubs-studie-zeigt-verheiratete-frauen-uebernehmen-nur-selten-langfristige-finanzentscheidungen/

96 Gabler Wirtschaftslexikon. Abgerufen unter: https://wirtschaftslexikon.gabler.de/definition/mentoring-41572

97 Gabler Wirtschaftslexikon. Abgerufen unter: https://wirtschaftslexikon.gabler.de/definition/macht-40211

98 Funken, Christiane: Sheconomy. S. 155

99 Knaths, Marion: FrauenMACHT! Die besten Wege, zu überzeugen und erfolgreich zu sein. Berlin Verlag: 2021. S. 98

100 Schmitt, Tom & Esser, Michael: Status-Spiele. Wie ich in jeder Situation die Oberhand behalte. Fischer Taschenbuch: 2010.

101 Schmitt, Tom & Esser, Michael: Status-Spiele. S. 22 ff.

102 Knaths, Marion: FrauenMACHT! Die besten Wege zu überzeugen und erfolgreich zu sein. Berlin Verlag: 2021. S. 45.

103 Latané, Bibb & Darley, John M. (1970). The Unresponsive Bystander: Why Doesn't He Help?, Century Psychology Series. New York
104 Anger, Heike: Frauen in der Führung: Wo der Veränderungsbedarf in deutschen Unternehmen groß ist. *Handelsblatt.* 2021. Abgerufen unter: https://www.handelsblatt.com/karriere/the_shift/analyse-frauen-in-der-fuehrung-wo-der-veraenderungsbedarf-in-deutschen-unternehmen-gross-ist/26794508.html
105 Horváth & Partners: Frauen in Vorständen. In einigen Positionen noch große Lücken. 2021. Abgerufen unter: https://www.horvath-partners.com/de/presse/detail/frauen-in-vorstaenden-in-einigen-positionen-noch-grosse-luecken
106 Knaths, Marion: FrauenMACHT!, S. 97
107 European Women in VC, zitiert von startbase.de: Studie: Frauen sind seltener Investorinnen und erhalten als Gründerinnen weniger Geld. Abgerufen unter: https://www.startbase.de/news/studie-frauen-sind-seltener-investorinnen-und-erhalten-als-gruenderinnen-weniger-geld/
108 Kramer, Bernd: Arbeitssuche. Bin ich hier richtig? In: *Süddeutsche Zeitung.* 2020. Abgerufen unter: https://www.sueddeutsche.de/karriere/gender-stellenanzeige-gleichberechtigung-1.5099525
109 Eye-Tracking Studie. Leseverhalten bei Online-Stellenanzeigen. 2014. Zitiert von: Kramer, Bernd, in: *Süddeutsche Zeitung.* 2020
110 WeltSparen und YouGov zitiert in: Business Insider: Befragung zeigt: 40 Prozent der Deutschen haben noch nie ihr Gehalt verhandelt. 2021. Abgerufen unter: https://www.businessinsider.de/karriere/arbeitsleben/befragung-zeigt-40-prozent-der-deutschen-haben-noch-nie-ihr-gehalt-verhandelt-dabei-lohnt-es-sich-fast-immer/
111 Eucerin Frauenstudie 2021: Was Frauen bewegt. Abgerufen unter: https://www.eucerin.de/specials/frauenstudie-2021
112 Ankersen, Wiebke: Diversität zieht Diversität an. Im Interview mit Hitradio antenne 1. Abgerufen unter: https://www.antenne1.de/posts/299ec732-e826-4c02-8184-b0a590baf8a3
113 David, E. J. R. & Derthick, A. O.: What is Internalized Oppression, and So What? In: David, E. J. R. (Hrsg.): Internalized Oppression: The Psychology of Marginalized Groups. New York: 2014. S. 1–30
114 Zykunov, Alexandra: »Wir sind doch alle längst gleichberechtigt!«, S. 152
115 Lang, Nico: Gen Z ist laut Studie die queerste Generation aller Zeiten. In: *Vogue.* 2021. Abgerufen unter: https://www.vogue.de/lifestyle/artikel/generation-z-queer-studie
116 Allmendinger, Jutta: Es geht nur gemeinsam! Wie wir endlich Geschlechtergerechtigkeit erreichen. Ullstein: 2021

117 Hausmann, A.-C., Kleinert, C., & Leuze, K.: Entwertung von Frauenberufen oder Entwertung von Frauen im Beruf? *Kölner Zeitschrift für Soziologie und Sozialpsychologie*, 67 (2), 2015. S. 217–242